Deutsch als Fremdsprache

Silke Hilpert | Marion Kerner | Daniela Niebisch
Franz Specht | Dörte Weers
Monika Reimann | Andreas Tomaszewski

unter Mitarbeit von
Isabel Krämer-Kienle | Jutta Orth-Chambah

Schritte plus 4

Kursbuch
+ Arbeitsbuch

Niveau A2/2

Hueber Verlag

Beratung:
Susanne Kalender, Duisburg
Şeniz Sütçü, Berlin

Fotogeschichte:
Fotograf: Alexander Keller, München
Darsteller: Martina Fuchs-Dingler, Francesca Pane, Anna von Rebay, Tim Röhrle, Emil Salzeder und andere
Organisation: Iciar Caso, Weßling

Phonetik:
Monika Bovermann, Heitersheim

Für die hilfreichen Hinweise danken wir:
Ulrike Ankenbrank, Daniela Brunner, Katja Meyer-Höra, Raffaella Pepe, Eva Winisch,
dem Schulverwaltungsamt der Landeshauptstadt Dresden

Interaktive Aufgaben für den Computer:
Barbara Gottstein-Schramm

Das Werk und seine Teile sind urheberrechtlich geschützt.
Jede Verwertung in anderen als den gesetzlich zugelassenen
Fällen bedarf deshalb der vorherigen schriftlichen Einwilligung
des Verlags.

Hinweis zu § 52a UrhG: Weder das Werk noch seine Teile
dürfen ohne eine solche Einwilligung überspielt, gespeichert
und in ein Netzwerk eingespielt werden. Dies gilt auch für
Intranets von Firmen, Schulen und sonstigen
Bildungseinrichtungen.

Eingetragene Warenzeichen oder Marken sind Eigentum des
jeweiligen Zeichen- bzw. Markeninhabers, auch dann, wenn
diese nicht gekennzeichnet sind. Es ist jedoch zu beachten,
dass weder das Vorhandensein noch das Fehlen derartiger
Kennzeichnungen die Rechtslage hinsichtlich dieser
gewerblichen Schutzrechte berührt.

| 8. | 7. | 6. | | Die letzten Ziffern |
| 2020 | 19 | 18 | 17 | 16 | bezeichnen Zahl und Jahr des Druckes. |

Alle Drucke dieser Auflage können, da unverändert,
nebeneinander benutzt werden.
1. Auflage
© 2010 Hueber Verlag GmbH & Co. KG, 85737 Ismaning, Deutschland
Zeichnungen: Hueber Verlag/Jörg Saupe
Layout: Marlene Kern, München
Verlagsredaktion: Dörte Weers; Marion Kerner; Jutta Orth-Chambah;
Juliane Wolpert; Isabel Krämer-Kienle, Hueber Verlag, Ismaning
Druck und Bindung: PHOENIX PRINT GmbH, Deutschland
Printed in Germany
ISBN 978-3-19-001914-4
ISBN 978-3-19-011914-1 (mit CD)

AUFBAU

Inhaltsverzeichnis – KURSBUCH	4
Vorwort	6
Die erste Stunde im Kurs	7
Kursbuch: Lektionen 8–14	8
Fragebogen: Was kann ich schon?	84
Inhaltsverzeichnis – ARBEITSBUCH	87
Arbeitsbuch: Lektionen 8–14	88
Wiederholungsstationen	156
Fokus-Seiten	164
Wortliste	178

Symbole / Piktogramme

Kursbuch		Arbeitsbuch	
Hörtext auf CD	CD 1 05	Hörtext auf CD	CD 3 12
Grammatik	schön (+) schöner (++) am schönsten (+++)	Vertiefungsübung	**Ergänzen Sie.**
Hinweis	senden → die Sendung	Erweiterungsübung	**Ergänzen Sie.**
Aktivität im Kurs	⇄	Verweis auf *Schritte plus Portfolio* unter www.hueber.de/schritte-plus	Portfolio
Redemittel	*Ich konnte nicht ..., weil ...* *Ich wollte ..., aber ...*		
Verweis auf *Schritte Übungsgrammatik* (ISBN 978-3-19-301911-0)	ÜG, 10.01		

Inhalt Kursbuch

8 Am Wochenende

Foto-Hörgeschichte

Wolfgang Amadeus oder: Wichtigere Dinge — 8

Schritt

- A Gegensätze ausdrücken — 10
- B Wünsche ausdrücken — 11
- C Vorschläge machen — 12
- D Wochenendaktivitäten, Veranstaltungen — 13
- E Veranstaltungstipps — 14

Übersicht Grammatik, Wichtige Wendungen — 15

Grammatik
- Konjunktiv II: *wäre, hätte, würde, könnte*
- Konjunktion *trotzdem*: *Das Wetter ist schlecht. Trotzdem fahren sie für zwei Tage weg.*

Zwischenspiel Sonntags … — 16

9 Warenwelt

Foto-Hörgeschichte

Lampen-Müller — 18

Schritt

- A Gegenstände beschreiben 1 — 20
- B Gegenstände beschreiben 2 — 21
- C etwas vergleichen — 22
- D Werbeprospekte, über Einkaufsgewohnheiten sprechen — 24
- E Verbraucherinformation, Teleshopping — 26

Übersicht Grammatik, Wichtige Wendungen — 27

Grammatik
- Adjektivdeklination: unbestimmter Artikel: *ein großer Flohmarkt, einen großen Flohmarkt, …*
- Komparativ und Superlativ: *groß – größer – am größten*
- Vergleichspartikel *als, wie*: *schöner als, so schön wie …*
- Wortbildung Adjektive: *-los*

Zwischenspiel Drei von meinen Sachen — 28

10 Post und Telefon

Foto-Hörgeschichte

Kuckuck! — 30

Schritt

- A auf der Post um Informationen bitten — 32
- B unpersönliche Sachverhalte verstehen — 33
- C Produkte beschreiben — 34
- D Test: „Welcher Handytyp sind Sie?" — 35
- E Anrufbeantworter: Nachrichten verstehen und sprechen sich entschuldigen — 36

Übersicht Grammatik, Wichtige Wendungen — 37

Grammatik
- Frageartikel: *Was für ein …?*
- Passiv – Präsens: *Die Adresse wird hier reingeschrieben.*
- Adjektivdeklination: bestimmter Artikel: *der alte Computer, den alten Computer, …*
- Wortbildung Nomen: *-ung*
- Wortbildung Adjektive: *un-*

Zwischenspiel Weg mit dem „un"! — 38

11 Unterwegs

Foto-Hörgeschichte

Männer! — 40

Schritt

- A Ortsangaben machen: *Woher …?* — 42
- B Wege beschreiben — 43
- C etwas begründen Sicherheitshinweise verstehen — 44
- D Verkehrsnachrichten, Wetterverhältnisse — 46
- E Ärger im Straßenverkehr — 48

Übersicht Grammatik, Wichtige Wendungen — 49

Grammatik
- lokale Präpositionen *aus, von, an … vorbei, bis zu, durch, … entlang, gegenüber, über, um … herum*
- Konjunktion *deshalb*: *Der Wagen ist zu alt. Deshalb müssen wir ihn dauernd in die Werkstatt bringen.*
- Wortbildung Adjektive: *-bar, -ig, -isch*

Zwischenspiel Gib Gas! Ich will Spaß! — 50

12 Reisen

Foto-Hörgeschichte

Reisepläne — 52

Schritt

- A Reiseziele angeben — 54
- B Kleinanzeigen verstehen — 55
- C eine Reise buchen — 56
- D Postkarten schreiben — 57
- E eine Traumreise planen — 58

Übersicht Grammatik — 59
Wichtige Wendungen

Grammatik
- lokale Präpositionen *an*, *auf*, *in*: am Meer – ans Meer, in den Bergen – in die Berge
- temporale Präpositionen *von ... an*, *über*: über vier Stunden Aufenthalt
- modale Präposition *ohne*: ohne einen Freund
- Adjektivdeklination: ohne Artikel: *schönes Zimmer mit großem Balkon, ...*

Zwischenspiel Eine runde Sache — 60

13 Auf der Bank

Foto-Hörgeschichte

Die Geheimzahl — 62

Schritt

- A sich am Bankschalter informieren — 64
- B sich über Zahlungswege informieren — 65
- C über Dienstleistungen sprechen — 66
- D Kontoeröffnung, Kreditkarten, Geldautomat — 67
- E Zeitungsmeldungen: Vermischtes rund ums Geld — 68

Übersicht Grammatik — 69
Wichtige Wendungen

Grammatik
- indirekte Fragen mit Fragepronomen *was*, *wer ...*: *Weißt du, was das heißt?*
- indirekte Fragen mit Fragepronomen *ob*: *Weißt du, ob man hier in Raten zahlen kann?*
- Verb *lassen*: *Ich lasse mein Fahrrad reparieren.*

Zwischenspiel Sie wollen alle nur das eine! — 70

14 Lebensstationen

Foto-Hörgeschichte

Belinda — 72

Schritt

- A über Vergangenes sprechen — 74
- B Wünsche, Vorschläge und Ratschläge — 76
- C Artikel: Kosenamen — 78
- D Statistik und Interview — 79
- E Lebensgeschichte: „Mit 66 Jahren ..." — 80

Übersicht Grammatik — 81
Wichtige Wendungen

Grammatik
- Wiederholung Verb, Tempus: Perfekt und Präteritum
- Wiederholung Verb, Modus: Konjunktiv II
- Wiederholung Hauptsatzverbindungen: *aber*, *denn*, *deshalb*, *trotzdem*
- Wiederholung Nebensatzverbindungen: *wenn*, *weil*, *dass*
- Wiederholung Wortbildung Adjektive: *-ig*, *-bar*, *-los*, *un-*
- Wiederholung Wortbildung Nomen: *-er*, *-in*, *-ung*, Komposita
- Diminutiv: *-chen*

Zwischenspiel Sag beim Abschied leise „Servus" — 82

Vorwort

Liebe Leserinnen, liebe Leser,

Schritte plus ist ein Lehrwerk für die Grundstufe. Es führt Lernende ohne Vorkenntnisse in jeweils zwei Bänden zu den Sprachniveaus A1, A2 und B1.

Schritte plus orientiert sich genau

- an den Vorgaben des Gemeinsamen Europäischen Referenzrahmens und

Das Plus

- an den Vorgaben des Rahmencurriculums des Bundesministeriums des Inneren.

Gleichzeitig bereitet *Schritte plus* gezielt auf die Prüfungen *Start Deutsch 1* (Stufe A1), *Start Deutsch 2* (Stufe A2), den *Deutsch-Test für Zuwanderer* (Stufe A2–B1) und das *Zertifikat Deutsch* (Stufe B1) vor.

Das Kursbuch
Jede der sieben Lektionen eines Bandes besteht aus einer Einstiegsdoppelseite, fünf Lernschritten A–E, einer Übersichtsseite sowie einem Zwischenspiel.

Einstieg: Jede Lektion beginnt mit einer Folge einer unterhaltsamen Foto-Hörgeschichte. Die Episoden bilden den thematischen und sprachlichen Rahmen der Lektion.

Lernschritt A–C: Diese Lernschritte bilden jeweils in sich abgeschlossene Einheiten und folgen einer klaren, einheitlichen Struktur:
In der Kopfzeile jeder Seite sehen Sie, um welchen Lernstoff es geht. Die Einstiegsaufgabe führt den neuen Stoff ein, indem sie an die gerade gehörte Foto-Hörgeschichte anknüpft. Grammatik-Einblendungen machen die neu zu lernenden Sprachstrukturen bewusst. Die folgenden Aufgaben dienen dem Einüben der neuen Strukturen – zunächst meist in gelenkter, dann in freierer Form. Den Abschluss des Lernschritts bildet eine freie, oft spielerische Anwendungsübung oder ein interkultureller Sprechanlass.

Lernschritt D und E: Hier werden die vier Fertigkeiten – Hören, Lesen, Sprechen und Schreiben – nochmals in authentischen Alltagssituationen trainiert und systematisch erweitert.

Übersicht: Die wichtigen Strukturen, Wendungen und Strategien einer Lektion sind hier systematisch aufgeführt.

Das Plus
Zwischenspiel: Landeskundlich interessante und spannende Lese- und Hörtexte mit spielerischen Aktivitäten runden die Lektion ab.

Das Arbeitsbuch
Im integrierten Arbeitsbuch finden Sie:
- Übungen zu den Lernschritten A–E des Kursbuchs in verschiedenen Schwierigkeitsgraden, um innerhalb eines Kurses binnendifferenziert mit schnelleren und langsameren Lernenden zu arbeiten
- Übungen zur Phonetik
- Anregungen zum autonomen Lernen in Form eines Lerntagebuchs
- Aufgaben zur Vorbereitung auf die Prüfungen
- zahlreiche Möglichkeiten, bereits gelernten Stoff zu wiederholen und zu üben

Das Plus
- Lernwortschatz zu jeder Lektion
- systematisches Schreibtraining
- Übungen, die zum selbstentdeckenden Erkennen grammatischer Strukturen anleiten

Das Plus
Fokus-Seiten
greifen die Lernziele des Bundesministeriums des Inneren auf und bieten zahlreiche zusätzliche Materialien zu den Themen Familie, Beruf und Alltag, um den speziellen Bedürfnissen einer Lerngruppe gerecht zu werden. Sie können fakultativ bearbeitet werden. In *Schritte plus 4* gibt es zu jeder Lektion zwei Fokus-Seiten. Zu vielen Fokus-Seiten sind weiterführende Projekte vorgesehen, die im Lehrerhandbuch (ISBN 978-3-19-051914-9) ausführlich erläutert werden.

Schritte plus ist wahlweise mit integrierter Arbeitsbuch-CD erhältlich. Sie bietet
- die Hörtexte und Phonetikübungen des Arbeitsbuchs
- **Das Plus**: interaktive Übungen für den Computer zu allen Lektionen

Was bietet *Schritte plus* darüber hinaus
- Selbstevaluation: Mithilfe eines Fragebogens können die Lernenden ihren Kenntnisstand selbst überprüfen und beurteilen.

Im Internetservice unter *www.hueber.de/schritte-plus* finden Sie zahlreiche Übungen, Kopiervorlagen, Texte sowie eine Aufstellung über die vielfältigen zusätzlichen Materialien – wie eine Übungsgrammatik, Lektürehefte, Poster, Intensivtrainer und vieles mehr.
Für Eltern-/Jugendkurse oder berufsorientierte Kurse gibt es dort ergänzende und erweiternde Arbeitsblätter und Unterrichtssequenzen.

Viel Spaß beim Lehren und Lernen mit *Schritte plus* wünschen Ihnen
Autoren und Verlag

Die erste Stunde im Kurs

1 Stellen Sie sich vor: Wie heißen Sie?

2 Sehen Sie das Bild an und lesen Sie.

1 Hallo, ich heiße Maria Torremolinos, bin 20 Jahre alt und komme aus Südamerika. Meine Mutter ist Deutsche, aber ich war noch nie in Deutschland. Ich möchte gern eine Weile hier leben und darum bin ich …

4 … leider kann Mama danach nicht lange zu Hause bei dem Baby bleiben. Sie und Kurt müssen ja beide arbeiten. Ich heiße übrigens Larissa Weniger, bin 15 und gehe in die 10. Klasse. Ich finde es schön, dass Maria …

2 … und darum ist Maria jetzt erst mal bei uns. Ich heiße Kurt Braun und bin 36 Jahre alt. Als Taxifahrer lerne ich viele Menschen aus aller Welt kennen, zum Beispiel auch einen Freund von Marias Eltern. Der hat mir von Maria erzählt und da habe ich …

5 … dass Maria jetzt bei uns in Deutschland ist. Und am besten ist, dass sie so gut Mathe kann. Wenn das Baby da ist, kann sie mir leider nicht mehr so viel helfen. Ach ja, ich bin Simon Braun, ich bin 14 Jahre alt und gehe in die 9. Klasse.

3 … und da hat Kurt ihn sofort nach Marias Adresse gefragt. Mein Name ist Susanne Weniger, ich bin Kurts Frau, 37 Jahre alt und arbeite in einer Apotheke. In ein paar Monaten bekommen Kurt und ich unser erstes gemeinsames Baby. Leider kann ich …

3 Ergänzen Sie.

… ist ? von Beruf.
… arbeitet in einer ?
… ist ? Jahre alt.
… geht in die ? Klasse.
… ist der Sohn von ?
bekommen bald ein ?
… ist ? Jahre alt.
… kommt aus ?
… möchte ?
… wohnt bei ?
… ist ? Jahre alt.
… geht in die ? Klasse.
… ist die Tochter von ?

4 Was möchten Sie über sich selbst erzählen?
Bilden Sie kleine Gruppen und sprechen Sie über sich.
Stellen Sie dann Ihre Gesprächspartnerinnen und -partner den anderen Gruppen vor.

8 Am Wochenende

FOLGE 8: WOLFGANG AMADEUS ODER: WICHTIGERE DINGE

1 Sehen Sie die Fotos 1–3 an. Was meinen Sie? Kreuzen Sie an.

a Was wollen Kurt und Susanne machen?
✗ Zwei Tage wegfahren.
☐ Einkaufen gehen.

b Warum sieht Simon sauer aus?
✗ Er darf nicht Skateboard fahren.
✗ Er darf nicht mitfahren.

c Was machen Maria und Simon?
✗ Sie lernen zusammen.
☐ Sie hören Musik.

CD 1 2-9

2 Sehen Sie die Fotos an und hören Sie.

3 Stellen Sie selbst Fragen zu der Geschichte und antworten Sie.

| Warum wollen Kurt und Susanne mal ohne Kinder wegfahren? | Weil sie bald ein Baby bekommen. | Wer ist der junge Mann auf Foto 7? |

acht   8   LEKTION 8

4 **Ergänzen Sie die Namen.**

Kurt • Larissa • Maria • Mozart • Sebastian • Simon • Susanne

__Kurt__ und __Susanne__ fahren übers Wochenende weg. _____ und die beiden Kinder fahren nicht mit. __Maria__ übernachtet bei ihrer Freundin. _____ muss zu Hause bleiben und für die Schule lernen. _____ hilft ihm bei den Matheaufgaben. Doch dann hören die beiden Musik aus einer Wohnung gegenüber. __Maria__ kennt das Stück, denn es ist von ihrem Lieblingskomponisten, __Mozart__. Sie möchte den Klavierspieler kennenlernen. Jetzt hilft __Sebastian__ ihr. Er geht ins Nachbarhaus und so kann Maria __Sebastian__ kennenlernen. Sie hat keine Zeit mehr für __Simon__. Also kann er doch noch auf den Skateboardplatz gehen.

5 **Ergänzen Sie Informationen über Sebastian.**

Vorname:	Sebastian	Alter:	22
Familienname:	Ledir	Beruf:	Klavierspieler

8 A Das Wetter ist nicht besonders schön.
Trotzdem wollen wir mal für zwei Tage raus hier.

A1 Ordnen Sie zu.

a Das Wetter ist nicht besonders schön. Er macht trotzdem Matheaufgaben.
b Maria möchte Musik hören. Trotzdem hilft sie Simon bei den Matheaufgaben.
c Simon hat keine Lust. Trotzdem wollen Kurt und Susanne mal für zwei Tage raus.

Simon hat keine Lust. **Trotzdem** macht er Matheaufgaben.
Er macht **trotzdem** Matheaufgaben.

A2 Hören Sie und variieren Sie.

a ● Was machst du am Wochenende?
▲ Ich mache eine Radtour.
● Aber du bist doch erkältet!
▲ Na und? Ich mache trotzdem eine Radtour.

Varianten:
schwimmen gehen ●
auf den Flohmarkt gehen

b ■ Was machen wir heute Abend?
▼ Ich möchte mein Buch zu Ende lesen.
■ Aber wir wollten doch einen Krimi im Fernsehen ansehen.
▼ Trotzdem möchte ich lieber lesen.

Varianten:
einen Videofilm ansehen – essen gehen ●
früh schlafen gehen – die Fotos ordnen

A3 Was soll Nina tun? Was tut sie wirklich? Sprechen Sie.

Liebe Nina,
ich komme erst am Sonntag früh zurück.
Bitte nicht vergessen:
– Schlaf nicht so lange.
– Tu am Vormittag etwas für die Schule.
– Telefonier nicht so viel.
– Iss nicht so viel Süßes.
– Geh nachmittags an die frische Luft.
– Bleib abends zu Hause.
– Mach spätestens um 23 Uhr das Licht aus.
♡ Mama

Nina soll nicht so lange schlafen. Trotzdem bleibt sie bis zehn Uhr im Bett.

bis 10 Uhr im Bett bleiben

nicht lernen — stundenlang telefonieren

viel Kuchen essen

vor dem Computer sitzen

in die Disco gehen

bis 2 Uhr lesen

A4 Und Sie? Was sollten Sie nicht tun? Was machen Sie trotzdem?

Ich huste viel. Trotzdem rauche ich jeden Tag eine Schachtel Zigaretten.

Regenschirm

zehn 10 LEKTION 8

Ich **hätte** gern mal ein bisschen Ruhe. B 8

B1 Wer sagt was? Und wer wünscht sich was? Ordnen Sie zu.

 A — Jetzt bin ich immer noch hier und muss lernen. — Wir würden gern mal wieder allein wegfahren.

 B — Wenn die Familie zu Hause ist, habe ich kaum Zeit für mich. — Aber ich wäre so gern auf dem Skateboardplatz!

 C — Wir fahren eigentlich nie ohne die Kinder weg. — Ich hätte gern mal ein bisschen Ruhe.

ich bin → wäre	ich habe → hätte	ich fahre → würde … fahren
du bist → wärst	du hast → hättest	du fährst → würdest … fahren
er/sie ist → wäre	er/sie hat → hätte	er/sie fährt → würde … fahren
wir sind → wären	wir haben → hätten	wir fahren → würden … fahren
ihr seid → wärt	ihr habt → hättet	ihr fahrt → würdet … fahren
sie/Sie sind → wären	sie/Sie haben → hätten	sie/Sie fahren → würden … fahren

B2 Was wünschen sich diese Personen? Sprechen Sie.

Sie/Er hätte gern … • Sie/Er würde gern … • Sie/Er wäre gern …

 A  B  C  D  E

B3 Wünsche raten

a Notieren Sie vier Wünsche auf ein Blatt.
- Wo wären Sie jetzt gern?
- Was hätten Sie gern?
- Was würden Sie gern spielen und sammeln?

> Ich wäre jetzt gern in Berlin.
> Ich hätte gern ein Fahrrad.
> Ich würde gern Theater spielen.
> Ich würde gern Rezepte sammeln.

Wo?	Was?	Spielen?	Sammeln?
zu Hause	viel Geld	Klavier	Streichholzschachteln
in meiner Heimat	einen Hund	Karten	Briefmarken
…	…	…	…

> Meine Person wäre jetzt gern in Berlin. Sie hätte gern …

b Mischen Sie die Zettel und verteilen Sie sie neu. Lesen Sie vor.
Die anderen raten: Wer hat diese Wünsche?

B4 Machen Sie eine Wunschliste für den Unterricht.

Gespräche hören • sprechen • Filme sehen •
Texte schreiben • Briefe schreiben •
Wörter wiederholen • Spiele machen • …

> Wir würden gern
> - am Computer Übungen machen
> - Texte lesen
> - …

Schon fertig?
Bloß nicht!
Das würden wir nicht so gern im Unterricht machen. Sammeln Sie.

8 C Ich **könnte** rübergehen.

C1 Erinnern Sie sich? Welche Vorschläge machen Susanne und Simon?

a Maria, du könntest …
☐ doch etwas mit anderen jungen Leuten unternehmen.
☐ doch Mathe lernen.

b Ich könnte …
☐ ins Nachbarhaus gehen.
☐ noch etwas Mathe lernen.

ich	könnte	
du	könntest	… gehen
wir/Sie	könnten	

C2 Hören Sie drei Gespräche. Beantworten Sie die Fragen.

a Wen ruft Betti an? MARTIN
b Was möchte Betti? TANZEN
c Wer geht mit? Martin, Stefan oder Luis?
d Warum gehen die beiden anderen nicht mit?

MARTIN

C3 Wer macht welchen Vorschlag? Hören Sie noch einmal und ordnen Sie zu.

Betti — Du könntest mal wieder deine Tango-Schuhe anziehen.
Martin — Du könntest mitgehen. Es gibt noch Karten.
Stefan — Wir könnten nächsten Samstag was zusammen machen.
Luis — Du könntest mich abholen.
— Wir könnten doch mal wieder tanzen gehen.
— Wir könnten mal wieder zusammen etwas unternehmen.

C4 Sprechen Sie über Ihr Wochenende. Machen Sie Vorschläge und antworten Sie.

● Was machen wir am Freitagabend? Hast du eine Idee?
▲ Wir könnten mal wieder Karten spielen. Hast du Lust?
● Warum nicht? Wann sollen wir uns treffen?
▲ Sagen wir um neun Uhr bei mir.

■ Ich würde am Freitagabend gern Karten spielen. Hast du Lust?
◆ Schade, das geht leider nicht. Ich habe keine Zeit.
■ …

Am Freitag	Am Samstag	Am Samstag	Am Sonntag
Karten spielen	ein Fußballspiel ansehen	auf dem Markt einkaufen	ins Museum gehen
Am Samstag	**Am Sonntag**	**Am Sonntag**	**Am Freitag**
einen Spaziergang machen	einen Ausflug machen	Freunde zum Frühstück einladen	…

Wir könnten (mal wieder) …
Wie wäre es mit …?
Ich würde gern … Hast du Lust?

☺
Warum nicht? Wann …?
In Ordnung.
Ja, das geht bei mir.
Einverstanden. Dann bis …
Gute Idee. Das machen wir.
Ich komme/mache gern mit. Um wie viel Uhr …?

☹
Tut mir leid, aber …
Leider habe ich keine Zeit.
Schade, das geht leider nicht. Ich …
Ich würde gern …, aber …
Da kann ich leider nicht. Aber …
Ich würde eigentlich lieber …

Wochenendaktivitäten, Veranstaltungen   D 8

D1 Was kann man am Wochenende unternehmen? Ergänzen Sie.

- Natur: im Wald spazieren gehen
- Stadt: die Stadt besser kennenlernen, eine Rundfahrt machen
- Kultur: das Theater, die Oper
- Freunde/Familie: zu Alex gehen, mit Freunden etwas unternehmen
- am Wochenende
- Zu Hause: nichts tun, lange schlafen
- (Haus-)Arbeit: die Wohnung putzen, den Haushalt machen

D2 Fragen Sie und antworten Sie.

- Was machst du gerne am Freitagabend?
- Wofür nimmst du dir am Samstag Zeit?
- Und am Sonntag, was machst du da?

- Am Freitagabend ... ich gern ...
- Am Samstag ... ich am liebsten ...
- Am Sonntag ... ich oft ...

D3 Wann gibt es welche Veranstaltung? Ordnen Sie zu.

Tag der offenen Tür • Ausstellung • Konzert • Tanz • Rundfahrt • Spaziergang

Mo	Di	Mi	Do	Fr	Sa
	Tag der offenen Tür				

VERANSTALTUNGSKALENDER

Mo 1.12.
Winterwald – Natur pur
Ausflug in unseren schönen Stadtwald. Erleben Sie mit Dr. Heinrich einen spannenden Winterspaziergang und entdecken Sie die Tier- und Pflanzenwelt einmal ganz anders.
2 Stunden, 15.00–17.00 Uhr
Treffpunkt: S-Bahnhof Grunewald

Di 2.12.
Tag der offenen Tür
bei der AWO (Arbeiterwohlfahrt), Charlottenburg, Helene-Lange-Weg 8, Tel. 15 75 38
Internationale Imbiss-Stände mit Flohmarkt für Kindersachen und Spielzeug
09.00–11.30 Uhr
Flohmarkt
14.00–16.30 Uhr
Informationsstände

Mi 3.12.
Eis-Disco
Eisstadion Wilmersdorf, Fritz-Wildung-Str. 9 (Wilmersdorf), Tel. 24 10 12
Täglich um 17.00 Uhr:
Eistanz zu Liedern der 70er-Jahre
Eintritt: Jugendliche bis 16 Jahre, Senioren 1,50 €, Erwachsene 3 €

Do 4.12.
Hobbyfotografen stellen ihre Fotos aus
Wie wir unseren Stadtteil sehen
Heimatmuseum Marzahn, Alt-Marzahn 31, Tel. 541 02 31
10.00 Uhr:
Eröffnung mit Verkauf
Eintritt frei

Fr 5.12.
Auf der Neptun – Berlin bei Nacht
Per Schiff auf der Spree
Reederei Kreuzner, Fraenkelufer 61 (Kreuzberg), Tel. 96 46 40
Internet: www.reederei-kreuzner.de
20.00 Uhr: Ausflug inklusive Abendessen, Dauer: 3 Stunden

Sa 6.12.
Südamerikanische Nacht
im Schloss-Saal, Charlottenburg, Tel. 67890
20.00 Uhr: Carlos und los chicos laden zum Konzert ein. Lassen Sie sich von den Klängen verzaubern.
Karten nur am Eingang
Studentenermäßigung

D4 Welche Veranstaltung würden Sie auswählen? Warum?

Ich würde gern ... besuchen, weil ...
Ich würde lieber in(s) ... gehen, weil ...
Am liebsten würde ich ... machen, weil ...

Schon fertig?
Und was machen Sie am Wochenende? Machen Sie Ihren Veranstaltungskalender.

dreizehn 13 LEKTION 8

8 E Veranstaltungstipps

E1 Lesen Sie die Anzeigen. Welche Wochentage und Uhrzeiten finden Sie?

Anzeige/Tipp	1	2	3	4	5
Tag	Sonntag		Sonntag	Samstag	
Zeit	von 10-18 Uhr	Sommer	23 Juli	ab 11 Uhr	14 Uhr

E2 Hören Sie nun fünf Tipps im Radio. Ergänzen Sie fehlende Wochentage und Uhrzeiten in E1.

CD 1 | 12

E3 Hören Sie noch einmal. Was passt? Ordnen Sie zu.

CD 1 | 12

Man	Tipp
a sollte nicht mit dem Auto kommen.	4
b kann beim Radiosender anrufen.	3
c sollte die Mittagszeit für einen Besuch wählen.	1
d kann das Programm in Läden finden.	5
e muss selbst zur Anmeldung kommen.	2

E4 Kreuzen Sie an: Richtig oder falsch?   richtig   falsch

1 Am Sonntag ist das Museum den ganzen Tag geöffnet.
   Der Eintritt ins Museum ist nicht kostenlos.
2 Die Anmeldung für die neuen Kurse beginnt.
   Viele wollen einen Kurs in der Volkshochschule machen.
3 Das Konzert ist in einem Haus in der Nähe vom Brandenburger Tor.
   Es gibt beim Radiosender noch Karten für das Konzert.
4 Das Fest findet außerhalb von Berlin statt.
   Es gibt kostenlose Parkplätze für die Besucher.
5 Das Kino ist ab September geschlossen.
   Werktags gibt es ein Programm für Kinder.

vierzehn   14   LEKTION 8

Grammatik

1 Konjunktion: *trotzdem*

		Position 2	
Das Wetter ist schlecht.	Trotzdem	fahren	sie für zwei Tage weg.
	Sie	fahren	trotzdem für zwei Tage weg.

→ ÜG, 10.05

2 Konjunktiv II: Konjugation

ich	wäre	hätte	würde	könnte
du	wär(e)st	hättest	würdest	könntest
er/es/sie	wäre	hätte	würde	könnte
wir	wären	hätten	würden	könnten
ihr	wär(e)t	hättet	würdet	könntet
sie/Sie	wären	hätten	würden	könnten

→ ÜG, 5.17

3 Konjunktiv II: Wunsch

Ich	wäre	gern	gut in Mathe.
Sie	hätte	gern	ein Klavier.
Wir	würden	gern	etwas unternehmen.

→ ÜG, 5.17

4 Konjunktiv II: Vorschlag

Du	könntest	einen Ausflug machen.
Wir	könnten	

→ ÜG, 5.17

Wichtige Wendungen

Vorschläge machen: Wir könnten ...
Wir könnten (mal wieder) Karten spielen. •
Wie wäre es mit ...? •
Ich würde gern ... • Hast du Lust?

einen Vorschlag ablehnen: Schade, ...
Schade, das geht leider nicht. •
Tut mir leid, aber ... • Leider habe ich ... •
Ich würde gern kommen/mitmachen, aber ... •
Da kann ich leider nicht. Aber ... •
Ich würde (eigentlich) lieber ...

einen Vorschlag annehmen: Warum nicht?
Warum nicht? • Einverstanden. •
Das geht bei mir. • Gute Idee. Das machen wir. •
In Ordnung. • Ich komme/mache gern mit.

Wünsche äußern: Ich würde gern ...
Ich wäre jetzt gern in Berlin. •
Ich hätte gern ein Fahrrad. •
Ich würde gern Klavier spielen.

fünfzehn 15 LEKTION 8

8 | Sonntags ...

Jeder kann es in der Bibel nachlesen. Sechs Tage lang hat Gott gearbeitet: Montag, Dienstag, Mittwoch, Donnerstag, Freitag, Samstag. Dann war die Welt fertig und der Herr hat eine Pause gemacht. Diesen siebten Tag hatte er besonders gern. Auch für die Menschen in den deutschsprachigen Ländern war und ist der Sonntag etwas Besonderes und so haben wir eine ganze Reihe Wörter, die mit „Sonntags ..." beginnen.

Früher hatten die meisten Menschen wenig Geld und mussten viel arbeiten. In den letzten Jahrzehnten hat sich unser Leben sehr verändert. Heute sitzt man die ganze Woche vor dem Computer und möchte wenigstens am Wochenende etwas unternehmen. Manche unserer „Sonntags-Wörter" sind also heute vielleicht ein bisschen altmodisch. Trotzdem verwenden wir sie gern und oft. In unserem kleinen Glossar möchten wir sie Ihnen nun vorstellen.

Glossar

A ...braten

Ein besonders guter und leckerer Braten. Nur wenige reiche Leute haben früher mehrmals in der Woche Fleisch gegessen. Für die meisten war es viel zu teuer. Wenn sie doch mal Fleisch hatten, dann am Sonntag.

B ...spaziergang

Früher hat oft die ganze Familie am Sonntagnachmittag einen gemeinsamen Spaziergang gemacht.

C ...kleid und ...anzug

Die Kleidung der meisten Menschen war früher sehr einfach. Nur für den Kirchgang am Sonntag oder für besondere Feste hatte man bessere Sachen zum Anziehen.

1 Lesen Sie den Text und das Glossar. Erzählen Sie dann.

A „Sonntagsbraten": Was essen Sie sonntags? Gibt es bei Ihnen ein spezielles Essen für Sonntage oder Feiertage?

B „Sonntagsspaziergang": Wie sieht Ihr perfekter Sonntag aus? Machen Sie auch einen Spaziergang?

C „Sonntagskleid/-anzug": Wann ziehen Sie sich besonders schön an? Was ziehen Sie dann an?

D „Sonntagsfahrer": Kennen Sie einen „Sonntagsfahrer"? Haben Sie sich schon einmal über einen „Sonntagsfahrer" geärgert?

E „Sonntagszeitung": Kennen Sie eine Sonntagszeitung? Welche?

ZWISCHENSPIEL | www.hueber.de/schritte-plus

D ...fahrer
So nennt man einen unsicheren, ungeübten Autofahrer. Man möchte damit sagen: Der kann es nicht richtig, der fährt wohl nur am Sonntag.

E ...zeitung
Ein paar Zeitungen im deutschsprachigen Raum bringen auch am Sonntag eine eigene Ausgabe.

...kind
Sonntagskinder sind an einem Sonntag geboren. Man sagt, sie haben mehr Glück im Leben als andere Menschen.

2 Hören Sie das Märchen „Hans im Glück" und sehen Sie dazu die Zeichnungen an.
Erzählen Sie das Märchen dann nach.

1 Hans: sieben Jahre gearbeitet • Lohn – ein Stück Gold
2 Gold: sehr schwer • Reiter: gibt Pferd → Hans: gibt Gold
3 Hans: kann nicht reiten • Bauer: gibt Kuh → Hans: gibt Pferd
4 Kuh: zu alt • Metzger: gibt Schwein → Hans: gibt Kuh
5 Schwein: gehört dem Polizisten • Mann: gibt Gans → Hans: gibt Schwein
6 Mann: gibt Stein → Hans: gibt Gans
7 Stein: sehr schwer – fällt ins Wasser • Hans: sehr glücklich

Hans hat sieben Jahre gearbeitet. Er bekommt ein Stück Gold als Lohn. Das Gold ist sehr schwer. ...

9 Warenwelt

FOLGE 9: LAMPEN-MÜLLER

1 Sehen Sie die Fotos 3–6 an. Wo sind Maria und Sebastian? Kreuzen Sie an.

- ☒ Auf dem Flohmarkt.
- ☐ In einem Kaufhaus.
- ☐ In einem Fachgeschäft für Lampen.

2 Was passt? Kreuzen Sie an.

		Flohmarkt	Fachgeschäft
a	Dort kann man gebrauchte Sachen kaufen.	☒	☐
b	Man bekommt eine Garantie auf die gekauften Sachen.	☐	☒
c	Dort kann man handeln.	☒	☐

CD 1 20-27 **3** Sehen Sie die Fotos an und hören Sie.

achtzehn 18 LEKTION 9

4 Lesen Sie den Text. Es gibt vier Fehler. Verbessern Sie die Fehler.

Maria braucht eine Schreibtischlampe. Sebastian meint, dass sie in ein Fachgeschäft für Lampen gehen soll. Aber Maria geht lieber mit Kurt auf den Flohmarkt. Dort gibt es verschiedene Lampions aus Plastik und Metall. Maria kann sich nicht entscheiden. Sie kauft aber Geschenke. Kurt ist immer noch sicher: Wenn man gute Lampen kaufen will, muss man auf den Flohmarkt gehen. Dort bekommt man Qualität.

5 Waren Sie schon einmal auf einem Flohmarkt? Haben Sie dort etwas gekauft? Was halten Sie von Flohmärkten?

Ich war noch nie auf einem Flohmarkt.

Ich schon, ich gehe regelmäßig auf den Flohmarkt.

Ich war auch schon mal auf einem Flohmarkt, aber …

9 A Kennst du ein **gutes** Geschäft?

A1 Hören Sie noch einmal und ergänzen Sie.

a ● Du brauchst unbedingt eine Schreibtischlampe.
▲ Aber wo bekomme ich eine? Kennst du ein gut**es** Geschäft?

b ▲ Sebastian sagt, dass morgen ein groß**er** Flohmarkt ist.
● Flohmarkt? Na und?

c ● Was sagt er denn?
▲ Sebastian meint, dass man auf dem Flohmarkt sehr schön**e** und billig**e** Lampen kaufen kann.

d ▲ Aber die Form finde ich nicht so schön. Haben Sie denn keine rund**e** Lampe?

de**r**/de**n** Flohmarkt	ein	groß**er**	Flohmarkt / einen groß**en** Flohmarkt
da**s** Geschäft	ein	gut**es**	Geschäft
di**e** Lampe	eine	rund**e**	Lampe
di**e** Lampen	–	billig**e**	Lampen

auch so: kein, keine; keinen; *aber:* ⚠ keine billig**en** Lampen

A2 Auf dem Flohmarkt: Hören Sie und variieren Sie.

a ■ Schau mal, da ist ein schöner Stuhl.
▲ Oh ja, der ist wirklich schön.

Varianten:
(das) Radio (alt) • (die) Zuckerdose (süß) • Bücher (interessant)

b ■ Schau mal, da ist eine alte Lampe.
▲ Aber du suchst doch einen alten Stuhl und keine alte Lampe.

Varianten:
(die) Mütze – dick – (der) Schal
(die) Kanne – blau – (der) Teller

A3 Auf dem Flohmarkt: Ergänzen Sie die Gespräche. Hören Sie dann und vergleichen Sie.

der Sessel, -   die Kamera, -s
das Besteck, -e   der Anzug, ¨e

1 ● Was suchst du denn?
▲ Einen alt**en** Sessel.

2 ▲ Schau dir das an, so ein toll**es** Silberbesteck! Messer, Gabeln, groß**e** und klein**e** Löffel, alles da!

3 ● Weißt du, ich suche so eine mechanisch**e** Kamera.
▼ Die bekommt man jetzt ganz billig. Die Leute wollen keine mechanisch**en** Kameras mehr.

4 ▲ Brauchst du nicht auch noch klein**e** Gläser?
● Stimmt, ich habe ja noch gar keine.

5 ■ Das letzte Mal habe ich einen total elegant**en** Anzug gekauft. Super günstig und wie neu!

6 ● Entschuldigung, haben Sie denn keine tief**en** Teller?

A4 Machen Sie ein Plakat: Sie wollen Ihr Klassenzimmer verschönern. Sie gehen auf den Flohmarkt. Was kaufen Sie?

Wir brauchen			
(den)	(das)	(die)	(die)
einen kleinen...	ein anderes...	eine große...	neue Stühle

zwanzig   20   LEKTION 9

Bei einer **neuen** Lampe hast du Garantie. B 9

B1 Hören Sie noch einmal und variieren Sie.

● Auf dem Flohmarkt kann man sehr schöne und billige Lampen kaufen.
▲ Auf dem Flohmarkt? Bei einer neuen Lampe hast du Garantie.

Varianten:
(der) Wecker, - • (das) Radio, -s • (die) Uhr, -en • Handys

bei	einem	neuen	Wecker
mit	einem	neuen	Radio
...	einer	neuen	Lampe
-	-	-	Lampen

auch so: keinem, keiner, keinen

B2 Im Kaufhaus: Ordnen Sie die Gespräche den Abteilungen zu. Ergänzen Sie. Hören Sie dann und vergleichen Sie.

1 ● Entschuldigung, können Sie mir helfen? Wo finde ich Turnschuhe mit ein___ weich___ Sohle?
2 ▼ Verzeihung. Wo finden wir denn ein Topf-Set mit ein___ klein___ Milchtopf?
3 ▲ Ich suche für meine Enkelin eine Puppe mit lang___ Haaren.
4 ■ Wir suchen einen Fernseher mit ein___ flach___ Bildschirm.
◆ Fernseher sind ganz da hinten. Da finden Sie auch welche mit flach___ Bildschirmen.

die Sohle, -n
der Milchtopf, ¨-e
der Bildschirm, -e

Haushaltswaren

Sport

Elektronik

Spielwaren

B3 Richten Sie ein Wohnzimmer ein. Zeichnen Sie und sprechen Sie zu zweit.

der Tisch: ein klein___ / ... Tisch mit einer eckig___ / ... Platte aus Glas
der Schrank: ein groß___ / ... Schrank mit schwarz___ / ... Türen
das Regal: ein klein___ / groß___ Regal aus Holz / aus Metall
das Sofa: ein braun___ / ... Sofa aus Stoff
die Lampe: eine modern___ / ... Lampe aus Kunststoff

aus | Holz
Glas
Metall
Stoff
Kunststoff

▲ Also, neben das Fenster stellen wir einen großen Schrank mit schwarzen Türen.
● Ja, das sieht gut aus.

▲ Und hier ein braunes Sofa aus Stoff.
● Ein braunes Sofa? Das passt doch nicht zu einem Schrank mit schwarzen Türen.

Schon fertig?
Richten Sie Ihre Küche, Ihr Schlafzimmer ... ein.

9 C Ich finde die hier **schöner**.

C1 Hören Sie noch einmal und ergänzen Sie.

schöner • schön • am schönsten

schön	(+)	–
schöner	(++)	-er
am schönsten	(+++)	am ...-sten

■ Die ist ganz _schön_, oder?
● Hm, ich weiß nicht, ich finde die hier _schöner_.
■ Hey, die da! Die gefällt mir sehr gut!
● Ja, stimmt, die finde ich auch _am schönsten_ aber leider ist sie aus Plastik.

C2 Auf dem Jahrmarkt: Ergänzen Sie. Hören Sie dann und vergleichen Sie.

1 Gemüsereibe

... Damit reiben Sie Ihre Karotten und Gurken noch _kleiner_ (klein ++), _feiner_ (fein ++) und _sicherer_ (sicher ++).
Warten Sie nicht _länger_ (lang ++)! ...

2 Wunderputztuch

... Es ist _besser_ (gut ++) und _gesünder_ (gesund ++) für Ihre Haut und reinigt noch _gründlicher_ (gründlich ++).
Greifen Sie zu, denn jetzt ist es für Sie _am interessantesten_ (interessant +++):
Drei Tücher zum Preis von einem!

3 Deckelöffner

... Der Deckel öffnet sich _leichter_ (leicht ++) und _schneller_ (schnell ++). ...
Jetzt ist die Auswahl noch _am größten_ (groß +++).

C3 Hören Sie und variieren Sie.

lang	länger	am längsten
groß	größer	am größten
gesund	gesünder	am gesündesten
interessant	interessanter	am interessantesten

● Soll ich den Koffer nehmen?
Ist der wirklich so praktisch wie die Reisetasche?
▲ Nein, auf keinen Fall! Nimm die Reisetasche.
Sie ist viel praktischer als der Koffer.

schöner als ...
so schön wie ...

Varianten:
(der) Rock / (die) Hose – hübsch • (das) Fahrrad / (der) Roller – schnell •
(der) Computer / (der) Laptop – gut • ...

zweiundzwanzig 22 LEKTION 9

9 C

C4 Juliane hat viele Interessen.

a Was mag sie? Was macht sie gern / lieber …? Sprechen Sie.

Ausgehen:	Theater ++	Kino ++	Fußballstadion +++
Musik:	Jazz +	Rock ++	Hip-Hop +++
Sport:	Tischtennis +	Tennis ++	Fußball +++
Essen:	Pizza +	Salat ++	Pudding +++
Städte:	London +	Prag ++	Istanbul +++

> Juliane findet Rockmusik schöner als Jazz. Am schönsten findet sie Hip-Hop.

> Sie geht genauso gern ins Kino wie ins Theater. Am liebsten …

b Juliane hat Geburtstag. Was schenken Sie ihr? Sie haben 40 Euro. Bilden Sie Gruppen. Wählen Sie mindestens drei verschiedene Dinge aus dem Schaufenster. Sprechen Sie.

▲ Also, ich schlage vor, wir kaufen eine Karte fürs Kino.
■ Aber sie geht doch lieber ins Stadion. Und das ist nur zwei Euro teurer als eine Kinokarte.
● Ja, und eine CD finde ich auch gut. Sie mag am liebsten Hip-Hop.
▲ Die kostet aber mehr als die Rock-CD. Und sie mag …

C5 Im Kurs: Machen Sie ein „Plakat der Superlative". Finden Sie weitere Fragen.

> Wer ist … (groß/jung)? • Wer ist … (lang) verheiratet? • Wer wohnt … (weit) entfernt? •
> Wo kauft man … (billig) ein? • Wo isst man … (günstig)? • …

▲ Wer ist am größten? Vielleicht Semir oder Adil?
● Also, ich bin 1,86 m. Und du, Adil?
▼ Ich bin größer. 1,92 m.

> Wer ist am größten?
> Adil 1,92 m

dreiundzwanzig 23 LEKTION 9

9 D Interviews im Radio

D1 Was meinen Sie: Wofür geben die Leute in Deutschland am meisten Geld aus?

Ergänzen Sie die Statistik. Vergleichen Sie im Kurs und mit den Ergebnissen unten.

Nahrungsmittel • Miete (+ Strom, Wasser, Heizung, …) • Kleidung • Versicherungen • Kommunikation (Internet, Telefon, Post, …) • Unterhaltung (Sport, Urlaub, Kultur, …)

Wofür wir am meisten Geld ausgeben
Monatliche Konsumausgaben privater Haushalte in Prozent

#	Kategorie	%
1	MIETE	25,8 %
2	Auto	12,8 %
3	STROM WASSER HEIZUNG	12,2 %
4	STROM WASSER HEIZUNG	9,0 %
5	Möbel & Haushaltsgeräte	6,6 %
6	VERSICHERUNGEN	5,8 %
7	KLEIDUNG	4,9 %
8	Körper & Gesundheit	4,6 %
9	Tabak & alkoholische Getränke	4,0 %
10	KOMMUNIKATION	3,5 %

(handschriftlich am Rand: NAHRUNG)

Auflösung: **1** Miete **3** Nahrungsmittel **4** Unterhaltung **6** Versicherungen **7** Kleidung **10** Kommunikation

D2 Interviews: Wofür geben die Leute ihr Geld aus?
CD 1 36–39
Was ist richtig? Hören Sie und kreuzen Sie an.

1 Sie gibt ihr Geld am liebsten für … aus.
☐ Urlaub
☒ Kleidung
☐ Kultur

3 Er gibt am meisten für … aus.
☐ seine Kinder
☐ den Urlaub
☒ Miete, Auto, Versicherung, Gas

2 Was ist ihm wichtiger?
☐ Ein neuer MP3-Player.
☐ Eine neue Musikanlage.
☒ Der MP3-Player ist ihm genauso wichtig wie die Kamera.

4 Sie müssen einen Kredit für … aufnehmen.
☐ ein neues Auto
☐ einen langen Urlaub
☒ eine eigene Wohnung

vierundzwanzig 24 LEKTION 9

D3 Welcher Prospekt passt? Ordnen Sie zu.

Anzeigenblatt

a Dimka Nowak möchte zu Hause Sport machen. Sie hat wenig Platz in ihrer Wohnung. Sie sucht ein kleines Fitnessgerät.
b Maria Schwans Enkel haben Geburtstag. Es sind Zwillinge, zwei Jungen. Sie werden vier Jahre alt. Maria sucht günstige Spielsachen.
c Die Fabers haben ihr Bad renoviert und möchten es nun neu einrichten.
d Fuad Kayed zieht aus und muss vorher seine alte Wohnung neu streichen.

D4 Wofür geben Sie Geld aus und wie kaufen Sie ein?
Kreuzen Sie an und erzählen Sie.

Wofür geben Sie Geld aus?	Was kaufen Sie am liebsten?	Achten Sie auf Sonderangebote?	Wenn ja, wo schauen Sie?
☐ Urlaub	☐ Möbel	☐ Ja.	☐ In der Zeitung.
☐ Kleidung	☐ Elektrogeräte	☐ Nein.	☐ In Prospekten.
☒ Elektrogeräte	☒ Kleidung	☐ Oft.	☒ Beim Einkaufsbummel.
☐ Miete/Wohnung	☐ …	☒ Manchmal.	☐ Im Internet.
☐ Auto		☐ Selten.	
☐ …			

Am meisten / Sehr viel gebe ich für … aus.   Ich gebe nicht viel Geld für … aus.
Ich kaufe am liebsten …   Das ist mir wichtig / nicht wichtig.
Ich achte immer auf …   Da spare ich (nicht).

> Am meisten gebe ich sicher für meine Miete aus.

> Ich kaufe am liebsten Kleidung.

> Ich achte immer auf Sonderangebote. Am liebsten bei einem Einkaufsbummel. Das macht auch Spaß.

9 E Einkaufen von zu Hause aus

E1 Lesen Sie den Text. Welche Überschrift passt? Kreuzen Sie an.

☒ **Achtung beim Einkaufen im Fernsehen!**
☐ **Billig einkaufen im Fernsehen**

Wer heutzutage einkaufen will, kann bequem von zu Hause aus bestellen: Kataloge, Teleshopping, ... – aber auch Supermärkte und Kaufhäuser liefern auf Anruf nach Hause. Beim Teleshopping soll der Kunde nicht lange nachdenken, sondern spontan einkaufen. Die Verkaufssendungen laufen den ganzen Tag pausenlos auf eigenen Fernsehkanälen. Dort heißt es dann: „Diese Waren sind einmalig und nur hier zu haben" oder: „Die Bestellung ist ohne jedes Risiko". Doch das stimmt oft nicht. Die Produkte sind oft teuer und von schlechter Qualität. Achtung: Man zahlt auch nicht nur für die Ware, sondern auch für den Versand und das Telefon. Teleshopping ist deshalb häufig teurer, als man denkt!

E2 Lesen Sie den Text aus E1 noch einmal. Was ist richtig? Kreuzen Sie an.

a Man kann auch im Fernsehen einkaufen: Man nennt das Teleshopping. ☒
b Die Verkaufssendungen laufen nicht regelmäßig im Fernsehen. ☐
c Die Produkte sind nicht immer gut. ☒
d Beim Teleshopping zahlt man nur das Produkt. ☐

pausenlos = ohne Pause

Schon fertig? Finden Sie noch mehr Wörter mit *-los*.

E3 Teleshopping

a Hören Sie das Gespräch. Ergänzen Sie oder kreuzen Sie an.

Exklusive Kollektionen in Silber. Nur heute!

Schmuckset Christine
Kette und Ohrringe
aus 925er Silber
nur noch 37 Stück
79 Euro
Artikelnr. 783499

Schmuckset Julie
Kette und Ohrringe
aus 925er Silber
mit passendem Ring
nur noch 55 Stück
99 Euro
Artikelnr. 783498

Menge: 1 Stück Bezahlung: ○ per Kreditkarte
Artikelbezeichnung: _____ ○ Überweisung
Artikelnummer: 783498 ☒ per Nachnahme
Versandart: ○ Normalversand ○ Express
Lieferadresse: Christian Müller, Schulstraße 52, 34131 Kassel Versandkosten: ○ € 5,95 ☒ € 15,95

b Was wollte Herr Müller kaufen? Was kauft er am Ende? Warum? Sprechen Sie.

E4 Haben Sie auch schon etwas von zu Hause bestellt? Erzählen Sie.

Wie haben Sie bestellt: Über Teleshopping oder über das Internet?
Kaufen Sie lieber im Internet oder über das Telefon ein oder gehen Sie lieber in ein Geschäft? Warum?

LOS OHNE

Grammatik

AGGETIVO DEKLINATO INDETERMINATIVO

1 Adjektivdeklination: unbestimmter Artikel

	Nominativ	Akkusativ	Dativ
maskulin	ein großer Wecker	einen großen Wecker	einem großen Wecker
neutral	ein großes Radio	ein großes Radio	einem großen Radio
feminin	eine große Lampe	eine große Lampe	einer großen Lampe
Plural	– große Lampen	– große Lampen	– großen Lampen

auch so: kein, keine, keinen, keinem, keiner; *aber:* keine großen Lampen

▸ ÜG, 4.01

2 Komparation

POSITIVO KOMPARATIV SUPERLATIV

Positiv +	Komparativ ++	Superlativ +++	
schön	schöner	am schönsten	
interessant	interessanter	am interessantesten	-d/-t + esten
⚠ lang	länger	am längsten	
groß	größer	am größten	
gesund	gesünder	am gesündesten	

LA PIÙ BELLA / LA PIÙ BELLA
LA PIÙ INTERESSANTE
LA PIÙ LUNGA
LA PIÙ GROSSA
LA PIÙ SANA

▸ ÜG, 4.04

3 Vergleichspartikel: als, wie

praktischer als ...
Die Reisetasche ist praktischer als der Koffer.
so gut wie
Ist der Computer so gut wie der Laptop?

VIEL MEHR AM MEISTEN
GUT BESSER AM BESTEN
GERN LIEBER AM LIEBSTEN

▸ ÜG, 4.04

4 Wortbildung

Nomen	→ Adjektiv
die Pause	pausenlos (= ohne Pause)

▸ ÜG, 11.02

NACHNAHME

Wichtige Wendungen

eine Äußerung einleiten

Entschuldigung. Können Sie mir helfen? •
Verzeihung. Haben Sie ...? •
Wo finde ich ...? / Ich suche ...

Vorlieben ausdrücken

Wofür geben Sie am liebsten / am meisten Geld aus?
Ich gebe am liebsten / am meisten Geld für ... aus.
Ich gebe lieber Geld für ... aus.
Das ist mir wichtig / nicht wichtig.
Ich kaufe am liebsten ...
Ich achte immer auf ...
Da spare ich (nicht).

9 | Drei von meinen Sachen

Haben Sie zu Hause auch so viele Sachen? Die meisten Dinge sind einfach nur da und sagen uns nichts. Aber manche erinnern uns an etwas, sie erzählen uns eine Geschichte. Es können die unterschiedlichsten Erinnerungen sein, lustige, traurige oder schöne. Valentina May ist 28 Jahre alt, in Triest geboren und lebt jetzt in Hamburg. Sie zeigt drei von ihren Sachen und erzählt uns auch die Geschichten dazu.

Die finde ich am hässlichsten ...

... die ist am

Diese Tänzerin aus Porzellan hat mir meine Tante zum 18. Geburtstag geschenkt. „Das ist ein altes und sehr teures Kunstwerk", hat sie gesagt. Mein erster Gedanke war: Oje, ist die hässlich! Ich wollte aber meiner Tante nicht wehtun, also habe ich die Tänzerin auf den schönsten Platz im Regal gestellt. Es ist ja nur für ein paar Tage, habe ich gedacht. Das war ein schlimmer Fehler. Inzwischen bin ich schon dreimal umgezogen, aber meine Tante guckt noch immer bei jedem Besuch nach, ob ihr „wertvolles Geschenk" am richtigen Platz steht.

1 **Was meinen Sie?**

a Sehen Sie die Fotos an. Wie gefallen Ihnen die Porzellanpuppe, der Harlekin und der Drache?

b Lesen Sie nun die Einleitung und die Überschriften.
- Von wem hat Valentina May die Sachen wohl bekommen?
- Warum findet sie diese Sachen wohl hässlich, schön oder lustig?

2 **Lesen Sie nun den ganzen Text. Beantworten Sie dann die Fragen aus 1 noch einmal.**

ZWISCHENSPIEL | www.hueber.de/schritte-plus

... und die finde ich am lustigsten.

Den grünen Drachen hat mir Alexander geschenkt. Das war bei unserem zweiten Treffen. Wir sitzen in einem Restaurant und plötzlich stellt er diesen Drachen neben meinen Teller. Ich frage: „Hey, was willst du mir denn damit sagen?" Er antwortet: „Drachen bringen Glück." Später, zu Hause, sehe ich mir den Drachen noch mal an und da sehe ich ein Papier in seinem Mund. Ich hole es raus und darauf steht: „Hallo Valentina! Ich glaube, Alex liebt dich." Ich habe den Zettel wieder reingesteckt. Er ist heute noch drin.

schönsten ...

Den kleinen Harlekin hat mein Neffe Ernesto für mich gemacht. Das war vor fünf Jahren. Damals ist es mir ziemlich schlecht gegangen. Ich hatte große Probleme mit meiner Gesundheit. Meiner Familie habe ich davon nichts erzählt. Aber Kinder merken so was ja trotzdem. Eines Tages ist Ernesto gekommen und hat den Harlekin auf den Tisch gestellt. „Den habe ich für dich gemacht", hat er gesagt. „Er ist ganz lieb zu dir und deshalb musst du jetzt mal wieder lachen." Ist das nicht süß? Ich freue mich jedes Mal, wenn ich diese kleine Figur sehe.

3 Welche von Ihren Sachen finden Sie besonders hässlich, schön oder lustig?

Stellen Sie sie im Kurs vor. Bringen Sie sie oder ein Bild davon mit und erzählen Sie:
- Wie oder von wem haben Sie sie bekommen?
- Warum finden Sie sie hässlich, schön oder lustig?

10 Post und Telefon

FOLGE 10: KUCKUCK!

1 Paket oder Päckchen? Ordnen Sie zu.

- das Paket
- der Aufkleber
- der Absender
- der Empfänger
- das Päckchen

2 Sehen Sie die Fotos an und schreiben Sie mit Ihrer Partnerin / Ihrem Partner zu jedem Foto ein bis zwei Sätze.

Kuckucksuhr → Maria → Susanne → verpacken Karton → Karton und Geschenk wiegen ?? Gramm → Post schicken → Päckchen? Paket? → ??

dreißig 30 LEKTION 10

	Meine Geschichte	Die Hörgeschichte
Foto 1	Maria kauft auf dem Flohmarkt eine Kuckucksuhr.	✓
Foto 2	Maria schenkt Susanne die Uhr.	zeigt

3 Stellen Sie einige Geschichten im Kurs vor.

4 Sehen Sie die Fotos an und hören Sie.

5 Vergleichen Sie Ihre Geschichte mit der Hörgeschichte. Notieren Sie die Unterschiede.

A Was für eine Verpackung soll ich denn nehmen?

A1 Hören Sie noch einmal und variieren Sie.

▲ Was für eine Verpackung soll ich denn nehmen?
● Moment, ich sehe mal nach.

Varianten:
(das) Formular • (der) Aufkleber • Briefmarken

Was für	einen	Aufkleber
	ein	Formular
	eine	Verpackung
	–	Briefmarken

A2 Auf der Post: Hören Sie und ordnen Sie zu. Ergänzen Sie dann die Gespräche.

1 ● Guten Tag. Ich möchte einen wichtigen Brief verschicken. Ich muss sicher sein, dass er ankommt! *Was für eine* Möglichkeit gibt es denn da?
● Dann müssen Sie diesen Brief als Einschreiben senden.

2 ▼ Ich möchte ein Paket abholen.
▲ Haben Sie den Abholschein und Ihren Ausweis dabei?
▼ Was für eine Schein?
▲ Den Abholschein, diese rote Karte …

Schon fertig?
Was schicken Sie Ihrer Familie, Ihren Freunden …?
Was brauchen Sie?
Sammeln Sie.

3 ● Ich habe hier einen Brief nach Südafrika. Was kostet der denn?
▼ Geben Sie mal her – hm, 250 Gramm. Das macht 8,– Euro.
● Gut, dann brauche ich Briefmarken.
▼ Was für Briefmarken möchten Sie – Sondermarken oder normale Briefmarken?

4 ● Ich habe hier ein sehr eiliges Paket nach Ägypten.
■ Das können Sie als Eilsendung verschicken. Aber Sie müssen auch einen Aufkleber mit einer Zollerklärung ausfüllen.
● Was für eine Erklärung?
■ Diese Zollerklärung hier. Da müssen Sie reinschreiben, was in dem Paket ist und was es wert ist.

A3 Rollenspiel: Spielen Sie Gespräche auf der Post.

Kunde/Kundin	Postbeamter/Postbeamtin
Sie haben einen wichtigen Brief. Er muss unbedingt ankommen. Möglichkeiten?	Brief als Einschreiben schicken
Sie wollen ein Paket abholen.	Abholschein und Ausweis dabei?
Sie wollen ein Paket in Ihr Heimatland senden. Formular?	Paketschein + Zollerklärung ausfüllen

senden → die Sendung
verpacken → die Verpackung

Schon fertig?
Finden Sie noch mehr Wörter mit *-ung*.

Einen Moment
Einen Augenblick, bitte.

Hier **wird** die Adresse **reingeschrieben**.

B 10

B1 Hören Sie noch einmal und ergänzen Sie.

DURCHSCHNITT IN MEDIA

werden • wird

- ● Hier, für Päckchen __WIRD__ diese Formulare benutzt.
  Und hier müssen Sie den Absender reinschreiben.
- ▲ Aha … und den Empfänger?
- ● Hier __WIRD__ die Adresse reingeschrieben. Sehen Sie? Hier.

| wird | reingeschrieben |
| werden | |

Die Adresse **wird reingeschrieben**. = **Man** schreibt die Adresse rein.

EINWERFEN   GELEFAT

B2 Ein Brief ist unterwegs: Ordnen Sie zu und ergänzen Sie dann.

A B C D E

- C Der Brief __wird__ eingeworfen.
- E Danach __WERDEN__ sie transportiert.
- A Der Briefkasten __WIRD__ geleert.
- B Der Brief __WIRD__ zum Empfänger gebracht.
- D Dann __WERDEN__ die Briefe sortiert.

B3 Lesen Sie und lösen Sie das Quiz.

Wir bleiben in Kontakt, ja?

Aber sicher! Mit den modernen Kommunikationsmitteln ist das so einfach wie nie zuvor. Per Mobiltelefon oder Internet erreicht man seinen Gesprächspartner in Sekunden – im Haus nebenan oder auf einem anderen Kontinent. Deshalb nützen auch viele Menschen in Deutschland die neuen Technologien. Wie viele? Testen Sie Ihr Wissen mit unserem kleinen Quiz!

		A	B
1	Wie viele Briefsendungen werden täglich verschickt?	72 Millionen.	☒ 18 Millionen.
2	Wie lange ist ein Brief durchschnittlich unterwegs?	2,30 Tage.	1,06 Tage.
3	Seit wann gibt es das Telefon? Und das Handy?	1877 und 1983.	1567 und 1956.
4	In welchem Alter erhalten Kinder im Durchschnitt ihr erstes Handy?	Mit 9,7 Jahren.	☒ Mit 12,2 Jahren.
5	Wie viele Kurzmitteilungen per Handy (SMS) werden jährlich verschickt?	☒ Ca. 24 Milliarden.	Ca. 24 Millionen.
6	Seit wann gibt es das World Wide Web (www)?	Seit 1984.	Seit 1993.
7	Wie viele E-Mails werden weltweit jährlich verschickt?	Ca. 10 Milliarden.	Ca. 1000 Milliarden.

Lösung S. 37

B4 Kursstatistik: Wie viele Briefe, SMS, E-Mails … im Monat?

a Sprechen Sie in Gruppen.

- ● Vladimir, wie viele SMS verschickst du im Monat?
- ▲ Gar keine! Ich habe kein Handy.
- ■ Maureen, wie viele Briefe schreibst du im Monat?

	Briefe	SMS	E-Mails	surft im Internet
Vladimir	1	0	28	
Maureen	2-3			

b Fragen und antworten Sie im Kurs.

> Wie viele E-Mails werden in eurer Gruppe im Monat verschickt?

> Ungefähr 95.

dreiunddreißig 33 LEKTION 10

10 C Die **alte** Kuckucksuhr? – Natürlich.

C1 Hören Sie noch einmal und variieren Sie.

- Ist **die** Uhr in Ordnung?
- **Die alte** Kuckucksuhr? – Natürlich.

NOMINATIV

der	**alte**	Computer
das	**alte**	Radio
die	**alte**	Uhr
die	**alten**	Kameras

Varianten:
der alt**e** Computer • das alt**e** Radio • die alt**en** Kameras

PLU

C2 Hören Sie und ergänzen Sie.

1. Der neu**e** Katalog mit den aktuell**en** Modellen ist da!

2. Mit dem neu**en** Handy von listex ist alles möglich, und bei uns müssen Sie keinen teuren Vertrag abschließen.

3. Die verrückt**en** Handytaschen von **Diana** unter www.diana.de Einfach anklicken und bestellen!

4. Die multifunktional**e** Kamera **Olyion XC** passt in jede Handtasche. Auch in Ihre!

5. Schluss mit Langeweile – kaufen Sie jetzt den digital**en** DVD-Player **Michiko 502**.

6. Besorgen Sie sich den neu**en** Computer von **Spirit o5** – ohne ihn geht nichts mehr in der modern**en** Bürokommunikation.

	den	**neuen**	DVD-Player				dem		DVD-Player
Kaufen Sie	das	**neue**	Handy		mit		dem	**neuen**	Handy
	die	**neue**	Kamera				der		Kamera
	die	**neuen**	Handytaschen				den		Handytaschen

C3 Was gefällt Ihnen? Wie finden Sie …? Sprechen Sie mit Ihrer Partnerin / Ihrem Partner.

Mir gefällt das blaue Handy mit den gelben Punkten.

Ich finde die alten Telefone sehr schön.

Ich finde den grünen Computer mit dem großen Bildschirm gut.

Streifen
Punkte

Schon fertig?
Schreiben Sie Anzeigen wie in C2.

Handys — D 10

D1 Klingeltöne
a Hören Sie die Klingeltöne. Welcher gefällt Ihnen am besten?
b Haben Sie selbst ein Handy? Welchen Klingelton hat es? Spielen Sie ihn vor.

D2 Lesen Sie den Test und kreuzen Sie an.

Welcher „Handytyp" sind Sie?

Ständiges Klingeln in der Bahn, in der Kneipe, auf der Straße. Ihre Freundin telefoniert beim romantischen Abend zu zweit, man kann Sie überall erreichen …

Sind Sie genervt? Oder lässt es Sie kalt? Sind Sie der Handy-Freak oder eher der Handy-Hasser? Das sagt Ihnen unser Test!

	stimmt	stimmt teilweise	stimmt nicht
1 Ohne mein Handy gehe ich nirgends hin.	3	2	1
2 Ich warte ständig auf einen Anruf oder auf eine Nachricht.	3	2	1
3 Ich benutze mein Handy nur im Notfall.	1	2	3
4 Ich schicke gern Kurznachrichten, weil ich damit Zeit spare.	3	2	1
5 Im Restaurant: Meine Freundin / Mein Freund wird angerufen und telefoniert eine Weile. Das finde ich unmöglich.	1	2	3
6 In der Straßenbahn: Neben mir sitzt ein Mann. Er telefoniert sehr laut. Ich finde das ziemlich unangenehm.	1	2	3
7 Auf einer Geburtstagsfeier: Ich unterhalte mich mit einem Gast. Plötzlich klingelt sein Telefon. Er entschuldigt sich und telefoniert. Das stört mich nicht.	3	2	1

angenehm ⟷ unangenehm (= nicht angenehm)

D3 Wie viele Punkte haben Sie? Lesen Sie nun Ihre Auflösung.

■ **18 – 21 Punkte: Der Handy-Freak!**
Sie können ohne Ihr Handy nicht leben. Schon morgens, wenn Sie aufstehen, schalten Sie Ihr Handy an und schreiben Ihre erste Nachricht. Manchmal merken Sie nicht, dass Sie Ihre Mitmenschen stören. Ein Gespräch unter vier Augen tut Ihnen und Ihren Freunden sicherlich mal wieder gut – und Ihrer Geldbörse auch.

■ **10 – 17 Punkte: Der Handy-Normalo!**
Nicht zu viel und nicht zu wenig! Sie telefonieren gern, freuen sich auch mal über eine Kurznachricht. Aber Sie treffen genauso gern Ihre Freunde und reden mit ihnen.

■ **7 – 9 Punkte: Der Handy-Hasser!**
Handys sind für Sie ziemlich schlimm. Sie finden: Früher konnte man doch auch ohne Handy leben! Sicher! Sehen Sie aber auch die positiven Seiten. Und: Seien Sie doch tolerant mit Ihren Mitmenschen.

D4 Passt das Ergebnis zu Ihnen? Sprechen Sie.

> Also, der Test sagt, ich bin der Handy-Freak. Das stimmt. Ich telefoniere wirklich sehr gern mit dem Handy.

Schon fertig?
Schreiben Sie Ihrer Nachbarin / Ihrem Nachbarn eine SMS.

10 E Anrufbeantworter

E1 Hören Sie die Ansagen auf Heinz' Anrufbeantworter. Was hat Heinz falsch verstanden? Notieren Sie Stichworte und sprechen Sie.

	Ansage	Heinz
1	2 UHR	~~15 Uhr~~ 2 UHR
2	ZUM BERGSTEIG	Schwimmen
3		

8 UHR

Heinz sollte um ... am Bahnhof sein. Aber er wartet ...

IN KAFEE 8 UHR IN KINO

E2 Entschuldigung! Nachrichten auf dem Anrufbeantworter.

a Hören Sie und kreuzen Sie an. Was ist richtig?

Heinz entschuldigt sich bei Elke. Er ist nicht pünktlich zum Bahnhof gekommen, weil ...
☒ er ihre Nachricht falsch verstanden hat. ☐ er lange arbeiten musste.

b Sie möchten sich entschuldigen. Sprechen Sie Nachrichten auf den Anrufbeantworter.

| Sie wollten einen Freund vom Bahnhof abholen. Sie haben es vergessen. | Sie haben einen Termin beim Arzt verpasst, weil die S-Bahn Verspätung hatte. | Sie konnten mit Ihren Freunden nicht ins Kino gehen, weil Ihr Sohn krank war. |

Hallo, hier ist ... SPAVENTO
Es tut mir schrecklich leid, dass ...
Entschuldigung! / Entschuldige! / Entschuldigen Sie ...
Ich konnte nicht ..., weil ...
Ich wollte ..., aber ... FRUH KARTEN
Ich melde mich wieder.
Auf Wiederhören. / Tschüs.

Schon fertig? Überlegen Sie sich andere Situationen und originelle Entschuldigungen.

PONTITUCH. WEIL MEIN BUS VERSPÄTUNG IST.

E3 Hören Sie sechs Ansagen. Ergänzen Sie die Notizen.

1 Elternbeirat: Treffen am 8.3. um 20 Uhr im Gasthof Schuster

2 Konsulat RIPPOKANE VERLÄNGERN
Ausweis verlängern → 194
Visum beantragen → 187
Allgemeine Fragen → 0

3 → Max
Geldbörse und Monatskarte vergessen!
Handy: 0176345236

4 Dr. Camerer 15/3 UHR 17 15.3
Termine verschoben!
Untersuchung: 3.5. um 15 17
Grippeimpfung: 1.5. um 8 Uhr
Praxis anrufen!

5 Reinigung
Neue Adresse ab 1.10.:
FRAU STRASSE 18
FRAU STRASSE 18

6 → Andreas
Handball heute, 18 Uhr am AF SPORTPLATZ
Isabel ist auch dabei!!! ☺

Grammatik

1 Frageartikel: *Was für ein ...?*

	Nominativ			Akkusativ		
maskulin	Was für	ein	Aufkleber?	Was für	einen	Aufkleber?
neutral		ein	Formular?		ein	Formular?
feminin		eine	Verpackung?		eine	Verpackung?
Plural		–	Briefmarken?		–	Briefmarken?

2 Passiv: Präsens

		werden	Partizip
Singular	er/es/sie	wird	... geschrieben
Plural	sie	werden	... benutzt

Die Adresse **wird** hier **reingeschrieben**. = **Man** schreibt die Adresse hier rein.
Die Formulare **werden** für Päckchen **benutzt**. = **Man** benutzt die Formulare für Päckchen.

→ ÜG, 5.13

3 Adjektivdeklination: bestimmter Artikel

	Nominativ			Akkusativ			Dativ		
maskulin	der	alte	Computer	den	alten	Computer	dem	alten	Computer
neutral	das	alte	Radio	das	alte	Radio	dem	alten	Radio
feminin	die	alte	Uhr	die	alte	Uhr	der	alten	Uhr
Plural	die	alten	Radios	die	alten	Radios	den	alten	Radios

→ ÜG, 4.02

4 Wortbildung

Verb	→	Nomen	Adjektiv (positiv +)	→	Adjektiv (negativ –)
senden		die Send**ung**	angenehm		**un**angenehm
verpacken		die Verpack**ung**	möglich		**un**möglich

→ ÜG, 11.01, 11.02

Wichtige Wendungen

sich entschuldigen
Es tut mir schrecklich leid, dass ... •
Ich konnte nicht ..., weil ... •
Ich wollte ..., aber ...

Gespräche auf der Post
Ich möchte ein Paket abholen.
Ich habe einen eiligen Brief nach ...
Was für ein Formular muss ich ausfüllen?
Ich brauche Briefmarken.
Ich möchte ein Einschreiben senden.
  Was für eine Möglichkeit gibt es?

Haben Sie den Abholschein dabei?
Den können Sie als Eilsendung schicken.
Sie müssen eine Zollerklärung ausfüllen.
Einen Moment / Augenblick bitte.

10 Weg mit dem „un"!

1. Strophe
Ich fühle mich so unverstanden,
unglücklich und unzufrieden …
Oh, das tut mir leid!
… und dabei so unselbstständig,
unsicher und unentschieden …
Na, da wird es Zeit …

Refrain
Sie fragen sich nun:
Was kann man da tun?
Sehen Sie: So wird das gemacht!
Weg mit dem „un"!
Einfach weg mit dem „un"!
Das geht viel leichter als gedacht.

2. Strophe
Das Zimmer hier ist unbequem
und unfreundlich und ungemütlich …
Oh, das tut mir leid!
… unsauber, unaufgeräumt,
wirklich sehr unappetitlich!
Da wird es aber Zeit …

1 Hören Sie das Lied und singen Sie mit.

2 Sammeln Sie alle Wörter mit „un-"
aus dem Lied und andere.
Schreiben Sie Ihre Strophe.

Refrain
Weg mit dem „un"!
Weg mit dem „un"!
Es geht viel leichter als gedacht.
Weg mit dem „un"!
Einfach weg mit dem „un"!
Sehen Sie: So wird das gemacht!

11 Unterwegs

FOLGE 11: *MÄNNER!*

1 Ordnen Sie zu.

der Wagen / das Auto • die Tankstelle • die Werkstatt • der Führerschein

A  der Wagen / das Auto

B die Werkstatt

C die Tankstelle

D der Führerschein

2 Sehen Sie die Fotos an. Was meinen Sie? Sprechen Sie.

a Foto 1: Was will Kurt machen?
b Foto 2: Was ist mit Susanne los?
c Fotos 3–5: Wohin fahren Susanne und Maria wohl?
d Fotos 6–8: Was passiert an der Tankstelle?

> Maria und Susanne haben kein Benzin mehr. Sie müssen tanken.

> Aber an der Tankstelle …

3 Sehen Sie die Fotos an und hören Sie.

4 Warum ist Susanne sauer auf Kurt? Was ist richtig? Kreuzen Sie an.

a Er geht ohne Handy joggen. Susanne hat Angst, dass sie vielleicht ein Problem mit dem Baby hat.
b Er bringt den Wagen nie in die Werkstatt. Deshalb ist der Wagen jetzt kaputt.
c Susanne ist für ein neues Auto. Aber Kurt ist dagegen.
d Er hat nicht getankt.
e Er will ihr keinen Schokoriegel kaufen.
f Er meint, dass Susanne besser auf das Baby aufpassen sollte.

5 Erzählen Sie die Geschichte mit Ihren Worten.

Kurt möchte joggen gehen. Susanne möchte, dass ... . Aber Kurt ...
Plötzlich ... . Maria und Susanne fahren ...
Auf der Fahrt geht es Susanne wieder besser.
Aber dann stellt Maria fest, dass ... . Also fahren Maria und Susanne zur Tankstelle.
Sie tanken und wollen bezahlen. Aber leider ... . Kurt ist gerade aus dem Park gekommen und hat ...
Er bezahlt.

11 A Er ist gerade **aus dem Haus** gegangen.

A1 Welches Foto passt? Ordnen Sie zu.

1. ● Ist Kurt nicht da?
   ▲ Nein, er ist gerade aus dem Haus gegangen.

2. ▲ Oje, wo kommst du denn her?
   ▼ Vom Zahnarzt, das sieht man doch.

aus	dem Haus	im	Haus
vom	Zahnarzt	beim	Zahnarzt

A2 *Von* oder *aus*? Hören Sie und ergänzen Sie.

a Hier kommt jemand *vom Arzt*.
b Hier kommen Leute _____
c Hier kommt jemand _____
d Hier kommt jemand _____
e Hier steigt jemand _____
f Hier nimmt jemand die Post _____

A3 *Woher, wo, wohin*? Sehen Sie das Bild an und beschreiben Sie.

■ Schau, hier fährt eine Frau aus der Garage.
● Ja, und hier – die Schule ist aus. Die Kinder …

aus der Schule	in der Schule	in die / zur Schule
vom Zahnarzt	beim Zahnarzt	zum Zahnarzt

A4 Spiel: Pantomime

Spielen Sie in zwei Gruppen. Gruppe A schreibt Anweisungen für Gruppe B und umgekehrt. Jede/r spielt ihrer/seiner Gruppe eine Anweisung pantomimisch vor. Die anderen raten.

Du kommst vom Friseur.
Nein, du kommst von einer Party!

Woher? Du kommst von einem Fest.
Wohin? Du gehst zum Arzt.

B Wir müssen direkt **durch das Zentrum** fahren.

B1 Ordnen Sie zu.

- B Wir müssen direkt durch das Zentrum fahren.
- F Da kommen wir übrigens auch am Mozartplatz vorbei.
- D Du fährst bis zur nächsten Kreuzung. Da musst du links abbiegen.
- E Und jetzt geradeaus über die Brücke da.
- G Nach der Brücke fahren wir das Flussufer entlang.
- C Die nächste Tankstelle? Bei uns zu Hause, gegenüber der Kirche.
- A Wir müssen fast ganz um den Kreisverkehr herum und dann abbiegen.

um den Kreisverkehr (herum)
durch das Zentrum
über die Brücke
das Flussufer **entlang**

bis zur Kreuzung
am Mozartplatz **vorbei**
gegenüber der Kirche

B2 Hören Sie und markieren Sie den Weg im Stadtplan.

B3 Schreiben Sie eine Antwort auf die E-Mail.

Hallo Roland,
danke für die Einladung zu Deiner Geburtstagsfeier. Ich komme gern. Schreibst Du mir bitte noch, wie ich am besten zu Dir komme?
Viele Grüße von Matthias

nach Neustadt fahren ➔ in Neustadt um den Kreisverkehr herumfahren und die dritte Ausfahrt nehmen ➔ geradeaus fahren ➔ an der Kreuzung rechts abbiegen ➔ durch das Ortszentrum fahren ➔ über eine Brücke kommen ➔ an der Ecke rechts in die Bahnhofstraße abbiegen ➔ Hausnummer 9 ist gegenüber dem Hauptbahnhof

Lieber Matthias,
schön, dass Du kommst. Pass auf, Du fährst zuerst einfach nach Neustadt.
Gleich in Neustadt musst Du …

B4 Erklären Sie Ihrer Partnerin / Ihrem Partner den Weg vom Kursort zu Ihnen nach Hause.

Ich wohne nicht weit von der Sprachschule. Du nimmst den Bus Nummer 610 und fährst bis zur Haltestelle „Saarstraße".

Schon fertig?
Beschreiben Sie einen Weg wie in B2. Ihre Partnerin / Ihr Partner sagt, wo Sie jetzt sind.

11 C

Deshalb müssen wir ihn ja dauernd
in die Werkstatt bringen.

ZURECHTKOMMEN = SELBSTSTÄNDIG ARRANGIARSI

C1 Ordnen Sie zu. Hören Sie dann und vergleichen Sie.

a Der Wagen ist zu alt. — Deshalb müssen wir weiter mit diesem hier zurechtkommen. e
b Ständig ist er kaputt. Deshalb müssen wir ihn ja dauernd in die Werkstatt bringen.
c Aber Kurt sagt, wir haben Ich bin deshalb schon lange für einen neuen.
   kein Geld für ein neues Auto.

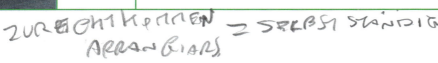

C2 Wie heißen die Dinge? Ordnen Sie zu.

- Reifen
- Vorderlicht
- Werkzeug
- Rücklicht
- Bremse
- Klingel

HELM

Schon fertig?
Kennen Sie noch mehr Dinge am Fahrrad?

C3 Sicherheits-Check

a Lesen Sie und markieren Sie: Was sollten Sie an Ihrem Fahrrad prüfen? Was sollten Sie beachten?

STRASSENVERKEHR = DIE STRASSE GLATT

Sicherheits-Check für Ihr Fahrrad

BERUF VERKEHR

1 Im Straßenverkehr muss man oft plötzlich bremsen. Deshalb sollten die Bremsen immer funktionieren. *FRENI*

2 Der Bremsweg wird länger, wenn die Reifen zu alt sind – vor allem auf nassen und glatten Straßen. Prüfen Sie deshalb regelmäßig die Reifen und wechseln Sie alte Reifen. *SPAZIO DI FRENATURA*

3 Radfahrer sind nachts schlecht erkennbar. Deshalb ist es sehr wichtig, dass Vorderlicht und Rücklicht funktionieren.

4 Die Klingel sollte gut erreichbar sein und natürlich auch funktionieren.
Denn: Sie sollten immer klingeln, wenn Sie andere überholen.

5 Mit zu wenig Luft in den Reifen können Sie nicht gut fahren. Sie können stürzen! Nehmen Sie deshalb immer eine Luftpumpe mit.

6 Tragen Sie am besten einen Fahrradhelm. Dieser schützt den Kopf vor Verletzungen bei einem Sturz.

Sie sind erkenn**bar**. =
Man **kann** sie erkennen.

vierundvierzig 44 LEKTION 11

b Lesen Sie noch einmal. Warum ist das für die Sicherheit im Straßenverkehr wichtig? Ordnen Sie zu.

1 Die Bremsen müssen funktionieren, weil … — der Helm den Kopf vor Verletzungen schützt.
2 Man sollte alte Reifen wechseln, weil … — der Bremsweg von alten Reifen sehr lang ist.
3 Vorder- und Rücklicht sollten funktionieren, weil … — man beim Überholen klingeln sollte.
4 Die Klingel sollte gut erreichbar sein, weil … — man mit zu wenig Luft nicht gut fahren kann.
5 Man sollte immer eine Luftpumpe dabeihaben, weil … — man im Straßenverkehr oft plötzlich bremsen muss.
6 Man sollte einen Helm tragen, weil … — Radfahrer in der Nacht schlecht erkennbar sind.

c Erklären Sie.

> Im Straßenverkehr muss man oft plötzlich bremsen. Deshalb müssen die Bremsen funktionieren.

Die Bremsen müssen funktionieren, **weil** man oft plötzlich bremsen muss.
=
Oft muss man plötzlich bremsen. **Deshalb** müssen die Bremsen funktionieren.

C4 Was ist Rudi passiert? Erzählen Sie die Geschichte.

1
2
3
4
5
6

Geld sparen wollen → ein günstiges Fahrrad kaufen • am Sonntag: Das Wetter ist gut → einen Fahrradausflug machen • ein Hase plötzlich über die Straße laufen → bremsen wollen • die Bremsen funktionieren nicht → in die Wiese fahren • vom Fahrrad fallen → sich verletzt haben • Fahrrad kaputt sein → das Fahrrad nach Hause schieben müssen • das soll nicht noch einmal passieren → in Zukunft immer einen Sicherheits-Check machen wollen

> Rudi wollte Geld sparen, deshalb hat er ein günstiges Fahrrad gekauft.

Schon fertig?
Wie geht die Geschichte weiter? Schreiben Sie.

C5 Ist Ihnen schon einmal etwas mit dem Fahrrad oder mit dem Auto passiert? Erzählen Sie.

> Ich hatte mal eine Reifenpanne mit dem Fahrrad. Da bin ich über einen Nagel gefahren …

> Und ich wollte mal am Morgen mit dem Auto losfahren. Und da war die Batterie leer.

11 D Bei jedem Wetter unterwegs

D1 Ordnen Sie zu.

Eis • Schnee • Nebel • Sonnenschein • Sturm • Gewitter

A: der Eis   B: der Nebel   C: der Sonnenschein

D: der Schnee   E: das Gewitter   F: der Sturm

D2 Wie ist das Wetter? Ordnen Sie zu.

gewittrig • stürmisch • regnerisch • eisig • sonnig • windig • wolkig • neblig

a _stürmisch_ und _eisig_

Dresden – Sturm und Eis haben gestern den Verkehr in einigen Teilen Deutschlands lahmgelegt. In der Nacht war die Autobahn A2 zwischen Porta Westfalica und Bad Eilsen komplett gesperrt. Die Autofahrer mussten stundenlang in ihren Wagen warten.

b gewittrig, regnerisch, windig und wolkig

Die Aussichten für das Wochenende: Am Samstag kommen von Nordwesten immer mehr Wolken. Gegen Abend gibt es zum Teil kräftige Gewitter und es weht ein böiger Wind. Auch am Sonntag Regenschauer und kühl.

c sonnig

Hamburg hat eine neue U-Bahn! Bei strahlendem Sonnenschein hat der Bürgermeister am vergangenen Samstag die neuen roten Wagen eingeweiht. Die Einwohner Hamburgs konnten die neue U-Bahn das ganze Wochenende kostenlos benutzen.

d neblig

Dichter Nebel verhindert Starts und Landungen am Flughafen Köln-Bonn. Bereits gestern konnten wegen des schlechten Wetters mehr als 20 Maschinen weder starten noch landen. Die Flieger mussten auf den Flughafen Düsseldorf ausweichen.

der Sturm → stürm**isch**
der Regen → regner**isch**
das Eis → eis**ig**
der Nebel → nebl**ig**

Schon fertig?
Kennen Sie noch mehr Wörter mit -isch oder -ig?

sechsundvierzig 46 LEKTION 11

D3 Störungen im Straßenverkehr: Was ist hier los? Sprechen Sie.

Baustelle • Stau • Falschfahrer • Unfall • Tiere auf der Fahrbahn • gesperrte Straße

> Auf Foto A gibt es einen Stau.

> Ja, vielleicht sind Ferien. Da ist oft Stau auf den Autobahnen.

D4 Verkehrsnachrichten

Hören Sie und kreuzen Sie an: Richtig oder falsch?

richtig   falsch

1. Wegen eines Unfalls auf der A81 gibt es einen Stau.
2. Tiere sind auf der Straße. Deshalb soll man besonders vorsichtig fahren.
3. Wegen einer Baustelle gibt es Stau auf der A3.
4. Der Falschfahrer darf nicht überholen.
5. In Frankfurt haben alle S-Bahnen Verspätung, weil es so stark schneit.

Warum? Wegen …

D5 Wetter und Verkehr: Wo informieren Sie sich und warum gerade dort? Sammeln Sie und erzählen Sie im Kurs.

- im Radio: Lokalsender …
- im Internet: www.adac.de …
- …

> Also, ich fahre viel mit der S-Bahn. Deshalb höre ich immer einen Lokalsender. Denn nur dort bekomme ich Informationen über die öffentlichen Verkehrsmittel.

> Ich gucke im Fernsehen den Wetterbericht. Das reicht. Wenn ich es wirklich genau wissen will, klicke ich im Internet auf *wetter.de* und gebe meine Stadt in das Suchfeld ein.

11 E Ärger im Straßenverkehr

E1 Lesen Sie die Überschrift und sehen Sie die Fotos an. Worum geht es im Text? Was meinen Sie?

Sie sind das Problem Nr. 1: *Die anderen*

Straßenverkehr könnte so schön sein, was? Aber leider sind wir ja meistens nicht allein unterwegs. Da sind auch noch diese schrecklichen anderen Verkehrsteilnehmer. Und die wollen uns immer nur ärgern. Sagen Sie doch mal, wer nervt Sie dabei am meisten?

Die Radfahrer. Für die gibt's ja
5 überhaupt keine Regeln, oder? Eine Einbahnstraße? Das kennen die gar nicht. Die fahren einfach, wie sie wollen. Und die Fußgänger! Die sind ja
10 schon wütend, wenn du nur mal fünf Minuten auf dem Bürgersteig parkst. Wo soll ich denn sonst parken? Es gibt doch fast keine Parkplätze hier.

15 Mich nerven vor allem die Fußgänger. Die passen nicht auf. Immer laufen sie einem direkt vors Rad. Deshalb muss ich auch dauernd bremsen. Und
20 auch die Autofahrer! Die parken ein und dann machen sie einfach die Tür auf. Nach hinten gucken sie natürlich nicht. Für Radfahrer ist das echt su-
25 pergefährlich!

Na, da sind erst mal diese rücksichtslosen Autofahrer. Also, die machen mich richtig krank. Die parken einfach auf unseren
30 Bürgersteigen! Und die Radler nerven auch. Die fahren total schnell durch unsere Fußgängerzone. Stellen Sie sich das mal vor! Da sind doch Kinder
35 und alte Leute!

E2 Lesen Sie nun den ganzen Text und unterstreichen Sie in zwei Farben: Wer nervt? Und warum? Ergänzen Sie die Tabelle.

Wer nervt?	Radfahrer	Fußgänger	Autofahrer
Warum?	kennen keine Regeln (z.B. Einbahnstraßen)	Auto parkt 5 Minuten auf Bürgersteig → gleich wütend	Die fahre schnell durch unsere Fußgängerzone

E3 Was nervt Sie am meisten im Straßenverkehr?

a Sammeln Sie gemeinsam weitere Situationen.

b Ihre Meinung?
- Was finden Sie besonders schlimm? Was finden Sie nicht so schlimm?
- Was machen Sie, ehrlich gesagt, auch manchmal?
- Halten Sie sich immer an die Verkehrsregeln?

> Also, wenn kein Auto kommt, dann gehe ich, ehrlich gesagt, schon mal bei Rot über die Straße. Das ist doch nicht so schlimm, oder?

Grammatik

1 Dativ: lokale Präpositionen auf die Frage „Woher?"

Woher kommt Frau Graf?	aus + Dativ		von + Dativ	
Sie kommt …	aus dem	Supermarkt	vom	Arzt
	aus dem	Haus	von ihrem	Enkelkind
	aus der	Post	von der	Augenärztin

→ ÜG, 6.03

2 Lokale Präpositionen

mit Akkusativ

maskulin	durch den	Park	den	Park	entlang	über den	Platz	um den Kreisverkehr (herum)
neutral	durch das	Zentrum	das	Ufer	entlang	über das	Gleis	um das Zentrum (herum)
feminin	durch die	Stadt	die	Straße	entlang	über die	Brücke	um die Stadt (herum)
Plural	durch die	Straßen	die	Gleise	entlang	über die	Gleise	um die Häuser (herum)

mit Dativ

maskulin	bis zum	Kreisverkehr	am	Mozartplatz	vorbei	gegenüber dem	Bahnhof
neutral	bis zum	Kaufhaus	am	Kino	vorbei	gegenüber dem	Kino
feminin	bis zur	Kreuzung	an der	Tankstelle	vorbei	gegenüber der	Kirche
Plural	bis zu den	Gleisen	an den	Häusern	vorbei	gegenüber den	Garagen

auch: dem Bahnhof gegenüber

→ ÜG, 6.03

3 Konjunktion: deshalb

		Position 2			
Oft muss man plötzlich bremsen.	**Deshalb**	müssen	die Bremsen	funktionieren.
Die Bremsen	müssen	**deshalb**	funktionieren.

→ ÜG, 10.05

4 Wortbildung

Nomen	→	Adjektiv		Verb	→	Adjektiv
der Sturm		stürm**isch**		erkennen		erkenn**bar**
das Eis		eis**ig**				

→ ÜG, 11.02

Wichtige Wendungen

den Weg beschreiben

Sie nehmen den Bus / die U-Bahn und fahren bis zur Haltestelle … •
Sie gehen die …straße entlang. • Sie fahren zunächst geradeaus bis … •
Nach 200 Metern sehen Sie … • Da / An der Ecke müssen Sie links/rechts abbiegen. •
Sie kommen auch am …platz vorbei.

Strategien

Stellen Sie sich das mal vor! •
Also, ehrlich gesagt, …

11 Gib Gas! Ich will Spaß!

Das ist Herrmann Wuttke. Seine Freunde nennen ihn Hermi. Hermi fährt sehr gern Auto. Am liebsten ist er richtig schnell unterwegs. Deshalb hat er auch einen supertollen Wagen gekauft, mit 180 PS, mit breiten Reifen, mit einer 1a-Stereoanlage und so weiter. Aber leider, …

… leider gibt es den Berufsverkehr. Hermi mag den Berufsverkehr nicht. Staus hasst er und Verkehrsregeln sind auch nicht seine Sache. Regeln stören, findet er. Er beachtet sie einfach nicht. Deshalb hat Herrmann Wuttke schon sieben Punkte …

… in Flensburg. Dort gibt es seit 1958 das deutsche „Verkehrszentralregister". Das ist eine Behörde. Sie sammelt Daten über die Autofahrer in Deutschland. Wenn man bestimmte Verkehrsregeln verletzt, bekommt man Punkte. Wie viele? Das steht im „Bußgeldkatalog". Wenn man 18 Punkte hat, verliert man seinen Führerschein. Will man ihn wiederhaben, muss man einen besonderen medizinisch-psychologischen Test machen.

  **Flensburg**
- hat 85.000 Einwohner.
- ist die nördlichste deutsche Hafenstadt.
- ist die drittgrößte Stadt des Bundeslandes Schleswig-Holstein.

1 Lesen Sie den Text. Ergänzen Sie.

Bußgeldkatalog • Führerschein • Verkehrsregeln • Straßenverkehrsordnung

Wenn man bestimmte __Verkehrsregeln__ nicht beachtet, dann bekommt man
Punkte in Flensburg. Wie viele Punkte? Das steht im __Bußgeldkatalog__.
Wenn man 18 Punkte in Flensburg hat, dann verliert man seinen __Führerschein__.
Die deutschen Verkehrsregeln stehen in der __Straßenverkehrsordnung__.

ZWISCHENSPIEL | www.hueber.de/schritte-plus

Sie wollen Ihren Führerschein nicht verlieren. Machen Sie doch einen kleinen Test. Hermi macht sicher auch mit, oder? Na klar!

Sie sind auf der Autobahn. Sie möchten gern überholen, aber der Fahrer vor Ihnen bleibt auf der linken Fahrbahn. Was machen Sie?

- ☐ a „Ich gebe Gas und fahre rechts an ihm vorbei."
- ☒ b „Ich warte, bis ich endlich links überholen kann."
- ☐ c „Ich fahre bis auf 10 Meter an ihn ran. Dann merkt er, dass er mich vorbeilassen muss."

Die Autobahn ist endlich frei. Aber da ist leider dieses 120 km-Schild. Was machen Sie?

- ☐ d „Ach was, ich will wissen, wie schnell mein Auto ist. Hey, 240 km/h!"
- ☐ e „Naja, 150 km/h kann man hier schon fahren."
- ☒ f „Ich fahre nicht schneller als 120 km/h."

Sie tanken und merken, dass Sie Durst haben. In der Tankstelle gibt es auch kühles Bier.

- ☐ g „Ich trinke ein kleines Bier und fahre dann weiter."
- ☒ h „Bier trinke ich lieber zu Hause. Hier nehme ich eine Cola."
- ☐ i „Nur eins? Ich trinke vier Bier und fahre dann weiter."

Sie fahren wieder. Im Autoradio hören Sie eine Quizsendung. Man kann 100 Euro gewinnen, wenn man sofort anruft. Was machen Sie?

- ☐ j „Ich hole das Handy aus der Tasche und rufe sofort an."
- ☒ k „Ich suche einen Parkplatz und rufe dann an."
- ☐ l „Anrufen? Nein danke, keine Lust."

Ich wähle a, e, i und j.

Na, wie viele Punkte haben Sie jetzt in Flensburg? Und Hermi? Sieben Punkte hatte er ja schon. Was ist mit seinem Führerschein? Sehen Sie nach.

Punkte im Bußgeldkatalog — Ich / Hermi

- a 3 Punkte (rechts überholt außerhalb einer Ortschaft)
- b 0 Punkte
- c 4 Punkte (Abstand zum Vordermann weniger als 2/10 des halben Tachowerts)
- d 4 Punkte (mehr als 70 km/h zu schnell gefahren)
- e 3 Punkte (26 bis 30 km/h zu schnell gefahren)
- f 0 Punkte
- g 0 Punkte
- h 0 Punkte
- i 4 Punkte (gefahren mit mehr als 0,5 Promille Alkohol im Blut)
- j 1 Punkt (Handy beim Autofahren in der Hand gehabt)
- k 0 Punkte
- l 0 Punkte

Summe der Punkte

2 Machen Sie nun den Test.
Wie viele Punkte in Flensburg haben Sie? Wie viele Punkte hat Hermi jetzt?

3 Kennen Sie auch einen Fahrer oder eine Fahrerin wie Hermi?
Was möchten Sie ihm gern sagen?

> Mein Nachbar fährt in unserer Straße immer zu schnell. Das finde ich unmöglich, weil dort Kinder spielen.

12 Reisen

FOLGE 12: REISEPLÄNE

1 Sehen Sie Foto 1 an. Wer sagt was? Was meinen Sie? Kreuzen Sie an.

	Kurt	Simon	Larissa
a Wir fahren an den Atlantik. Da gibt es tolle Wellen. Da kann man surfen.		X	
b Nein. Wir fahren nach Ungarn. Ich will reiten.		X	X
c Wir bleiben zu Hause.	X	X	

2 Sehen Sie die Fotos an und hören Sie.

3 Was ist richtig? Ergänzen Sie.
Simon und Larissa streiten: Larissa möchte in den Ferien nach Ungarn fahren und dort ___reiten___ (reiten • surfen). Simon möchte lieber ___surfen___ (Skateboard fahren • surfen). Kurt und Susanne wollen zu Hause bleiben, weil im Sommer das Baby da ist und sie dann nicht

verreisen können. Larissa und Simon möchten allein .... (wegfahren • zu Hause bleiben), aber das erlauben die Eltern nicht. Also will Maria mitfahren. Die beiden Kinder holen .... (Formulare • Kataloge) aus dem Reisebüro und planen teure Reisen. Das geht natürlich auch nicht. Kurt holt sein altes Zelt und baut es auf. Er ist der Meinung, dass Larissa, Simon und Maria Urlaub mit dem Zelt machen können. Da hat Maria eine gute Idee: Die drei fahren zusammen mit dem Zelt an die Nordsee. Das ist nicht .... (teuer • billig). Dort kann Larissa reiten, Simon surfen und Maria kann .... (ein Musikfestival • einen Kochkurs) besuchen.

4 Träumen Sie: Wo würden Sie gern Urlaub machen? Was würden Sie gern sehen?

Ich möchte unbedingt New York sehen! Ich habe gehört, dass diese Stadt sehr interessant ist.

Und ich würde gern mal nach Afrika fahren. Ich möchte so gern mal wilde Tiere beobachten.

12 A Wir fahren **an den** Atlantik.

A1 Hören Sie noch einmal und variieren Sie.

Wir fahren an den Atlantik!

Nein, wir fahren nach Ungarn.

Varianten:
auf eine Insel – in die Schweiz
an die Küste – in den Schwarzwald
in den Süden – in den Norden

Wohin?

an	den Atlantik / den Strand / den See / die Küste ...
ans	Meer
auf	eine Insel
aufs	Land
in	den Schwarzwald / die Wüste / die Berge ...
	den Süden / Norden / Osten / Westen

A2 Wohin fährt Julius zuerst? Und danach?

a Hören Sie und ordnen Sie.

das Meer — der Dschungel — das Land — die Berge
der Bodensee — die Wüste

b Sprechen Sie.

Zuerst fährt Julius in den Dschungel.
Dann fährt er ... Danach ...

A3 Fragen Sie und antworten Sie.

● Wir könnten im Sommer doch in die Berge fahren!
▲ In die Berge? Nein!
● Warum denn nicht?
▲ Ach, in den Bergen ist es zu langweilig.
● Schade! Aber wir könnten ...

Wo?		**Wohin?**	
am	Meer	ans	Meer
auf	einer Insel	auf	eine Insel
in	den Bergen	in	die Berge
im	Süden	in	den Süden
Wiederholung		*Wiederholung*	
in	Wien	nach	Wien
	Ungarn		Ungarn
in	der Türkei	in	die Türkei

Meer • Wien • Alpen • Süden • Berge
eine Insel • die Türkei • Ungarn • …

heiß • langweilig • kalt • windig • laut •
anstrengend • gefährlich • kühl • trocken • …

Schon fertig?
Geben Sie Ihrer Partnerin / Ihrem Partner Urlaubstipps.

A4 Ratespiel: Wo sind Sie?

Was ist in Ihrem Koffer? Notieren Sie drei Dinge. Lesen Sie vor. Die anderen raten.

Sonnenbrille
Flasche Wasser
Sonnenhut

■ Ich glaube, du bist am Meer.
▲ Nein.
▼ Dann bist du wahrscheinlich in der Wüste.
■ Genau!

Schöne Apartments mit großem Balkon.

B 12

B1 Hören Sie noch einmal und ergänzen Sie.

Hotel Paradiso

Schön**e** Apartments mit groß**em** Balkon.
Jedes Zimmer mit frei**em** Blick aufs Meer.
Ruhig**e** Lage, nur 3 Minuten zum Strand.
Surf- und Tauchkurse für Anfänger und Fortgeschrittene.

der → **großer** Balkon
das → **großes** Zimmer
die → **ruhige** Lage
die → **schöne** Apartments

dem → mit **großem** Balkon
dem → mit **großem** Zimmer
der → in **ruhiger** Lage
den → mit **schönen** Apartments

B2 Welche Unterkunft ist in welcher Landschaft/Region? Ordnen Sie zu.

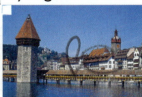

Schleswig-Holstein (D) Salzkammergut (A) Luzern (CH) Mecklenburger Seenplatte (D)

A ✱✱✱✱✱ Camping „Stern"
Wunderschöner Campingplatz in ruhiger Umgebung. Nur fünf Minuten zum Strand, idealer Badestrand für Kinder.
Moderne Waschräume ◆ großer Spielplatz ◆ kostenloser Fahrradverleih

B Ferienwohnungen – Natur und Erholung pur!
Paddeln Sie in unseren Leihbooten von See zu See, beobachten Sie seltene Vögel und entspannen Sie sich! Natur pur – ohne lauten Verkehr und stinkende Autos. Gemütliche 2-Zimmer-Apartments (ca. 45 m²), Bettwäsche und Handtücher werden gestellt. Ab 2 Wochen Aufenthalt 10% Ermäßigung.

C Kleine Pension mit schönem Blick auf das historische Zentrum
Alle Zimmer mit Bad oder Dusche/WC
freundlicher Service
Übernachtung mit Frühstück
im Doppelzimmer   ab sFr. 100
im Einzelzimmer   ab sFr. 80

D Ferien auf dem Bauernhof
Familienfreundlicher, großer Bauernhof mit Kühen, Schweinen, Hunden und Katzen: Ein Paradies für Kinder und ihre Eltern! Ruhige Lage und schöner Panoramablick auf das Dachsteingebirge. Saubere Zimmer in familiärer Atmosphäre.

den → ohne **lauten** Verkehr
Anzeige

B3 Wer interessiert sich für welche Anzeige? Ordnen Sie zu.

a Familie Krämer lebt in der Großstadt. Die kleine Tochter ist sehr tierlieb.
b Udo Hai möchte viele Museen ansehen und ins Theater gehen.
c Gabi und Hans Bauer lieben Wasser. Sie möchten Urlaub in der Natur machen.
   Gabi war die letzten zehn Jahre am Meer. Dieses Mal möchte sie etwas anderes machen.
d Familie Perger sucht eine billige Unterkunft. Die Kinder baden sehr gern.

B4 Ergänzen Sie die Anzeigen.

a Schön**er** Campingplatz. Nur 3 Euro pro Nacht!
b Suche dringend günstig**es** Zelt!
c Für 20 Euro nach London? Preiswert**e** Angebote – jetzt!
d Wir suchen für klein**e** Pension in zentral**er** Lage zwei freundlich**en** Mitarbeiter.

der Campingplatz
das Zelt
die Pension
die Lage

Schon fertig?
Schreiben Sie Anzeigen für „Ihre" Pension, „Ihren" Campingplatz …

B5 Welche Unterkünfte aus B2 würden Sie wählen? Warum?

fünfundfünfzig 55 LEKTION 12

12 C Eine Reise buchen

C1 Im Reisebüro: Hören Sie den ersten Teil des Gesprächs.

a Zeichnen Sie Hannas Reiseroute ein.

b Hören Sie noch einmal und ergänzen Sie die Tabelle.

	von	nach	mit
1	Düsseldorf	Leipzig	dem Flugzeug
2	Hamburg	Hamburg	Schiff Flug
3	Hamburg	Helgoland	Schiff
4	H	Bremen	Schiff
5	Bremen	Düren	Auto

C2 Hören Sie weiter. Kreuzen Sie an: Richtig oder falsch?

		richtig	falsch
a	Hanna bucht einen Flug für 69 Euro nach Leipzig.	X	
b	Sie hat in Hamburg über vier Stunden Aufenthalt.	X	
c	Sie sollte schon jetzt einen Platz nach Bremerhaven reservieren, denn von September an fahren die Schiffe nicht mehr täglich.		X

über vier Stunden = mehr als vier Stunden
von September an = ab September

C3 Rollenspiel: Lesen Sie die Anzeigen und buchen Sie eine Reise im Reisebüro.

Bus Müller – Ihr Spezialist für Busreisen
Viele Sonderangebote, zum Beispiel …

Berlin – Hamburg   ab 29 Euro
Wien – Prag   ab 39 Euro
Zürich – Kiel   ab 49 Euro

Fragen Sie in Ihrem Reisebüro.

Billigflüge weltweit!
Nach London für 34 Euro!
Oder nach Warschau für 56 Euro?
Täglich neue Angebote
Düsseldorf – Istanbul   ab 95 Euro
Frankfurt – Bangkok   ab 295 Euro

Im Reisebüro – Kunde/Kundin
Sie möchten Ihre Verwandten in … besuchen. Informieren Sie sich in einem Reisebüro und buchen Sie eine Busfahrt / einen Flug.

Im Reisebüro – Angestellter/Angestellte
Geben Sie Auskunft. Die günstigen Busreisen / Flüge sind leider schon ausgebucht. Aber es gibt noch andere Angebote.

Ich möchte die Reise nach … buchen.
Für … Personen.
Von … bis …

Was kostet die Reise?
Wie lange dauert denn die Fahrt / der Flug?

Für wie viele Personen? Wann?
Es ist leider kein Platz mehr frei.
Aber wir haben noch andere Angebote:
   Mit dem Bus/Flugzeug/… für … Euro nach …
Das macht … Euro.
Sie können am … um … abfahren/abfliegen
   und sind dann um … am Ziel.

C4 Wie sind Sie in Ihr Heimatland / in den Urlaub gereist? Erzählen Sie.

a Mit welchem Verkehrsmittel sind Sie gereist?
b Durch welche Länder/Städte sind Sie gefahren?
c Wie lange hat die Reise gedauert?
d Was für Gepäck haben Sie mitgenommen?

Postkarten schreiben   D 12

D1 Lesen Sie die Postkarten: Welcher Text gehört zu welcher Postkarte? Ordnen Sie zu.

A
Lieber Lukas,
schön, dass Du mich bald besuchst! Was möchtest Du denn gern machen? Wir können zum Beispiel wandern. Hier gibt es tolle Berge. Oder möchtest Du lieber ins Fußballstadion gehen? Die Stadt besichtigen wir besser nicht. Es sind nämlich zurzeit so viele Touristen hier. Ich schicke Dir das „Goldene Dacherl" lieber als Postkarte.
Viele Grüße, Dein Thorsten

B
Liebe Claudia,
ich möchte Dir so gern Frankfurt zeigen: den „Römer" (das ist unser Rathaus), die alte Oper und das Museumsufer. Und natürlich auch die Kneipen. Dort kannst Du Apfelwein probieren, Grüne Soße und andere Spezialitäten. Also: Wann besuchst Du mich endlich? Ich warte auf Deine Antwort.
Agnes

C
Liebe Erika, lieber Klaus,
juhu, wir sind endlich fertig mit unserem Umzug! Unser kleines Haus liegt außerhalb von Heide. Am Deich kann man prima Rad fahren und spazieren gehen. Das ist doch genau das Richtige für Euch, oder? Ihr seid herzlich eingeladen.
Liebe Grüße von Bärbel und Rodolfo
P. S.: Wenn Ihr wollt, können wir auch mit dem Schiff nach Helgoland fahren.

D2 Lesen Sie noch einmal. Wer macht welche Vorschläge? Ergänzen Sie.

Vorschläge	Sport	Kultur	Essen/Trinken	Ausflüge
Karte A	Wandern, …			
Karte B				
Karte C				

D3 Schreiben Sie selbst eine Postkarte.
- Laden Sie eine Freundin / einen Freund zu sich nach Hause ein.
- Fragen Sie: Wann kann die Freundin / der Freund kommen?
- Machen Sie zwei bis drei Vorschläge (Sport, Kultur, Essen, Ausflüge): Was könnten Sie gemeinsam machen?
- Sagen Sie, dass Sie sich auf den Besuch freuen.

Vergessen Sie nicht Anrede und Gruß!

Liebe/Lieber …
Wann … Komm doch mal nach …
Wir könnten … gehen/fahren/besichtigen/anschauen. Ich möchte Dir so gern … zeigen.
Du musst unbedingt … sehen. Oder wir …
Hast du Lust auf …? Möchtest Du vielleicht …?
Du kannst … probieren. Das schmeckt …
Bis bald! Ich freue mich auf Dich!
Viele/Liebe/Herzliche Grüße

siebenundfünfzig 57 LEKTION 12

12 E Eine Traumreise planen

E1 Was fällt Ihnen zu diesen Wörtern ein? Sammeln Sie.

leere Strände — Erholung — Abenteuer — Kultur — Sport & Spaß
Wärme — giftige Tiere — Museen

E2 Welcher Urlaubstyp sind Sie? Lesen Sie die Anzeigen und sprechen Sie.

Bilden Sie vier Gruppen: Die „Abenteuergruppe", die „Kulturgruppe",
die „Erholungsgruppe" und die „Sportgruppe".

Abenteuer!
Lust auf Risiko? Wilde Tiere, Dschungel oder einsame Wüste? Verrückter Abenteurer sucht abenteuerlustige Reisebegleiter.

Kultur!
Paris, London, Rom? Suche intelligente und neugierige Mitreisende!

Erholung!
Nur kein Stress! Genießerin sucht unkomplizierte Urlaubsbegleitung.

Sport und Spaß!
Sport, Spaß, gute Laune ... Blonder, immer gut gelaunter Sunnyboy sucht fröhliche Sportsfreunde.

> Im Urlaub brauche ich kein Abenteuer. Das finde ich schrecklich!
> Ich will nur faulenzen und mich erholen. Ich gehe in die Erholungsgruppe.

E3 Planen Sie gemeinsam in Ihrer Gruppe eine Traumreise. Einigen Sie sich.

Wohin? → Wann? → Wie lange? → Womit? → Wo übernachten? → Was mitnehmen? → Was machen?

● Wir könnten in die Sahara fahren.
▲ Oh nein, darauf habe ich keine Lust. Das ist mir viel zu heiß.
● Dann fahren wir auf eine einsame Insel.
▲ Einverstanden. Das ist eine gute Idee. Dort können wir ...

Wollen wir ...?
Lass uns doch ...
Ich habe da einen Vorschlag / eine Idee.

☺
Ja, gut, machen wir es so.
Super. Das ist eine gute Idee.
Ich bin dafür.

☹
Ach nein, darauf habe ich keine Lust.
Das ist aber keine gute Idee.
Also, ich weiß nicht.
Ich bin dagegen.

E4 Machen Sie in Ihrer Gruppe ein Plakat und erzählen Sie den anderen Gruppen von Ihrer Traumreise.

> Die Abenteurer
> Wir verreisen ...
> wohin? wann? wie lange?
> Alaska dieses Jahr sechs Monate

> Wir fahren dieses Jahr nach Alaska und bleiben dort sechs Monate. Wir fahren ...

Grammatik

1 Lokale Präpositionen

	Wo? – Dativ	Wohin? – Akkusativ
an	am Atlantik am Meer an der Küste	an den Atlantik ans Meer an die Küste
auf	auf dem Land auf der Insel	aufs Land auf die Insel
in	im Schwarzwald im Gebirge in den Bergen	in den Schwarzwald ins Gebirge in die Berge

→ ÜG, 6.02

2 Adjektivdeklination: ohne Artikel

	Nominativ	Akkusativ	Dativ
maskulin	schöner Blick	schönen Blick	schönem Blick
neutral	schönes Zimmer	schönes Zimmer	schönem Zimmer
feminin	schöne Lage	schöne Lage	schöner Lage
Plural	schöne Räume	schöne Räume	schönen Räumen

→ ÜG, 4.03

3 Temporale Präpositionen

von ... an + Dativ   *über* + Akkusativ

Von September **an** fährt das Schiff ...   Sie hat **über** vier Stunden Aufenthalt.

→ ÜG, 6.01

4 Präposition *ohne* + Akkusativ

Ich fahre **ohne** einen Freund weg.
              eine Freundin

→ ÜG, 6.04

Wichtige Wendungen

im Reisebüro: einen Flug buchen, ...

Ich möchte eine Reise / eine Busfahrt / einen Flug für ... Personen buchen.
Wie lange dauert denn die Busfahrt / der Flug?
Wie oft fahren denn die Schiffe? Täglich?

Vorschläge: Wollen wir ...?

Wollen wir ...?	Ja, gut, machen wir es so.	Ach nein, darauf habe ich keine Lust.
Lass uns doch ...	Super. Das ist eine gute Idee.	Das ist aber keine gute Idee.
Ich habe da einen Vorschlag / eine Idee.	Ich bin dafür.	Ich bin dagegen.
		Also, ich weiß nicht, ...

schriftliche Einladung: Du bist herzlich eingeladen.

Liebe/Lieber ...
Wann ...? • Komm doch mal ... • Wir könnten ... gehen / fahren / besichtigen / anschauen. •
Ich möchte Dir so gern ... zeigen. • Du musst unbedingt ... sehen. • Oder wir ... •
Hast Du Lust auf ...? • Möchtest Du vielleicht ...? • Du kannst ... probieren. Das schmeckt ... •
Du bist herzlich eingeladen. • Bis bald! • Ich freue mich auf Dich! • Viele/Liebe/Herzliche Grüße

12 Eine runde Sache

1 Im Ballon unterwegs

a Lesen Sie zuerst das Interview rechts.
b Lesen Sie dann den Text. Es gibt 10 Fehler. Korrigieren Sie mit Ihrer Partnerin / Ihrem Partner.

Jürgen Fels arbeitet seit 1988 als Pilot für eine bayerische Fluggesellschaft. Vor einigen Jahren hat er eine Firma gegründet und bietet auch in seiner Freizeit Schifffahrten an. Bis zu zehn Leute nimmt Jürgen Fels in seinem Ballon mit und die Passagiere genießen dann einen wundervollen Blick auf Berge und Seen. So ein Ausflug mit dem Ballon dauert vier bis fünf Stunden. Davon ist man etwa drei Stunden in der Luft. Bei Ballonfahrten ist das Wetter wichtig. Man braucht saubere Luft und muss gut sehen können. In der warmen Jahreshälfte ist vor allem die Mittagszeit gut geeignet. Im Winter startet Herr Fels lieber am Morgen oder am Abend. Wenn man bei Herrn Fels mitfahren will, kauft man am besten einen Ballon. Wenn das Wetter an dem Tag schlecht ist, muss man ein neues Ticket kaufen. Denn Spaß ist für Herrn Fels und sein Team am wichtigsten.

ZWISCHENSPIEL | www.hueber.de/schritte-plus

Jürgen Fels ist seit 1988 Berufspilot und arbeitet als Kapitän für eine deutsche Fluggesellschaft. Man könnte meinen, dass er mit seiner Boeing 737 schon genug Zeit in der Luft verbringt. Doch seine Liebe zum Fliegen ist so groß, dass er auch nach der Arbeit nicht auf dem Boden bleiben möchte. Seit 1999 bietet er mit einer eigenen
5 *Firma und einem kleinen Mitarbeiterteam Ballonflüge im südbayerischen Voralpenland an. Das stimmt doch, Herr Fels?*

Nein, nicht Ballonflüge. Es muss Ballonfahrten heißen. Mit einem Ballon fliegt man nicht, man fährt.

Aha! Und wie viele Passagiere können in Ihrem bunten
10 *Heißluftballon mitfahren?*

Ich nehme bis zu acht Passagiere mit und steige mit ihnen bis in eine Höhe von etwa 500 bis 1500 Meter über dem Boden auf. Von dort hat man einen wunderbaren Rundblick auf die Berge und auf unsere schönen Seen.

15 *Wie lange dauert denn so eine Fahrt?*

In der Luft sind wir eine bis eineinhalb Stunden. Aber natürlich brauchen wir auch Zeit für die Startvorbereitung und für den Rückweg nach der Landung. Insgesamt sind wir vier bis fünf Stunden unterwegs.

Wann kann man am besten mit dem Ballon aufsteigen?

20 Das kann in jeder Jahreszeit sehr schön sein. Wichtig ist, dass das Wetter mitspielt. Man braucht unbedingt eine gute Sicht und möglichst ruhige Luft. Die gibt es in der warmen Jahreshälfte vor allem am Morgen und am Abend. Im Winterhalbjahr ist es anders, da fahren wir meist in der Mittagszeit.

Wie geht das, wenn ich bei Ihnen mitfahren will?
25 Sie kaufen ein Ticket und vereinbaren einen Termin.

Und wenn an meinem Termin das Wetter schlecht ist?

Dann fahren wir nicht. Wir starten nur bei gutem Wetter, denn die Sicherheit steht bei uns an erster Stelle. Aber keine Sorge: Ihr Ticket bleibt natürlich
30 gültig. Wir machen einfach einen neuen Termin aus.

2 **Würden Sie gern eine Ballonfahrt machen?**
Wenn ja: Wo(hin) würden Sie gern fahren? Was würden Sie gern aus der Luft sehen?
Wenn nein: Warum nicht?

13 Auf der Bank

FOLGE 13: *DIE GEHEIMZAHL*

1 Was für Karten sind das? Ordnen Sie zu.

C EC-Karte   A Telefonkarte   D Kundenkarte   B Krankenversichertenkarte

2 Welche Erklärung passt? Kreuzen Sie an.

a Das Schreiben von der Bank mit der Geheimzahl muss man gleich *vernichten*.
   ☐ gut verstecken   ☒ kaputt machen

b Die Geheimzahl ist eine *persönliche Identifikationsnummer* (PIN-Code). Das bedeutet:
   ☒ Nur eine Person darf die Zahl kennen.   ☐ Alle kennen diese Zahl.

c Mit der EC-Karte und der Geheimzahl kann man am Geldautomaten Geld *abheben*.
   ☒ holen   ☐ ausleihen

3 Sehen Sie die Fotos an und hören Sie.

4 Was passiert? Ordnen Sie zu.

a Maria bekommt einen Brief von der Bank mit ihrer Geheimzahl. Sie soll sich die Geheimzahl merken und den Brief vernichten.

b Sie will mit ihrer EC-Karte Geld vom Geldautomaten abheben.

c Sie fragt den Angestellten am Bankschalter nach ihrer Geheimzahl.

d Sie kommt enttäuscht nach Hause.

Dort fällt ihr die Geheimzahl wieder ein – durch eine Frage von Simon!

Er kann ihr aber nicht helfen. Nur sie selbst kennt ihre Geheimzahl.

Aber sie hat leider ihre Geheimzahl vergessen. Ohne Geheimzahl kann man aber kein Geld abheben.

Deshalb lernt sie die Geheimzahl auswendig.

5 Ist Ihnen so etwas Ähnliches auch schon mal passiert? Erzählen Sie.

13 A Kannst du mir sagen, was das heißt?

A1 Hören Sie und ergänzen Sie.

1. ● Kannst du mir kurz helfen? „Einprägen"? Das Wort kenne ich nicht. Kannst du mir sagen, ... das heißt?

2. ● Simon, weißt du, ...wo... es einen Geldautomaten gibt?
▲ Ja, gegenüber von der Bäckerei.

3. ■ Beim dritten Mal ist die Karte weg.
● Wirklich? Wissen Sie, ... ich die Karte dann wiederbekomme?

Was heißt das? → Können Sie mir sagen, | was | das | heißt |?
Weißt du, |
auch so: wo, wie, wann, ...

A2 Am Bankschalter: Schreiben Sie.

Guten Tag, was kann ich für Sie tun?

Ich möchte ein Konto eröffnen. Können Sie mir sagen, ...

a wie man das Formular ausfüllt ?
Wie füllt man das Formular aus?

b ....?
Wie lange muss man auf die EC-Karte warten?

c ....?
Wo kann man Geld abheben?

d ....?
Wann haben hier die Banken geöffnet?

e ....?
Wann kriege ich die Kontoauszüge?

Schon fertig?
Finden Sie noch mehr Fragen.

A3 Partnersuchspiel

a Schreiben Sie ein Kärtchen wie im Beispiel.

Situation:
W-Frage (Wer? Wann? Wo? ...):

Ich habe meine EC-Karte verloren. Was muss ich denn jetzt machen?

Antwort:

Du musst sofort die Bank informieren.

b Verteilen Sie die Kärtchen im Kurs. Fragen Sie. Beginnen Sie die Fragen mit *Weißt du, ...* oder *Kannst du mir sagen, ...* Suchen Sie eine passende Antwort.

● Ich habe meine EC-Karte verloren. Yue, weißt du, was ich jetzt machen muss?
▲ Nein, tut mir leid. Da musst du weiterfragen.
● Tamara, ich habe meine EC-Karte verloren. Kannst du mir sagen, was ich jetzt machen muss?
■ Ja, das weiß ich. Du musst sofort ...

vierundsechzig 64 LEKTION 13

Können Sie mal nachsehen, ob die Zahl in Ihrem Computer ist?

B 13

B1 Hören Sie und variieren Sie.

● Können Sie mal nachsehen, ob die Zahl in Ihrem Computer ist?
■ Nein, tut mir leid. ■ Ja, selbstverständlich.

Varianten:
Haben Sie meine neue Adresse? ● Ist noch Geld auf meinem Konto?

Ist die Zahl in Ihrem Computer? – Nein.
Haben Sie meine neue Adresse? – Ja.

Können Sie mal nachsehen, **ob** die Zahl in Ihrem Computer **ist**?
ob Sie meine neue Adresse **haben**?

B2 Welche Erklärung passt? Ordnen Sie zu.

a bar bezahlen — Man zahlt nicht direkt, sondern vom eigenen Konto auf ein anderes.
b in Raten zahlen — Man bezahlt sie, wenn man sich Geld ausleiht. Oder man bekommt sie, wenn man Geld spart.
c Geld überweisen — Man bezahlt mit Geldscheinen und/oder Münzen.
d die Bankverbindung, -en — Man bezahlt nicht auf einmal, sondern z.B. monatlich einen bestimmten Betrag.
e die Zinsen — Das sind die Kontonummer und die Nummer der Bank, die Bankleitzahl.

B3 Was fragen die Leute? Ergänzen Sie. Hören Sie dann und vergleichen Sie.

Akzeptieren Sie auch Kreditkarten? ● Kann ich in Raten zahlen? ● Kann ich das Geld überweisen?

1. ▲ Das ist schon sehr viel Geld. Das kann ich nicht auf einmal bezahlen. Weißt du, _____?
● Keine Ahnung. Frag doch mal den Verkäufer. Aber pass auf! Da musst du ganz schön Zinsen zahlen.

2. ■ Ich wollte fragen, _____
◆ Nein, tut mir leid, wir nehmen hier keine Karten, hier können Sie nur bar bezahlen.

3. ▼ Du, ich möchte etwas im Internet bestellen, ich habe aber keine Kreditkarte. Weißt du, _____
● Das ist sehr unterschiedlich. Wenn ja, dann fragen sie dich nach deiner Bankverbindung.

B4 Schreiben Sie fünf Fragen. Fragen Sie dann Ihre Partnerin / Ihren Partner.
Beginnen Sie Ihre Fragen mit: *Ich wollte dich fragen, ...* oder *Ich würde gern wissen, ...*

● Adriano, ich wollte dich fragen, ob du ein eigenes Konto hast.
▲ Ja. Schon seit drei Monaten.

13 C Ich musste mir eine neue Karte ausstellen **lassen**.

C1 Hören Sie und variieren Sie.

▲ Letzten Monat ist mir das selbst passiert.
● Und dann?
▲ Ich musste mir eine neue Karte ausstellen lassen.

Varianten:
mir das Geld am Schalter auszahlen lassen ●
mir eine neue Geheimnummer zuschicken lassen

letzt**en** Monat
auch so: dies**en**/jed**en**/nächst**en** Monat

C2 Der Kunde ist König: Was lässt er alles machen? Schreiben Sie.

sich einen Anzug nähen ● seine Einkäufe tragen ● sein Auto waschen ●
das Essen servieren ● sich die Haare schneiden

Er **lässt** sich das Essen **servieren**.

du **lässt**
er/es/sie **lässt**

Er lässt sich das Essen servieren.

Schon fertig?

Was lässt „der Kunde König" noch alles machen? Schreiben Sie.

C3 Dienstleistungen: Was machen Sie selbst? Was lassen Sie machen? Fragen und antworten Sie im Kurs.

Fahrrad reparieren ● Reifen am Auto wechseln ● Öl kontrollieren und wechseln ●
Wohnung renovieren ● Kleider ändern ● Waschmaschine installieren ● Herd anschließen ● …

▲ Reparierst du dein Fahrrad selbst oder lässt du es reparieren?
● Ich muss es immer reparieren lassen. Ich kenne mich überhaupt nicht aus.
■ Ich lasse es nur selten reparieren. Kleine Sachen mache ich selbst.

Kontoeröffnung, Kreditkarten und Geldautomat D 13

D1 Am Bankschalter: Hören Sie und kreuzen Sie an.

Text 1		Girokonto	Sparkonto
a	Man kann Geld einzahlen, abheben und überweisen.	x	
b	Man kann kein Geld überweisen.		x
c	Man spart Geld und bekommt Zinsen.		x
d	Die Kontoauszüge werden auf Wunsch jeden Monat kostenlos zugeschickt.	x	

Text 2		EC-Karte	Kreditkarte
e	Sie ist weltweit gültig.		x
f	Sie gilt nur in Deutschland und Europa.	x	
g	Der Kunde zahlt eine jährliche Gebühr.		x

D2 Am Geldautomaten Geld abheben: Ordnen Sie zu.

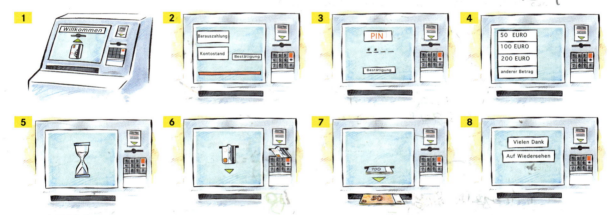

2 Drücken Sie auf „Barauszahlung" und dann die Taste „Bestätigung".
4 Wählen Sie den gewünschten Geldbetrag aus.
1 Stecken Sie Ihre EC-Karte in den Geldautomaten.
6 Sie sind fertig.
8 Nehmen Sie das Geld.
5 Sie müssen warten.
3 Tippen Sie Ihre Geheimzahl ein und drücken Sie die Taste „Bestätigung".
7 Nehmen Sie Ihre Karte wieder.

D3 Was sagen Sie in diesen Situationen?

Sie haben Ihre Geheimzahl vergessen.

Der Geldautomat ist außer Betrieb. Sie wollen aber Geld abheben.

Der Geldautomat hat Ihnen Ihre EC-Karte nicht wiedergegeben.

Kunde/Kundin
Ich möchte ..., aber ...
Ich weiß nicht, was ich jetzt tun soll.
Würden Sie mir das bitte erklären?
Können Sie mir sagen/zeigen, ...
Was soll ich denn jetzt machen?
Können Sie mir helfen?

siebenundsechzig **67** LEKTION 13

13 E Vermischtes rund ums Geld

E1 Lesen Sie die Texte und ordnen Sie die Bilder zu. Finden Sie dann passende Überschriften.

1 ☐ _____

Heilbronn – Endlich. In den Kneipen braucht bald niemand mehr Geld – nur noch einen Fingerabdruck. In Heilbronn gibt es den ersten Biergarten Deutschlands, in dem man so bezahlen kann. Wie funktioniert die Idee? Ganz einfach: Beim ersten Mal muss der Gast an der Kasse Namen und Bankverbindung angeben und den Daumen auf ein kleines elektronisches Kissen drücken. Beim nächsten Bezahlen muss man nur noch den Finger auf das Kissen drücken und der Betrag wird vom Konto abgebucht. Na dann, Prost!

2 ☐ _____

Der Albtraum: Im Urlaub stellt man fest, dass sämtliche Papiere, Karten und auch das Geld weg sind! Das ist zwar schlimm, aber noch lange kein Grund zur Panik, wenn Sie vor der Reise die folgenden Tipps beachten: Kopieren Sie Ausweispapiere, Geld- und Krankenkassenkarten sowie Fahrkarten bzw. Flugtickets. Nehmen Sie die Kopien getrennt von den Originalen mit. Das gilt auch für Fahrzeugpapiere und Führerschein. Schreiben Sie alle Notfall-Rufnummern (z.B. die Telefonnummer von der Bank) sowie Geheimnummern getrennt von den Dokumenten auf. Gute Reise!

3 ☐ _____

Berlin – Der Geldautomat gibt nicht nur Geld, sondern er nimmt es auch. Der Kunde kann bei seiner Bank rund um die Uhr Geld einzahlen. Manche Kunden haben aber anscheinend noch Probleme damit. Hans Leinemann von der Bank: „Erstaunlich, was wir alles finden: Joghurtbecher, Butterbrote und Silvesterknaller waren schon darin." Die Kunden werfen die Scheine oft auch falsch hinein. Wie es richtig geht, sagen die Bankmitarbeiter während der Öffnungszeiten.

während der Öffnungszeiten
9⁰⁰-15⁰⁰
vor … | während … | nach …

E2 Lesen Sie noch einmal die Texte aus E1. Was ist richtig? Kreuzen Sie an.

Text 1
a Es gibt in Deutschland einen Biergarten, in dem man kein Bargeld mehr braucht. ☐
b Der Kunde muss nur einmal einen Fingerabdruck geben, dann nicht mehr. ☐

Text 2
c Lassen Sie die Kopien der Papiere und Karten zu Hause. ☐
d Notieren Sie die Notfall-Rufnummern auf einem Extra-Papier. ☐

Text 3
e Bei den neuen Geldautomaten kann man auch Geld einzahlen. ☐
f Die Kunden werfen nur Scheine hinein. ☐

Grammatik

1 Indirekte Fragen mit Fragepronomen

	Fragepronomen		Ende
Können Sie mir sagen,	was	das	heißt?
Wissen Sie,	wann	die Banken	geöffnet haben?
	wo	man Geld	abheben kann?

→ ÜG, 10.03

2 Indirekte Fragen mit Ja-/Nein-Fragen

	ob		Ende
Können Sie nachsehen,	ob	die Zahl in Ihrem Computer	ist?
	ob	Sie meine neue Adresse	haben?

→ ÜG, 10.03

3 Verb: Konjugation

	lassen
ich	lasse
du	lässt
er/es/sie	lässt
wir	lassen
ihr	lasst
sie/Sie	lassen

	Position 2		Ende
Ich	lasse	mir eine Karte	ausstellen.
Ich	muss	mein Fahrrad	reparieren lassen.

→ ÜG, 5.15

Wichtige Wendungen

Situation/Verständnis sichern

Können Sie mir sagen,	was das heißt?
Wissen Sie,	wie man das Formular ausfüllt?
	was ich jetzt machen muss?
	wann die Banken hier geöffnet haben?
	ob ich das Geld überweisen kann?

Können Sie mal nachsehen, ob Sie meine neue Adresse haben?

Um Hilfe bitten

Würden Sie mir das bitte erklären?
Können Sie mir helfen?
Was soll ich denn jetzt machen?

Unkenntnis äußern

Ich kenne mich überhaupt nicht aus.

jemanden warnen

Pass auf!

13 Sie wollen alle nur das eine!

1 **Sehen Sie die Personen/Szenen A bis E an.**

Suchen Sie zu zweit eine Szene aus und schreiben Sie ein Gespräch zwischen den beiden Personen. Spielen Sie das Gespräch im Kurs vor.

2 **Hören Sie nun die Gespräche A bis E. Was ist richtig? Kreuzen Sie an.**

- **A** Der Passant hat kein Bargeld.
  Der Passant möchte dem Räuber das Geld überweisen.
- **B** Dem Gast hat das Essen nicht geschmeckt.
  Der Kellner will die Polizei rufen.
- **C** Die Frau spendet Geld für die Kinderhilfe.
  Das Kind möchte wissen, wie viel Uhr es ist.

D Der Autofahrer hat kein Kleingeld.
Der Autofahrer ist sauer, weil er die Parkgebühr nicht bezahlen kann.
E Die beiden Leute sagen, dass die Geldbörse ihnen gehört.
Die Geldbörse gehört dem Mann.

3 Sehen Sie sich Szene F an.
Überlegen Sie sich ein Gespräch und spielen Sie das Gespräch vor.
Entscheiden Sie im Kurs: Welches Gespräch ist am lustigsten oder interessantesten?

14 Lebensstationen

FOLGE 14: *BELINDA*

1   **Sehen Sie die Fotos an.**
     a   Foto 1: Worüber streiten Larissa und Simon? Was meinen Sie?
     b   Foto 6: Wer ist die alte Frau? Erkennen Sie sie?

2   **Sehen Sie die Fotos an und hören Sie.**

3   **Erzählen Sie die Geschichte. Die Stichworte helfen Ihnen.**

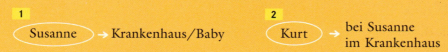

1   Susanne → Krankenhaus/Baby   2   Kurt → bei Susanne im Krankenhaus

ZUR WELT GEBRACHT

SINGT EINE LIED In den Armen

3 Simon und Larissa → zu Hause: streiten über den Namen für das Baby
→ Krankenhaus: streiten immer noch

4 Maria → telefoniert mit ...
→ holt ... ab Krankenhaus

5 Tante Erika → glücklich

Susanne liegt im Krankenhaus. Das Baby ist da! Es ist ein Mädchen, es hat aber noch keinen Namen. Kurt ...

4 **Was sind Ihre Lieblingsnamen? Wie heißen Ihre Kinder? Und warum?**

Ich finde Anna schön. Das erinnert mich an meine Großmutter. Sie hatte den gleichen Namen.

Mein Sohn heißt Kabiru. Das bedeutet „der Große".

dreiundsiebzig   73   LEKTION 14

14 A Ich **habe** nicht **gewusst**, dass Babys so klein sind!

A1 Lesen Sie und ergänzen Sie die Tabelle.

a ▲ Ich habe nicht gewusst, dass Babys so klein sind!
● Tja, so klein warst du auch mal.

b ■ Guck mal, wer da gekommen ist! Ich bin deine Urgroßtante.

| wissen | → ich | habe | gewusst |
| kommen | → ich | bin | gekommen |

A2 Erinnerungen an die Kindheit: Hören Sie und ordnen Sie die Bilder zu.

A3 Welche Aussage passt zu welchem Text? Kreuzen Sie an. Hören Sie noch einmal und vergleichen Sie.

1 2 3

a Meine Eltern hatten einen kleinen Lebensmittelladen. Ich bin dort aufgewachsen – zwischen Schokolade und Seife. Jeden Tag kamen dieselben Kunden. Meine Schwester und ich **mussten** nach der Schule immer mithelfen. Mein Vater sagte immer: Wir mussten früher schließlich auch hart arbeiten.

b Einmal ist etwas Schlimmes passiert: Ich habe auf einer Baustelle gespielt und bin in ein großes Loch gefallen.

c Wir durften immer im Stall mithelfen. Zum Frühstück habe ich frisches Bauernbrot mit Erdbeermarmelade und natürlich frische Kuhmilch bekommen.

d Dabei habe ich mich schwer am Kopf **verletzt**. Ich konnte wochenlang nicht mehr mitspielen.

e Meine Eltern sind jetzt pensioniert. Ich sollte den Laden übernehmen, aber ich wollte nicht.

f Leider ist meine Oma schon tot. Sie ist vor einem Jahr nach einer Operation gestorben. Sie hat viel Schlimmes erlebt: zwei Kriege, schwere Krankheiten und den Tod ihrer Brüder. Trotzdem war sie immer fröhlich und hatte viel Energie.

A4 Suchen und markieren Sie die Wörter in A3. Ergänzen Sie in der richtigen Form.

verletzen	→ ich habe mich	verletzt
bekommen	→ ich habe	BEKOMMEN
erleben	→ ich habe	ERLEB. (ERLEBT)
aufwachsen	→ ich bin	AUFGEWACHSEN
passieren	→ es ist	PASSIERT

dürfen	→ ich	DURFTE
können	→ ich	KONNTE
müssen	→ ich	musste
wollen	→ ich	WOLLTE
sollen	→ ich	SOLLTE

sein	→ ich	BIN / WAR
haben	→ ich	HABE / HATTEN

er ist gekommen ≈ er **kam**
er hat gesagt ≈ er **sagte**

A5 Welche Kindheitserinnerungen haben Sie? Machen Sie ein Partnerinterview und berichten Sie über Ihre Partnerin / Ihren Partner.

wo – groß geworden? • was – gespielt? •
einmal verletzt? • Ferien – was gemacht? •
Eltern – geholfen? • welche schöne Erinnerung? • ...

▲ Teresa, wo bist du groß geworden?
● Ich bin auf dem Land aufgewachsen, in einem kleinen Dorf. ...

Teresa:
- auf dem Land aufgewachsen
- ...

14 B Könntet ihr nicht mal Ruhe geben?

B1 Erinnern Sie sich? Worum geht es in den Konflikten? Ordnen Sie die Texte den Bildern zu.

E   Larissa würde das Baby gern Belinda nennen. Simon hätte lieber einen anderen Namen.

D   Simon und Larissa würden gern allein verreisen. Kurt und Susanne sind dagegen. Larissa meint, dass Maria doch mitfahren könnte.

B   Simon möchte Comics lesen, er soll aber Maria wecken.

C   Susanne und Kurt wären gern für ein Wochenende allein und möchten deshalb wegfahren. Maria hätte gern etwas Ruhe und Simon würde gern Skateboard fahren. Kurt will aber, dass Simon lernt.

A   Larissa und Simon möchten nicht zum Flughafen fahren. Aber Susanne und Kurt wollen, dass Maria bei ihrer Ankunft gleich die ganze Familie kennenlernt.

B2 Lesen Sie B1 noch einmal und ergänzen Sie.

Wunsch
Larissa __würde__ das Baby gern Belinda __nennen__.
Maria __hätte__ gern etwas Ruhe.
Susanne und Kurt __wollen__ gern für ein Wochenende allein.
Simon __möchte__ Comics lesen.

Aufforderung/Vorschlag
Maria __könnte__ doch mitfahren.

sechsundsiebzig   76   LEKTION 14

B 14

B3 Worum geht es in diesen Konflikten? Schreiben Sie kleine Texte wie in B1.

Der Sohn / Die Tochter möchte/würde/hätte gern ...
Der Vater / Die Mutter sagt/meint aber, dass ...

B4 Spielen Sie nun die Gespräche in B3 und finden Sie einen Kompromiss / eine Lösung.

Du könntest doch ...
Geh doch ...

Ach komm! / Aber ...
Wollen wir das so machen? / Was denkst du?

Ach nein, ich habe keine Lust.
Das ist keine gute Idee.

Meinetwegen.
Okay, einverstanden.
Dann machen wir das so.

Du könntest doch mal rausgehen und draußen spielen. Die Sonne scheint.

Nein, ich habe keine Lust. Ich möchte ...

drinnen ↔ draußen

B5 Probleme der Jugendlichen und Ratschläge/Vorschläge der Eltern

a Schreiben Sie Kärtchen. Jede/r schreibt eine rote „Problemkarte" und eine blaue „Vorschlags- oder Ratschlagskarte".

Ich habe Liebeskummer.

Du solltest mit Freunden ausgehen.

Ich verstehe meine Mathehausaufgaben nicht.

Du könntest mit einer Freundin lernen.

b Mischen Sie die Kärtchen. Jede/r zieht eine rote und eine blaue Karte.

c Fragen Sie und antworten Sie.
● Ich habe Liebeskummer. Was soll ich tun?
▲ Du solltest mit Freunden ausgehen.
   Dann kommst du auf andere Gedanken.

Wiederholung
Ratschlag
Du **solltest** mit Freunden ausgehen.

siebenundsiebzig 77 LEKTION 14

14 C Hallo Schwesterchen

C1 Ordnen Sie zu.

3 der Bär   6 das Häuschen   1 die Schwester
4 das Bärchen 5 das Haus   2 das Schwesterchen

die Schwester – **das** Schwester**chen**
das Haus   – **das** H**äus**chen

C2 Was meinen Sie? Was sind typische Kosenamen? Kreuzen Sie an.

☐ Esel   ☐ Zuckermaus   ☐ Kuh   ☐ Schatz   ☐ Drache   ☐ Engel

C3 Lesen Sie den Text und ergänzen Sie.

Nüdelchen • Bärchen • Fee • Schätzchen • Dickerchen

> der Kosename, -n
> liebevolle Anrede für den Partner, für Familienmitglieder und enge Freunde

„Sag mir was Nettes"
Deutsche zeigen bei Kosenamen wenig Fantasie

Die Deutschen sind bei der Wahl von Kosenamen eher einfallslos: Fast jeder zweite nennt seinen Partner oder seine Partnerin *Schatz*, _Schätzchen_ oder *Liebling*. Auch Kosewörter aus der Tierwelt, wie _Bärchen_, *Häschen* oder *Mausi*, sind sehr populär. Oder aber der Kosename steht für bestimmte Eigenschaften: Der etwas runde Mann wird schnell zum _Dickerchen_, der
5 starke Raucher zum *Dampfmaschinchen*, die schöne Frau zu *Meine Schöne*. Beliebt sind außerdem – vor allem bei Männern – Begriffe aus den Bereichen Märchen und Essen wie _Nüdelchen_, *Engelchen*, *Keks* oder _Fee_. Aber Vorsicht! Welcher Mann findet es schon lustig, wenn sein *Nüdelchen* ihn vor den Arbeitskollegen *Dickerchen* nennt? Kosenamen sind reine Privatsache! Übrigens: Eine Befragung hat gezeigt, dass viele Leute dankbar sind, wenn ihr Partner sie einfach mit
10 ihrem richtigen Namen anspricht, denn sie empfinden Kosenamen oft als unangenehm oder respektlos.

Schon fertig?
Sammeln Sie Kosenamen in Ihrer Sprache und übersetzen Sie.

C4 Suchen Sie passende Wörter in C3.

-bar, -ig, -los, un-	-er, -in, -ung	... + ...
danken – **bar**	rauchen – **er**	die Arbeit + *der* Kollege = *der* Arbeitskollege
die Lust – **ig**	der Partner – **in**	
der Einfall – **los**	befragen – **ung**	das Tier + *die* Welt = die Tierwelt
angenehm – **un**		

C5 Welche Gruppe findet in zehn Minuten die meisten Wörter?
Suchen Sie auch im Wörterbuch.

-ung	-er	-in	-ig	-bar	-los	un-

achtundsiebzig 78 LEKTION 14

Schön, **dass** du da bist.

D 14

D1 Lesen Sie die Postkarte und ergänzen Sie die Tabelle.

> Liebe Karin,
>
> das Baby ist da! Es ist ein so süßes Mädchen! Du wirst es ja sehen, wenn Du mich besuchst. Einen Namen gibt es noch nicht. Simon und Larissa haben sogar im Krankenhaus gestritten, weil sie sich nicht einigen konnten. Na ja, Susanne und Kurt streiten sich ja auch manchmal, aber ich finde, sie sind trotzdem ein sehr glückliches Paar. Streiten gehört bei ihnen einfach dazu.
>
> Schön, dass Du kommst. Ich freue mich schon, denn dann lernst Du sie ja kennen, meine wunderbare Familie!
>
> Viele liebe Grüße
> Maria

		wenn		besuchst.
		weil		
		dass		

D2 Was meinen Sie? Worüber streiten Paare am häufigsten? Ergänzen Sie die Statistik.

Flirt mit anderen • zu wenig Aufmerksamkeit • zu wenig Zeit • Haushalt • Erziehungsfragen • Geld • Unzuverlässigkeit

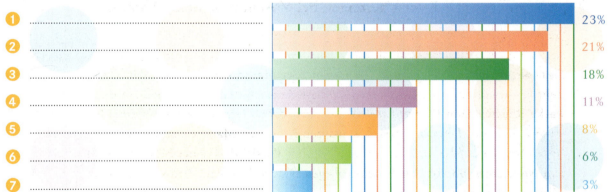

1. .... 23%
2. .... 21%
3. .... 18%
4. .... 11%
5. .... 8%
6. .... 6%
7. .... 3%

D3 Vergleichen Sie Ihre Ergebnisse mit den Ergebnissen einer Meinungsumfrage. Was hat Sie überrascht?

1 zu wenig Zeit 2 Haushalt 3 Erziehungsfragen 4 Geld 5 Unzuverlässigkeit 6 zu wenig Aufmerksamkeit 7 Flirt mit anderen

D4 Hören Sie ein Interview mit einem Ehepaar. Worüber streiten die beiden am häufigsten?

■ .... ■ .... ■ ....

D5 Ergänzen Sie. Hören Sie dann noch einmal und vergleichen Sie.

denn • aber • trotzdem • deshalb

a Ich räume dauernd auf, ... findet Justus mich unordentlich.
b Du hast fast nie Zeit für mich – .... bin ich öfters mal sauer.
c Das ist auch so ein Problem, ... Justus ist einfach nicht streng genug.
d Wir streiten schon oft, ... für uns gehört das zu einer glücklichen Ehe.

14 E Lebensabschnitte

E1 Ergänzen Sie den Liedtext. Hören Sie dann einen Ausschnitt aus einem Lied von Udo Jürgens und vergleichen Sie.

in Schuss kommen = fit/aktiv werden

Schuss • an • Schluss • daran

Mit 66 Jahren, da fängt das Leben .... Mit 66 Jahren, da kommt man erst in ....
Mit 66 Jahren, da hat man Spaß .... Mit 66 Jahren, da ist noch lange nicht ....

E2 Lesen Sie den Text.

a Ergänzen Sie den „Steckbrief" für Birgitta Schulze.

Eltern/Geschwister?		Beruf?	
Verheiratet – wann/mit wem?		Hobbys?	
Kinder?			

b In welchen Lebensabschnitten war sie sehr glücklich / glücklich / zufrieden / unglücklich? Was meinen Sie?

Alles, nur nicht stehen bleiben, Birgitta!
Frau Schulze und sechs Abschnitte aus ihren 66 Lebensjahren

„**Mit 16 hast du natürlich Träume.** Ich wollte zum Theater. Aber meine Mutter konnte die Schauspielschule nicht bezahlen. Mein Vater ist im Krieg gefallen und wir waren ja fünf Geschwister."

„**Mit 26 habe ich das dritte Kind bekommen.** Damals war das ganz normal, viele haben jung geheiratet. Mein Mann ist fast zehn Jahre älter als ich. Er war Beamter im Finanzamt und ich habe mich um Kinder und Haushalt gekümmert."

„**Mit 36 war ich oft müde.** So ein Leben als Hausfrau und dreifache Mutter ist wirklich ganz schön anstrengend. Ich habe gedacht: Wenn die Kinder aus dem Haus sind, kommt auch wieder eine leichtere Zeit."

„**Mit 46 waren die Kinder weg** und es ist mir nicht besser gegangen, sondern richtig schlecht. Ich hatte Depressionen und überhaupt keine Idee, was ich jetzt noch machen sollte. Mein Leben hat auf einmal stillgestanden."

„**Mit 56 ging es mir wieder besser.** Die Krise war vorbei und ich hatte neue Aufgaben. Ich war aktives Mitglied bei Amnesty International und in unserem Kulturverein. Und dreifache Oma war ich auch."

„**Heute bin ich 66 und fühle mich prima.** Mein Mann ist schon seit Jahren in Pension, wir genießen unser Leben, wir reisen viel und haben inzwischen fünf Enkelkinder. Und mein Jugendtraum ist auch noch wahr geworden: Seit zwei Jahren spiele ich in einer Theatergruppe mit."

E3 Lebensabschnitte

Ergänzen Sie die Sätze und erzählen Sie im Kurs: Was haben Sie in dieser Zeit erlebt, was planen Sie für diesen Lebensabschnitt?

- meine Träume
- meine Pläne/Aufgaben
- meine Familie
- mein Beruf
- meine Freunde

Mit 16 Jahren ...
Mit 26 Jahren ...
Mit 36 Jahren ...
Mit 46 Jahren ...
Mit 56 Jahren ...
Mit 66 Jahren ...

Mit 16 Jahren hatte ich einen Traum: Ich wollte viel reisen und die Welt kennenlernen. Ich habe aber zuerst meine Ausbildung gemacht.

Mit 26 Jahren habe ich geheiratet und bin nach Bremerhaven gezogen. Jetzt bin ich 29 Jahre alt und habe ein Kind.

Mit 36 Jahren hätte ich gern ein Haus oder eine eigene Wohnung. Oder vielleicht sogar mein eigenes Geschäft.

Mit 46 Jahren ...

Grammatik

1 Wiederholung: Perfekt

regelmäßige und unregelmäßige Verben	trennbare Verben	nicht-trennbare Verben	Verben auf *-ieren*
gespielt gekommen	aufgehört aufgewachsen	*ver*letzt *be*kommen	passiert

→ ÜG, 5.03, 5.05

2 Wiederholung: Präteritum

	sein	haben	wollen	dürfen	können	müssen	sagen	kommen
ich/er/es/sie	war	hatte	wollte	durfte	konnte	musste	sagte	kam

→ ÜG, 5.06

3 Wiederholung: Konjunktiv II

Wunsch		Aufforderung/Vorschlag	Ratschlag
ich **hätte** (gern) … ich **wäre** (gern) …	ich **würde** (gern) … nennen ich **möchte** …	wir **könnten** …	du **solltest** …

→ ÜG, 5.17

4 Wiederholung: Wortbildung

a Adjektive

Nomen/Verb	→	Adjektiv
Ruhe	→	ruh**ig**
Mühe	→	müh**elos**
erreichen	→	erreich**bar**

Adjektiv	→	Adjektiv
gesüßt	→	**un**gesüßt

→ ÜG, 11.02

b Nomen

Komposita: Nomen + Nomen
die Kinder + der Garten = der Kindergarten

Nomen	→	Nomen
der Erzieher	→	die Erzieher**in**
die Schwester	→	das Schwester**chen**

Verb	→	Nomen
bewegen	→	die Bewegung
erziehen	→	der Erzieh**er**

→ ÜG, 11.01

5 Wiederholung: Satzverbindungen

a Hauptsatz + Nebensatz: Konjunktionen *wenn, weil, dass*

Du wirst es ja sehen,	**wenn**	du mich	besuchst.
Sie haben gestritten,	**weil**	sie sich nicht einigen	konnten.
Schön,	**dass**	du	kommst.

→ ÜG, 10.06, 10.09, 10.11

b Hauptsatz + Hauptsatz: Konjunktionen *aber, denn, deshalb, trotzdem*

Das ist auch so ein Problem,	**aber**	Justus ist einfach nicht streng genug.
Wir streiten oft,	**denn**	für uns gehört das zu einer glücklichen Ehe.
Du hast fast nie Zeit für mich,	**deshalb**	bin ich öfters mal sauer.
Ich räume dauernd auf,	**trotzdem**	findet Justus mich unordentlich.

→ ÜG, 10.04, 10.05

Wichtige Wendungen

Einen Lösungsvorschlag machen
Du könntest doch … • Geh doch … • Ach komm!/Aber … • Wollen wir das so machen?/Was denkst du?

Auf einen Lösungsvorschlag reagieren
Ach nein, ich habe keine Lust. • Das ist keine gute Idee. • Meinetwegen. • Okay, einverstanden. • Dann machen wir das so.

Freude/Gefallen ausdrücken: Schön, dass …
Schön, dass du kommst.

14 Sag beim Abschied leise „Servus"

Abschied? Nein! Stopp! Ganz so weit sind wir noch nicht. Vorher wollen wir ein bisschen über Musik sprechen und trotzdem beim Thema bleiben. Es gibt nämlich viele deutschsprachige Abschiedslieder. Manche sind traurig, manche sind voll Hoffnung, einige sind ziemlich lustig. Ein paar stellen wir Ihnen auf dieser Doppelseite kurz vor. Bei zwei Liedern können Sie sogar mitsingen. Die Melodien dazu finden Sie auf der CD. Danach können Sie dann „Servus" sagen oder auch „Auf Wiedersehen!" … „Bis dann!" … „Tschüs!" … „Salü!" … „Tschö!" … „Bis bald!" … „Tschau!" … „Auf Wiederluege!" … „Ade!" … „Wir sehen uns!"

Bis dann! Tschö! Servus!
Tschüs! Bis bald! Auf Wiedersehen!
Salü! Auf Wiederluege! Ade!
Tschau! Wir sehen uns!

1 **Sehen Sie die Abschiedswörter auf dieser Seite an.**
Welche kommen wohl aus Deutschland, welche aus Österreich und welche aus der Schweiz?

CD 2 56-57 **2** **Hören Sie nun die Liedausschnitte 3 und 4 und singen Sie mit.**

CD 2 58-59 **3** **Karaoke. Hören Sie die Melodien ohne Text und singen Sie selbst.**

4 **Schreiben Sie nun selbst ein Abschiedsgedicht.**
Sie können die Wörter rechts benutzen. Vielleicht fallen Ihnen noch andere ein? Wir wünschen Ihnen auf jeden Fall viel Spaß beim Liedermachen und beim gemeinsamen Singen!

ZWISCHENSPIEL | www.hueber.de/schritte-plus

1
Innsbruck ich muss dich lassen,
ich fahr dahin mein Straßen,
in fremde Land dahin …
Heinrich Isaac, ca.1450 – 1517

2
Morgen muss ich fort von hier
Und muss Abschied nehmen …
Clemens von Brentano, 1778 – 1842

3
Muss i' denn, muss i' denn zum Städtele hinaus,
Städtele hinaus und du, mein Schatz, bleibst hier!
Wenn i' komm, wenn i' komm, wenn i' wieder, wieder komm,
wieder, wieder komm, kehr i' ein, mein Schatz, bei dir.
Volkslied aus Schwaben, Anfang 19. Jh.

4
Winter, ade! Scheiden tut weh.
Aber dein Scheiden macht,
dass mir das Herze lacht.
Winter, ade! Scheiden tut weh.
Heinrich Hoffmann von Fallersleben, 1798 - 1874

5
Gute Nacht, Freunde,
es wird Zeit für mich zu geh'n.
Was ich noch zu sagen hätte,
dauert eine Zigarette
und ein letztes Glas im Steh'n.
(Reinhard Mey, 1972)

6
Sag beim Abschied leise ‚Servus',
nicht ‚Lebwohl' und nicht ‚Adieu'.
Diese Worte tun nur weh!
Doch das kleine Wörterl ‚Servus'
ist ein lieber letzter Gruß,
wenn man Abschied nehmen muss.
*(Harry Hilm und
Hans J. Lengsfelder, 1936)*

7
Junge, komm bald wieder, bald wieder nach Haus.
Junge, fahr nie wieder, nie wieder hinaus.
Ich mach mir Sorgen, Sorgen um dich.
Denk auch an morgen, denk auch an mich.
(Freddie Quinn, 1962)

geschehen   Halt!
Auf Wiedersehen!   **Bis bald!**
mitgehen   verstehen   kalt

Kaffee   O je!   Wir verstehen uns   Schluss   Bus
Ade!   **Wir sehen uns!**   **Servus!**
tut weh   Gruß

Fragebogen: Was kann ich schon?

Das kann ich sehr gut. | Das kann ich. | Das übe ich noch.

Hören

	Das kann ich sehr gut.	Das kann ich.	Das übe ich noch.
Ich kann Veranstaltungstipps im Radio verstehen: *Am nächsten Samstag beginnt in Berlin wieder der „Karneval der Kulturen". Dieses Straßenfest ist inzwischen weit über die Grenzen von Berlin hinaus bekannt. ...*			
Ich kann komplexe Nachrichten auf dem Anrufbeantworter verstehen: *Guten Tag, Frau Osiris. Hier Praxisteam Dr. Kammerer/Dr. Kerner. Wir müssen leider den Termin für Ihre Untersuchung und die Grippeimpfung verschieben. Herr Dr. Kammerer ist am 30. leider überraschend auf einem Kongress ...*			
Ich kann komplexere Wegbeschreibungen verstehen: *Also, du gehst rechts, also Richtung Stadtmitte, immer die Fünffensterstraße entlang, bis zum Rathaus ...*			
Ich kann Verkehrsmeldungen verstehen: *In weiten Teilen Baden-Württembergs dichter Nebel mit Sichtweiten teilweise unter 50 Metern. Fahren Sie bitte ganz besonders vorsichtig.*			
Ich kann einfache Interviews verstehen: *Wofür geben die Leute ihr Geld aus?*			

Lesen

	Das kann ich sehr gut.	Das kann ich.	Das übe ich noch.
Ich kann Anzeigen für Veranstaltungen verstehen: *Wir feiern Wiedereröffnung mit einem Tag der offenen Tür am ...*			
Ich kann Leserumfragen lesen: *Unsere Leserumfrage: Wochenend' und Sonnenschein*			
Ich kann kurze Informationstexte lesen: *Achtung beim Einkaufen im Fernsehen!*			
Ich kann Angebotsprospekte verstehen.			
Ich kann kurze Zeitungsartikel verstehen: *Heilbronn – Endlich. In den Kneipen braucht bald niemand mehr Geld ...*			
Ich kann Tests und ihre Auswertung verstehen: *Welcher „Handytyp" sind Sie?*			
Ich kann Sicherheitshinweise verstehen: *Tragen Sie am besten einen Fahrradhelm. Dieser schützt den Kopf vor Verletzungen.*			
Ich kann Reiseprospekte verstehen: *Wunderschöner Campingplatz in ruhiger Umgebung. Nur fünf Minuten zum Strand.*			
Ich kann Postkarten lesen: *Lieber Lukas, schön, dass du mich bald besuchst!*			
Ich kann Statistiken und Meinungsumfragen lesen und auswerten: *Worüber streiten sich Paare am häufigsten?*			
Ich kann eine Rechnung verstehen: *Heizkostenabrechnung für die Mietwohnung Untere Gasse 12, Rechnungsnummer 12/06 05*			
Ich kann in Online-Katalogen bestimmte Informationen finden und verstehen: *Sie brauchen eine neue Kaffeemaschine. Welchen Begriff klicken Sie an?*			

Sprechen

	Das kann ich sehr gut.	Das kann ich.	Das übe ich noch.
Ich kann Gegensätze ausdrücken: *Nina soll nicht so lange schlafen. Trotzdem bleibt sie bis zehn Uhr im Bett.*			
Ich kann Wünsche äußern: *Ich würde gern Theater spielen.*			
Ich kann Vorschläge machen: *Nächsten Samstag könnten wir was zusammen machen.*			
Ich kann meine Meinung sagen: *Ein braunes Sofa? Das passt doch nicht zu einem Schrank mit schwarzen Türen.*			
Ich kann Dinge miteinander vergleichen: *Also, ich finde die Kette schöner als die Ohrringe.*			
Ich kann um Informationen bitten, z.B. am Post- oder Bankschalter: *Ich habe hier einen Brief nach Südafrika. Was kostet der denn?*			
Ich kann eine Geschichte nacherzählen: *Aber dann stellt Maria fest, dass ...*			
Ich kann Ortsangaben machen und Wege beschreiben: *Du fährst bis zur nächsten Kreuzung. Da musst du links abbiegen.*			
Ich kann über Reiseziele sprechen, Reisen planen und eine Reise im Reisebüro buchen: *Wir könnten in die Sahara fahren. / Ich möchte die Reise nach London buchen. Wie lange dauert denn der Flug?*			
Ich kann mich über Dienstleistungen unterhalten: *Reparierst du dein Fahrrad selbst oder lässt du es reparieren?*			
Ich kann bei Konflikten auf Lösungsvorschläge reagieren: *Machen wir das so? – Meinetwegen.*			

Schreiben

	Das kann ich sehr gut.	Das kann ich.	Das übe ich noch.
Ich kann eine Wunschliste schreiben: *Wir würden gerne am Computer Übungen machen, Texte lesen, ...*			
Ich kann eine schriftliche Wegbeschreibung machen: *Pass auf, du fährst am besten immer die B 304 entlang.*			
Ich kann Einladungen schreiben und Vorschläge machen: *Liebe/Lieber..., komm doch mal nach Pakistan. Ich möchte dir so gern meine Heimat zeigen.*			
Ich kann einen einfachen Beschwerdebrief schreiben: *Sehr geehrte Damen und Herren, ich habe bei Ihnen das Radio „Extech 2020" bestellt. Aber ich habe eine Kaffeemaschine bekommen ...*			
Ich kann einen Paketschein und andere Post- und Bankformulare ausfüllen.			
Ich kann mich entschuldigen und das begründen: *Entschuldigen Sie bitte, dass ... Aber ...*			

Inhalt Arbeitsbuch

8 Am Wochenende
Schritt A-E	88-95
Phonetik	91
Lerntagebuch	91
Projekt	95
Prüfungsaufgabe	94
Lernwortschatz	96-97

9 Warenwelt
Schritt A-E	98-105
Phonetik	101
Lerntagebuch	101
Projekt	104
Prüfungsaufgabe	105
Lernwortschatz	106-107

10 Post und Telefon
Schritt A-E	108-115
Phonetik	111
Lerntagebuch	114
Lernwortschatz	116-117

11 Unterwegs
Schritt A-E	118-127
Phonetik	123
Lerntagebuch	119
Projekt	127
Prüfungsaufgabe	127
Lernwortschatz	128-129

12 Reisen
Schritt A-E	130-137
Phonetik	136
Lerntagebuch	137
Projekt	136
Prüfungsaufgabe	137
Lernwortschatz	138-139

13 Auf der Bank
Schritt A-E	140-147
Phonetik	141, 146
Lerntagebuch	143
Prüfungsaufgabe	147
Lernwortschatz	148-149

14 Lebensstationen
Schritt A-D	150-153
Lernwortschatz	154-155

W Wiederholungsstationen
156-163

F Fokus-Seiten

Zu Lektion 8	Alltag	Medien im Alltag	164
Zu Lektion 8	Alltag	Computer und Internet	165
Zu Lektion 9	Alltag	Ein Rücksendeformular verstehen/ein Abonnement kündigen	166
Zu Lektion 9	Alltag	Ein Kaufvertrag	167
Zu Lektion 10	Alltag	Ämter und Behörden	168-169
Zu Lektion 11	Alltag	Gebrauchtwagenkauf	170
Zu Lektion 11	Alltag	Einen Unfallhergang schildern	171
Zu Lektion 12	Alltag	Ein Antragsformular	172
Zu Lektion 12	Alltag	Eine Buchungsbestätigung	173
Zu Lektion 13	Alltag	Kommunikation mit Versicherungen	174
Zu Lektion 13	Alltag	Gespräche zum Thema Versicherung	175
Zu Lektion 14	Familie	Aufforderungen von Behörden	176
Zu Lektion 14	Alltag	Eine soziale Einrichtung: das Seniorenbüro	177

Lektion 8: Am Wochenende

A Das Wetter ist nicht besonders schön. Trotzdem wollen wir mal für zwei Tage raus hier.

A1 1 Was machen die Leute am Wochenende? Lesen Sie die Texte und ordnen Sie zu.

Unsere Leserumfrage: Wochenend' und Sonnenschein

Seit Wochen ist das Wetter schlecht. Jetzt sagt der Wetterbericht endlich: Es wird warm und sonnig.
Wir haben unsere Leser gefragt: Was machen Sie am nächsten Wochenende?

1 Wir machen gern Ausflüge. Am Wochenende wollen wir mit der Bahn in die Berge fahren und dort den ganzen Tag bleiben. Mein Mann sagt: „Ein Tag in den Bergen ist wie eine Woche Urlaub." *Marianne Werner, Postangestellte*

2 Das Wetter wird warm? Dann gehen wir am Sonntag mit der ganzen Familie an den Kirchweiler See. Wir nehmen Essen und Getränke mit. Einen Ball haben wir auch dabei und wir spielen viel Fußball. Leider ist der Sonntag immer schnell vorbei. *Fausto Grimaldi, Fahrer*

3 Ich arbeite viel und komme immer sehr spät von der Arbeit nach Hause. Am Wochenende ruhe ich mich aus. Bei schönem Wetter sitze ich im Garten und mache gar nichts. Und wenn am Abend ein guter Film im Fernsehen kommt, bin ich glücklich. *Klaus Windlich, Abteilungsleiter*

4 Am Wochenende schlafe ich lange. Ich stehe auf keinen Fall vor 11 Uhr auf. Aber am Nachmittag spiele ich Fußball oder gehe ins Schwimmbad. Da kann ich meine Freunde treffen. *Peter Lustig, Schüler*

A1 2 Warum machen die Leute das? Ordnen Sie zu.

a Familie Werner fährt in die Berge. — Er muss in der Woche viel arbeiten.
b Fausto Grimaldi geht mit der Familie an den Kirchweiler See. — Er kann da seine Freunde treffen. Das ist wie eine Woche Urlaub.
c Klaus Windlich sitzt im Garten und ruht sich aus. — Er kann dort mit den Kindern Fußball spielen.
d Peter Lustig geht ins Schwimmbad.

Wiederholung Schritte plus 3 Lektion 1
3 Schreiben Sie die Sätze aus Übung 2 mit *weil*.

a Familie Werner fährt in die Berge, *weil das wie eine Woche Urlaub ist.*
b Fausto Grimaldi geht mit der Familie an den Kirchweiler See, ...
c Klaus Windlich sitzt im Garten und ruht sich aus, ...
d Peter Lustig geht ins Schwimmbad, ...

A1 4 Es regnet am Wochenende! Schreiben Sie Sätze mit *trotzdem*.

a Aber Familie Werner fährt in die Berge.
   Trotzdem fährt Familie Werner in die Berge.
b Aber Familie Grimaldi geht an den Kirchweiler See.
c Aber Herr Windlich sitzt ungefähr drei Stunden im Garten.
d Aber Peter Lustig geht ins Schwimmbad.

A 8

5 Und was machen Sie am Wochenende?
Schreiben Sie eine Mail. Schreiben Sie wie in Übung 1.

- Ich mache gern ... • Am liebsten ...
- Ich gehe immer ... • Da kann/will ich ...
- Trotzdem ... • weil ... • ...

- mit Freunden treffen • Fußball/Tennis ... spielen • Ausflüge machen
- nichts tun • lange schlafen • ...

Lieber Fred,
danke für Deine Mail. Das ist ja interessant, was Du am Wochenende machen willst. Also, bei mir wird das Wochenende so: Am Freitagabend ...

6 Schreiben Sie Sätze mit *trotzdem* wie in den Beispielen.

a Ich habe heute keine Lust. Trotzdem spüle ich das Geschirr.
   Ich spüle trotzdem das Geschirr.

b Ich habe kein Geld. Trotzdem fahre ich in Urlaub.
   Ich fahre trotzdem in Urlaub.

c Es ist eiskalt draußen. Trotzdem läuft deine Tochter im T-Shirt herum.
   Deine Tochter läuft trotzdem im T-Shirt herum.

d Es gefällt mir so gut bei euch. Trotzdem muss ich gehen.
   Ich muss trotzdem gehen.

e Ich mag diesen Film nicht. Trotzdem gehe ich mit dir ins Kino.
   Ich gehe trotzdem mit dir ins Kino.

f Diese Übung ist fertig. *Trotzdem gibt es keine Pause.*
   Es gibt trotzdem keine Pause.

7 Machen Sie eine Tabelle und tragen Sie die Sätze b und c aus Übung 6 ein.

a
Trotzdem	spüle	ich	das Geschirr.
Ich	spüle	trotzdem	das Geschirr.

b
...			

8 Was passt? Ordnen Sie zu und schreiben Sie Sätze mit *trotzdem*.

a Es regnet. — Ich schaue mit meinen Freunden einen Film an.
b Ich muss lernen. — Ich höre es mit dir an.
c Ich mag dieses Musikstück nicht. — Er geht nicht ins Bett.
d Er ist müde. — Er isst viel Süßes.
e Er ist zu dick. — Wir fahren Fahrrad.

Es regnet. Trotzdem fahren wir Fahrrad.

9 Was machen Sie manchmal trotzdem? Schreiben Sie.

Ich bin müde. Trotzdem ... Ich habe keine Lust. ...
Ich muss lernen. ... Es kommt abends nichts Interessantes im Fernsehen. ...
Es regnet. ... Ich will nicht streiten. ...

LEKTION 8

8 B Ich **hätte** gern mal ein bisschen Ruhe.

10 Wünsche!

a Was passt? Ordnen Sie zu.

1 Ich bin im Büro. — Ich würde lieber ans Meer fahren.
2 Ich habe einen Hund. — Ich hätte lieber eine Katze.
3 Wir fahren in die Berge. — Ich wäre lieber im Schwimmbad.

b Ergänzen Sie die Formen.
1 Ich bin IM BÜRO. Ich wäre GERN IN URLAUB
2 Ich habe EIN FAHRRAD. Ich hätte gern ein neues Auto
3 Wir fahren, tanzen, gehen spazieren Ich würde gern reisen

11 Was passt? Kreuzen Sie an.

a Ich liebe Tiere. Ich ☐ würde ☐ wäre ☒ hätte gern eine Katze.
b Das Wetter ist so schön und ich sitze im Büro. Ich ☒ würde ☐ wäre ☐ hätte lieber spazieren gehen.
c Immer ist es so laut bei uns. Ich ☐ würde ☐ wäre ☒ hätte gern mal ein bisschen Ruhe.
d Ich bin krank. Ich ☐ würde ☒ wäre ☐ hätte lieber gesund.
e Meine Eltern gehen im Urlaub in die Berge. Ich ☒ würde ☐ wäre ☐ hätte lieber ans Meer fahren.
f Ich möchte tanzen. Ich ☐ würde ☒ wäre ☐ hätte jetzt am liebsten in der Disco.

12 Schreiben Sie Wünsche mit *wäre – hätte – würde*.

a Sie muss arbeiten. – in der Sonne liegen
Sie würde lieber in der Sonne liegen.

b Ich bin so allein. – bei dir sein
ICH WÄRE BEI DIR

c Er muss für die Schule lernen. – mit Freunden ins Schwimmbad gehen
ER WÜRDE GERN MIT FREUNDEN INS SCHWIMMBAD GEHEN

d Wir müssen noch eine Übung schreiben. – auf dem Balkon sitzen
WIR WÜRDEN AUF DEM BALKON SITZEN

e Es regnet und ich muss noch nach Hause gehen. – schon zu Hause sein
ICH WÄRE SCHON ZU HAUSE

f Ich muss arbeiten. – Urlaub haben
ICH HÄTTE GERN URLAUB

13 Ich wäre auch gern ... Schreiben Sie.

a ● Hallo, wo bist du gerade?
■ Ich liege gerade am Strand. Das Wetter ist herrlich.
● *Oh, da wäre ich jetzt auch gern. / Oh, ich würde auch gern am Strand liegen.*

b ▲ Weißt du, ich habe heute frei und sitze im Garten.
● OH HÄTTE ICH JETZT AUCH GERN FREI
OH ICH WÜRDE AUCH GERN IM GARTEN SITZEN

c ▼ Ich bin gerade am Flughafen. In einer Stunde fliege ich nach Brasilien.
● OH DA WÄRE ICH JETZT GERN UND WÜRDE ICH AUCH GERN IN EINER STUNDE NACH BRASILIEN FLIEGEN

d ◆ Wir sind kurz vor dem Feldberg. Wir machen gerade eine Wanderung.
● OH DA WÄREN WIR JETZT AUCH GERN UND WÜRDEN WIR AUCH GERN EINE WANDERUNG MACHEN

14 Notieren Sie im Lerntagebuch.
Schreiben Sie und zeichnen Sie.

LERNTAGEBUCH

Mein Alltag — Meine Wünsche

Ich bin den ganzen Tag zu Hause.
Jeden Tag muss ich den Haushalt machen.
Immer ... muss ich zu Hause bleiben

Ich würde lieber in der Sonne liegen.
Ich hätte gern einen Garten.
Ich wäre gern am Strand

▶ Portfolio

15 Hören Sie und achten Sie auf die Betonung /. Welches Wort ist am stärksten betont? Unterstreichen Sie.

a Michael hätte gern ein neues Fahrrad. Er würde sehr gern eine Radtour nach Wien machen.
b Franziska wäre gern schon achtzehn. Sie würde so gern den Führerschein machen.
c Ich wäre jetzt gern bei meiner Freundin in Hamburg. Ich würde ihr so gern meine Probleme erzählen.
d Ich bin Verkäuferin. Ich hätte gern eine andere Arbeit. Ich würde gern mit Kindern arbeiten.

Lesen Sie die Sätze laut: zuerst langsam, dann schnell.

16 Schreiben Sie einen Wunsch wie in Übung 15 c oder d und markieren Sie die Betonung /.
Lesen Sie dann laut: zuerst langsam, dann schnell.

17 Hören Sie und achten Sie auf die Betonung / ― und die Pausen: | = kurz, || = länger.

Ich arbeite viel → | und komme immer sehr spät nach Hause. ||
Am Wochenende ruhe ich mich aus. || Bei schönem Wetter sitze ich im Garten |
und mache gar nichts. || Und wenn am Abend ein guter Krimi im Fernsehen kommt, |
bin ich glücklich.

Hören Sie noch einmal und markieren Sie die Satzmelodie ↘ →.
Lesen Sie dann den Text laut.

18 Was machen Sie am Wochenende? Schreiben Sie.

Markieren Sie die Pausen | ||, die Betonung / ― und die Satzmelodie → ↘.
Lesen Sie dann den Text vor.

Am Freitagabend gehe ich meistens ...

8 C Ich **könnte** rübergehen.

19 Was könnte ich machen? Schreiben Sie.

a ● Ich brauche ein bisschen Bewegung.
■ Dann mach doch einen Spaziergang!
Du könntest einen Spaziergang machen.

b ▲ Ich würde gern mal wieder einen Film sehen.
● Dann geh doch ins Kino.
Du könntest INS KINO GEHEN

c ▼ Meine Oma hat nächste Woche Geburtstag.
◆ Schenk ihr doch Blumen.
IHR KÖNNTET BLUMEN SCHENKEN

d ■ Ich möchte ein Fußballspiel sehen.
▲ Geh doch am Samstag ins Stadion. Da spielt Freiburg gegen Kaiserslautern.
KÖNNTEST AM SAMSTAG INS STADIO GEHEN

e ● Das Wetter ist heute in den Bergen so schön.
◆ Dann mach doch einen Ausflug.
DU KÖNNTEST EINEN AUSFLUG MACHEN

20 Bringen Sie die Sätze in die richtige Reihenfolge.

a
3 ▲ Einen Ausflug? Gute Idee! Das machen wir.
1 ▲ Was machen wir am Wochenende? Hast du eine Idee?
7 ▲ Also dann, bis Sonntag.
5 ● Wie wäre es am Sonntag um zehn?
2 ● Wir könnten einen Ausflug machen.
4 ● Wann sollen wir uns treffen?
6 ● Ja, das geht bei mir.

b
4 ■ Schade, am Wochenende geht leider nicht. Meine Mutter kommt zu Besuch. Aber wie wäre es in zwei Wochen?
8 ■ Tschüs.
2 ■ Das wäre schön. Wir haben schon lange nicht zusammen gefrühstückt.
6 ■ Ja, schade. Na dann, vielleicht ein anderes Mal. Ich rufe dich wieder an.
7 ▼ In Ordnung. Bis dann und Tschüs.
1 ▼ Hallo, Susi. Du, ich würde dich gern zum Frühstück einladen.
5 ▼ Da kann ich leider nicht. Da bin ich bei Freunden in Dresden.
3 ▼ Hast du am Sonntagmorgen Zeit?

C 8

21 Hast du Zeit?

a Ergänzen Sie die Gespräche.

1 das geht bei mir • Wie wär's • Idee • Also, dann • Warum nicht • Lust • Wir könnten mal

- ● Hallo, wie geht's dir?
- ■ Danke, gut. Wir haben uns lange nicht gesehen. *Wir könnten mal* wieder was zusammen unternehmen. Hast du **LUST**?
- ● Gute **IDEE**.
- ■ **WIE WÄR'S** mit Kino?
- ● **WARUM NICHT**? Im Tivoli läuft gerade ein toller Film.
- ■ Hast du morgen Abend Zeit?
- ● Ja, **DAS GEHT BEI MIR**.
- ■ **ALSO DANN** bis morgen Abend.

2 Schade • es tut mir sehr leid • trotzdem vielen Dank für die Einladung • einladen

- ▲ Guten Tag, Frau Müller.
- ▼ Guten Tag, Frau Huber.
- ▲ Am 7. August, also in zwei Wochen, feiert mein Mann seinen 40. Geburtstag. Wir würden Sie und Ihren Mann gern zu einem Glas Sekt *einladen*.
- ▼ Das ist sehr nett, Frau Huber. Aber **ES TUT MIR SEHR LEID**, das geht leider nicht. Da sind wir in Urlaub.
- ▲ **SCHADE**, dass Sie nicht kommen können.
- ▼ Ja, sehr schade, aber **TROTZDEM VIELEN DANK FÜR DIE EINLADUNG**.

b Hören Sie und vergleichen Sie.

22 Ergänzen Sie.

lieber in die Disco gehen • Warum nicht? Uhrzeit? • leid tun, keine Lust haben • gute Idee, Stuttgart gegen Hamburg spielen • eigentlich lieber einen Ausflug mit Jutta machen

a ● Ich würde gern Karten spielen. ☹
  ■ *Tut mir leid, aber ich habe keine Lust.*

b ▲ Wir könnten am Wochenende ein Fußballspiel ansehen. ☺
  ■ **GUTE IDEE, STUTTGART GEGEN HAMBURG SPIELEN**

c ▼ Ich würde am Samstagabend gern ins Kino gehen. ☹
  ● **LIEBER IN DIE DISCO GEHEN**

d ■ Ich gehe morgen auf dem Markt einkaufen. Kommst du mit? ☺
  ◆ **WARUM NICHT UHRZEIT**

e ▲ Ich würde gern am Sonntagmittag mit dir ins Schwimmbad gehen. ☹
  ▼ **EIGENTLICH LIEBER EINEN AUSFLUG MACHEN**

23 Schreiben Sie kurze Gespräche.

a ☹ Tennis spielen – krank sein – in zwei Wochen wieder
b ☺ eine Wanderung machen – am nächsten Wochenende – wohin gehen
c ☺ schwimmen gehen – morgen Nachmittag – wann genau treffen
d ☹ Donnerstagabend essen gehen – keine Zeit haben – vielleicht Freitag

a ● *Ich würde gern mit dir Tennis spielen.*
  ■ *Schade, das geht leider nicht. Ich bin*
  ● *Vielleicht*

8 D Wochenendaktivitäten, Veranstaltungen

D1 **24** Was passt? Kreuzen Sie an.

	gehen	bleiben	fahren	machen	besuchen	spielen	anschauen	schlafen
Tennis						x	x	
Freunde					x			
tanzen	x	x						
einen Ausflug	x			x	x			
spazieren	x							
bis elf Uhr		x			x	x		x
ein Fußballspiel				x		x		
ins Schwimmbad	x	x						
eine Radtour			x	x	x			
Skateboard	x		x					
zu Hause		x						x

D4 Prüfung **25** **Einen Ausflug planen**

Sie möchten mit ein paar Freunden aus Ihrem Deutschkurs am Samstag einen Ausflug machen. Überlegen Sie, wohin Sie fahren könnten. Jeder bekommt ein Aufgabenblatt mit Vorschlägen.

a Notieren Sie zu jedem Vorschlag ein Stichwort auf ein Blatt.
   Was finden Sie gut, was finden Sie nicht so gut? Warum? Schreiben Sie!

   Wanderung: zu viel mitnehmen, zu anstrengend
   Schifffahrt: gut; lustig, aber teuer
   ...

b Was kann man sagen? Schreiben Sie.

   Wir könnten ...   Das finde ich gut.   Ich würde lieber ...
   Ich hätte Lust auf ...   ☺ Das ist eine gute Idee.   ☹ Das ist doch zu langweilig/
   Ich ...   ...   weit/teuer.
                                                         ...

c Sprechen Sie über die Vorschläge. Arbeiten Sie zu zweit.
   ● Wir könnten eine Wanderung machen.
   ■ Ich weiß nicht. Da müssen wir erst weit fahren.
   ● Wir können die S-Bahn nehmen, das ist schnell und nicht teuer.
   ■ Ich würde aber lieber eine Fahrradtour machen, da können wir
     direkt von zu Hause losfahren.
   ● Das ist eine gute Idee. Das machen wir.
   ■ ...

d Präsentieren Sie Ihre Gespräche im Kurs.

Veranstaltungstipps

26 Stadtfest in Lamstein

Stadtfest Lamstein 12. Juli

Sportpark Heinemannstraße
15.00–19.00 Uhr   Hobby-Fußballturnier um den Carsten-Klepel-Cup

Fußgängerzone
14.00–18.00 Uhr   Spielestraße für Kinder: Kindertheater, Clowns

Festzelt Rathauswiese
11.00–12.00 Uhr   Jazzfrühschoppen mit den Jazzhouse Stompers
14.00 Uhr   Seniorennachmittag mit Überraschungen
                             Blasorchester Ramsburg, Hits der Swing-Ära
20.00–22.00 Uhr   Heimatabend
                             buntes Programm mit den Lamsteiner Musik- und Gesangsvereinen
22.00–24.00 Uhr   Tanz mit der Showband „Ina und die Jungs"

Partybühne in der Fußgängerzone
19.00–22.00 Uhr   Lamstein international: Tänze aus Italien, Griechenland, Spanien
                             und aus der Türkei
22.00–24.00 Uhr   Partymusik mit D.J. Horst: Oldies bis Techno
22.30 Uhr   großes Brilliant-Feuerwerk

a   Sehen Sie das Plakat an. Wann kann man das machen? Ordnen Sie zu.
    1 Musik hören   2 tanzen   3 Spiele machen   4 Sport machen

b   Wohin gehen Sie? Schreiben Sie.
    1 Sie wollen Jazz hören.
        Ich gehe zum Jazzfrühschoppen.
    2 Sie haben Kinder und wollen etwas Lustiges sehen.
    3 Sie interessieren sich für internationale Tänze.
    4 Sie spielen gern Fußball.

c   Wie ist Ihr Programm?
    Machen Sie Stichpunkte und erzählen Sie.   *14 Uhr: Kindertheater*   Um 14 Uhr gehe ich mit den Kindern ins Kindertheater.

27 Veranstaltungen am Wochenende

a   Sammeln Sie Informationen.
    ■ In Ihrer lokalen Zeitung: Auf welchen Seiten finden Sie Informationen?
       An welchen Tagen gibt es Informationen?
    ■ In Ihrer lokalen Radiostation: Wann kann man Freizeittipps hören?
    ■ Wo kann man noch Informationen bekommen? (Touristen-Information, Internet …)

b   Bringen Sie die Informationen mit in den Unterricht.
    Machen Sie eine Wandzeitung für das kommende Wochenende.
    Kino, Musik, Theater, Sport, Feste …

c   Was würden Sie gern am kommenden Wochenende machen? Erzählen Sie.

8 Lernwortschatz

FLOH PULCE

Freizeitaktivitäten

Aktivität die, -en	ATTIVITÀ	auf den Flohmarkt gehen, ist gegangen	ANDARE AL MERCATINO
Disco die, -s	DISCOTECA	einen Krimi lesen/ sehen, hat gelesen/ gesehen	UN THRILLER VEDERE HA PROVATO
Discothek die, -en	DISCOTECA		
Flohmarkt der, ¨-e	MERCATINO		
Klavier das, -e	PIANOFORTE	etwas unternehmen, unternimmt, hat unternommen	TENTARE QUALCOSA PROVARE QUALCOSA TENTARE
Klavierspieler der, -	PIANISTA		
Krimi der, -s	THRILLER	Schiff fahren, ist gefahren	PARTIRE IN NAVE È PARTITA
Oper die, -n	OPERA DIE OPERN		
Schiff das, -e	NAVE		
Treffpunkt der, -e	PUNTO D'INCONTRO		

Veranstaltungen und Kurse

Ausstellung die, -en	DIE AUSSTELLUNGEN MOSTRA	Eintritt frei	ENTRATA LIBERA
Besuch der, -e	VISITA	Tag der offenen Tür	GIORNO ENTRATA LIBERA
Besucher der, -	VISITATORE		
Eintritt der, -e	ENTRATA	aus·stellen, hat ausgestellt	ESPORRE
Ermäßigung die, -en	SCONTO		
Eröffnung die, -en	APERTURA	ein·schreiben (sich), hat sich eingeschrieben	RACCOMANDATA ISCRIVERSI ISCRITTO
Kultur die, -en	LA CULTURA		
Semester das, -	SEMESTRE	werktags	GIORNI LAVORATIVI

Natur

Kuh die, ¨-e	MUCCA	Schwein das, -e	MAIALE
Natur die	NATURA	Stein der, -e	PIETRA
Pferd das, -e	CAVALLO DIE PFERDE	Tier das, -e	ANIMALE
Pflanze die, -n	PIANTA	Wald der, ¨-er	SELVAGGIA FORESTA
Ruhe die	SILENZIO		

WAS HAST DU VOR LESEN GEMACHT, VOCE
ALT   GENAUSO
       CAMBIARE

Weitere wichtige Wörter

Ausgabe die, -n — EMISSIONE EDIZIONE
Geschichte die, -en — STORIA
Gott der, ¨-er — DIO
Kindersachen die (Pl.) — COSE PER BAMBINI
Markt der, ¨-e — MERCATO
Märchen das, - — FIABA
Reihe die, -n — FILA REIHENFOLGE
Renovierung die, -en — RINOVARE
Sender der, - — PROGRAMMARE RADIO
Spielzeug das, -e — GIOCATTOLO
Stadtteil der, -e — QUARTIERE
Streichholz das, ¨-er — SCATOLA DI LEGNO
(Streichholz)Schachtel die, -n — SCATOLA DI LEGNO
Tor das, -e — PORTONE
Wunsch der, ¨-e — DESIDERIO

ab·lehnen, hat abgelehnt — RIFIUTARE
an·nehmen, nimmt an, hat angenommen — ACCETTARE O PRENDERE
einen Vorschlag ablehnen/annehmen — ACCETTARE RIFIUTARE UNA PROPOSTA
eine Frage stellen, hat gestellt — FARE UNA DOMANDA
entdecken, hat entdeckt — SCOPRIRE SCOPERTO
fallen, ist gefallen — CADERE CADUTO
husten, hat gehustet — TOSSIRE TOSSITO
(Karten) mischen, hat gemischt — MESCOLARE MESCOLATO
übernachten, hat übernachtet — PERNOTTARE HOTEL HA PERNOTTATO

verändern, hat verändert — MODIFICARE MODIFICARE
verwenden, hat verwendet — UTILIZZARE
vor·lesen, liest vor, hat vorgelesen — LEGGERE ALTA VOCE LEGGERE ALTA VOCE
wünschen (sich), hat sich gewünscht — DESIDERARSI DESIDERATO

altmodisch — ANTIQUARIATO
ander- — ALTRO
besonder- — SPECIALMENTE
bunt — COLORATO
einfach — SEMPLICE
historisch — STORICAMENTE
körperlich — FISICAMENTE
perfekt — PERFETTO SM
(un)sicher — SICUR INSICURO
spannend — ANSIOSO ECCITANTE EMOZIONATO
immer noch — SEMPRE ANCORA
(lebens/stunden)lang — ORARIO LUNGO
mehrmals — RIPETUTAMENTE
allein — SOLO
bloß SOLO — NUDO SOLO
gegenüber — DI FRONTE
halb — META
je — OGNI OGNI PREIS PREZZO
trotzdem — NONOSTANTE TUTTAVIA
zu Ende — ALLA FINE
DAMALS = POI

RADIOSENDER
STAZIONI RADIO

AUSSERHALB FUORI CITTÀ
INNERHALB DENTRO CITTÀ

GESPANNT CURIOSO

ZU STIMMEN
ACCETTARE
ESSERE D'ACCORDO

LEKTION 8

Lektion 9: Warenwelt

9 A Kennst du ein **gutes** Geschäft?

Wiederholung 1 Wie heißt das Gegenteil? Ordnen Sie zu.

a billig — klein b lang — langweilig
  dick — dunkel   interessant — leicht
  groß — teuer   neu — kurz
  hell — dünn   schwer — alt

Wiederholung 2 Verrückter Flohmarkt. Ergänzen Sie.

dick • groß • lang • alt • klein • kurz

▼ Wie gefällt/gefallen Ihnen …?

a die Kette? ■ Die ist nicht schlecht. Aber sie ist viel zu _lang_.
b das Regal? ■ Das ist zu _klein_. Da passt doch gar kein Buch rein.
c der Tisch? ■ Nein, die Beine sind zu _kurze_.
d das Buch? ■ Das ist mir zu _große_.
e das Handy? ■ Das ist doch viel zu _alte_.
f diese Schuhe? ■ Ach, die sind zu _dick_.

A1 3 Ergänzen Sie *der – das – die*.

a _die_ Kette   Das ist eine lange Kette.   d _die_ Bücher   Das sind interessante Bücher.
b _der_ Tisch   Das ist ein runder Tisch.   e _die_ Gläser   Das sind keine schönen Gläser.
c _das_ Handy   Das ist ein gutes Handy.

A1 Grammatik entdecken 4 Ergänzen Sie die Tabelle.

der Tisch	Das ist …	ein	rund _er_	Tisch.	_er_
das Handy		ein	groß _es_	Handy.	_es_
die Kette		eine	lang _e_	Kette.	_e_
die Bücher	Das sind …	–	interessant _e_	Bücher.	_e_
die Bücher		keine	interessant _e_	Bücher.	_e_

A2 5 Was ist das? Schreiben Sie.

■ Was ist denn das?
▲ Das ist/sind …

a Flohmarkt, klein   ▲ ein kleiner Flohmarkt
b Lampe, gut   ▲ _eine gute Lampe_
c Buch, billig   ▲ _ein billiges Buch_
d Tisch, rund   ▲ _ein runder Tisch_
e Stühle, bequem   ▲ _bequeme Stühle_

keine Artikel Plurale

A2 6 Was ist richtig? Kreuzen Sie an.

a Das ist aber ein   ☐ groß   ☐ große   ☒ großes   Handy!
b Das ist aber eine   ☐ schön ☒ schöne ☐ schönen Brille!
c Das ist aber ein   ☐ klein ☐ kleine ☒ kleiner Tisch!
d Das sind aber   ☐ alt   ☒ alte   ☐ alten   Schuhe!
e Das ist aber eine   ☐ lang   ☒ lange   ☐ langen   Halskette!

A 9

7 Was hat Claudia wirklich vom Flohmarkt mitgebracht? Vergleichen Sie mit dem Einkaufszettel.

 A
 B
 C
 D
E
F

- Teller, tief
- Gläser, groß
- Jacke, schwarz
- Radio, alt
- Lampe, billig
- Löffel, neu

a *Das sind keine tiefen Teller, das sind flache Teller.*

8 Und was nimmst du? Ergänzen Sie e – en – es.

a ▲ Nimmst du diese Lampe? ● Ja, ich brauche so eine hell**e** Lampe.
b ▲ Und den Tisch? ● Nein, ich brauche keinen rund**en** Tisch.
c ▲ Und das Handy hier? ● Nein, ich habe schon ein gut**es** Handy.
d ▲ Möchtest du diese Bücher? ● Nein, ich mag keine alt**en** Bücher.
e ▲ Schau mal, die Gläser! ● Gute Idee, ich brauche auch noch schön**en** Gläser!

9 Wir haben nur …! Ergänzen Sie.

a ■ Ich suche ein**en** neu**en** Sessel.
▼ Wir haben gar keine alt**en** Sessel!
Wir haben nur neu**e** Sessel.
b ■ Ich suche ein**e** hell**e** Lampe.
▼ Wir haben nur hell**e** Lampen.
c ■ Ich suche ein**e** billig**e** Kamera.
▼ Ja, wir haben sehr billig**e** Kameras.
d ■ Ich suche ein**es** interessant**es** Buch.
▼ Wir haben keine langweilig**en** Bücher, wir haben nur interessant**en** Bücher.

10 Haben Sie …? Schreiben Sie.

a Schrank, groß
◆ *Haben Sie einen großen Schrank?* ● *Ja, wir haben große Schränke.*
b Schal, dick
◆ HABEN SIE EINEN DICKEN SCHAL? ● Nein, WIR HABEN KEINEN SCHAL
c Kanne, blau
◆ HABEN SIE EINE BLAUE KANNE? ● JA HABEN WIR EINE KANNE
d Regal, braun
◆ HABEN SIE EIN BRAUNES REGAL? ● NEIN HABEN WIR KEINE BRAUNE REGAL
e Kaffeemaschine, gut
◆ HABEN SIE EINE GUTE K.M? ● JA HABEN WIR EINE GUTE K.M
f Zuckerdose, schön
◆ HABEN SIE EINE SCHÖNE Z.D? ● DA HABEN WIR EINE SCHÖNE Z.D

9 B Bei einer neuen Lampe hast du Garantie.

11 Was passt? Kreuzen Sie an.

a Garantie haben Sie nur — von ☒ bei ☐ aus — einer neuen Lampe.
b Lampen kauft man am besten — ☐ nach ☐ seit ☒ in — einem guten Geschäft.
c Ich suche eine Lampe — ☐ in ☒ mit ☐ bei — einem schönen Licht.
d Diese Lampe habe ich — ☐ mit ☐ bei ☒ von — einem alten Freund bekommen.
e Diese dunkle Lampe passt nicht — ☐ mit ☐ bei ☒ zu — meinen hellen Regalen.

12 Unterstreichen Sie die Endungen in Übung 11 und ergänzen Sie die Tabelle.

der Freund	von	ein_em_	alt_en_	Freund
das Geschäft	in	ein_em_	gut_en_	Geschäft
die Lampe	bei	ein_er_	neu_en_	Lampe
die Regale	zu	mein_en_	hell_en_	Regalen

13 Ergänzen Sie.

a ● Was suchen Sie? ■ Ich brauche einen Anzug mit ein_er_ elegant_en_ Jacke.
b ■ Kann ich Ihnen helfen? ▼ Ja, ich suche einen Kleiderschrank mit groß_en_ Türen.
c ▲ Was ist denn das? ■ Das ist ein Computer mit ein_em_ flach_en_ Bildschirm.
d ▼ Haben Sie eine Frage? ◆ Ja. Gibt es dieses Besteck auch mit klein_en_ und groß_en_ Löffeln?
e ◆ Gefallen Ihnen diese Schuhe? ● Nein. Ich brauche Schuhe mit ein_er_ weich_en_ Sohle.

14 Spielzeug ist aus ...? Kreuzen Sie an.

	Stoff	Holz	Glas	Metall	Papier	Plastik/Kunststoff
Spielzeug	x	x		x		x
Flaschen			x			x
Kleider	x					
Möbel		x		x		x
Fenster		x	x	x		
Autos	x		x	x		x
Bücher					x	

15 Ergänzen Sie.

Ich gehe mit mein_er_ best_en_ (a) Freundin auf den Flohmarkt. Sie braucht ein_en_ neu_en_ (b) Wecker. Der erste Händler hat groß_en_ (c) Wecker. Da sagt meine Freundin: „Ihre Wecker sind zu groß, ich brauche ein_en_ klein_en_ (d) Wecker." Der zweite Händler hat sehr klein_en_ (e) Wecker. Da sagt meine Freundin: „Ihre Wecker sind zu klein, ich brauche ein_en_ groß_en_ (f) Wecker." Der dritte Händler hat schön_en_ (g) Wecker. Aber sie sind zu leise. Meine Freundin sagt: „Ich brauche ein_en_ laut_en_ (h) Wecker." Der vierte Händler hat sehr alt_en_ (i) Wecker. Meine Freundin sagt: „Ihre Wecker sind zu alt. Ich brauche ein_en_ neu_en_ (j) Wecker." Beim fünften Händler findet sie ein_en_ nicht zu groß_en_ (k), nicht zu klein_en_ (l), nicht zu leis_en_ (m) und nicht zu alt_en_ (n) Wecker. „Endlich!", denke ich. Aber der Wecker hat kein Licht. Meine Freundin sagt: „Ich brauche einen Wecker mit ein_em_ hell_en_ (o) Licht!" Am Ende frage ich sie: „Was für einen Wecker hattest du denn vorher?" „Keinen", sagt sie. „Mein Handy war mein Wecker." „Dann kauf dir doch ein neu......**en** (p) Handy!", sage ich. „Aber bitte nicht heute. Sonst gehst du noch den anderen Händlern ,auf den Wecker'!"

16 Auf dem Flohmarkt – Hören Sie und sprechen Sie nach. Achten Sie auf den Rhythmus.

Sieh mal da,
ein dicker, warmer Schal•ein alter, großer Wecker•ein schwarzes Regal•ein tolles Besteck•
eine schöne Kette•eine schwarze Jacke•schöne, alte Bücher•billige Bildschirme•
Ich brauche keinen dicken, warmen Schal, keinen alten, großen Wecker.•
Ich brauche einen großen Schrank, einen langen Rock, einen eleganten Mantel.

17 *Sieh mal da, ein gelbes Fahrrad.* Was passt zusammen? Sprechen Sie.

| Sieh mal da, ... | ein eine | gelb... rund... alt... billig... | Fahrrad•Tisch•Kamera•Lampe |
| Ich möchte ... | einen ein | breit... groß... elegant... klein... | Sofa•Schrank•Kleid•Radio |

18 Hören Sie und sprechen Sie nach.

von einem alten Freund•aus einem dünnen Stoff•nach einem schönen Urlaub•
in einem guten Geschäft•zu einem tollen Konzert•mit einer blauen Bluse•
mit einer dicken Mütze•mit langen Haaren•mit roten Rosen•aus frischen Tomaten

19 *Mit netten Leuten.* Was passt zusammen? Sprechen Sie.

in	einem einer	groß... alt... klein...	Kaufhaus•Buch•Stadt
mit	–	nett... braun... freundlich...	Leuten•Augen•Grüßen
aus	–	frisch...	Orangen

20 Notieren Sie im Lerntagebuch.

LERNTAGEBUCH

Das ist	der Schrank.	ein großer Schrank.
Das sind	die Schränke.	große Schränke.
		⚠ keine großen Schränke.
Wir kaufen	den Schrank.	
Der Tisch steht neben	dem Schrank.	⚠
Das ist	das Bett.	ein...

einhunderteins 101 LEKTION 9

9 C   Ich finde die hier schöner.

21 Ergänzen Sie.

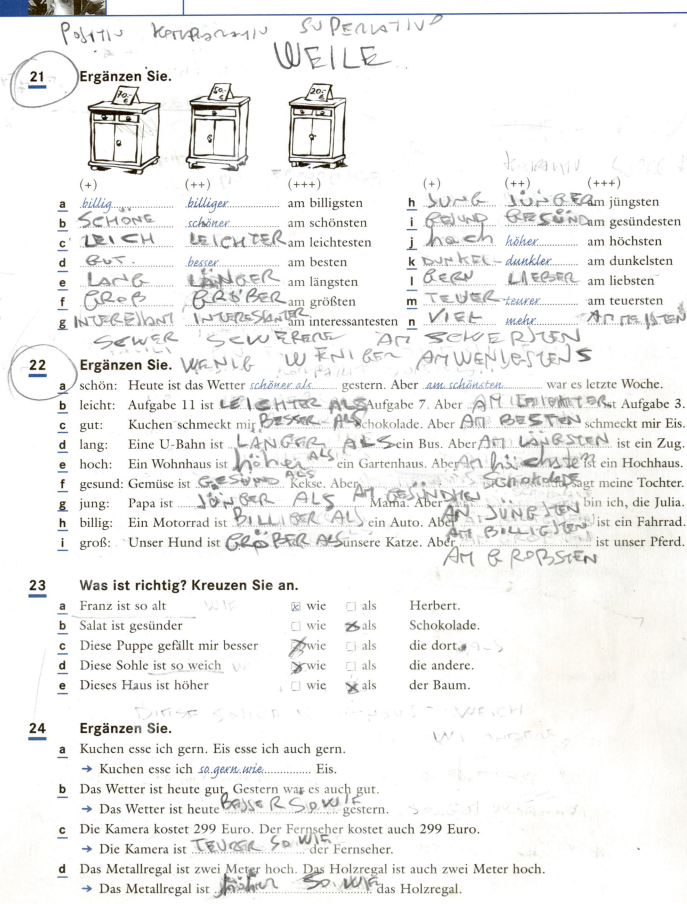

	(+)	(++)	(+++)		(+)	(++)	(+++)
a	billig	billiger	am billigsten	h	jung	jünger	am jüngsten
b	schön	schöner	am schönsten	i	gesund	gesünder	am gesündesten
c	leicht	leichter	am leichtesten	j	hoch	höher	am höchsten
d	gut	besser	am besten	k	dunkel	dunkler	am dunkelsten
e	lang	länger	am längsten	l	gern	lieber	am liebsten
f	groß	größer	am größten	m	teuer	teurer	am teuersten
g	interessant	interessanter	am interessantesten	n	viel	mehr	am meisten
	schwer	schwerer	am schwersten		wenig	weniger	am wenigsten

22 Ergänzen Sie.

a schön: Heute ist das Wetter *schöner als* gestern. Aber *am schönsten* war es letzte Woche.
b leicht: Aufgabe 11 ist leichter als Aufgabe 7. Aber am leichtesten ist Aufgabe 3.
c gut: Kuchen schmeckt mir besser als Schokolade. Aber am besten schmeckt mir Eis.
d lang: Eine U-Bahn ist länger als ein Bus. Aber am längsten ist ein Zug.
e hoch: Ein Wohnhaus ist höher als ein Gartenhaus. Aber am höchsten ist ein Hochhaus.
f gesund: Gemüse ist gesünder als Kekse. Aber ... Schokolade sagt meine Tochter.
g jung: Papa ist jünger als Mama. Aber am jüngsten bin ich, die Julia.
h billig: Ein Motorrad ist billiger als ein Auto. Aber am billigsten ist ein Fahrrad.
i groß: Unser Hund ist größer als unsere Katze. Aber am größten ist unser Pferd.

23 Was ist richtig? Kreuzen Sie an.

a Franz ist so alt   ☒ wie   ☐ als   Herbert.
b Salat ist gesünder   ☐ wie   ☒ als   Schokolade.
c Diese Puppe gefällt mir besser   ☒ wie   ☐ als   die dort.
d Diese Sohle ist so weich   ☒ wie   ☐ als   die andere.
e Dieses Haus ist höher   ☐ wie   ☒ als   der Baum.

24 Ergänzen Sie.

a Kuchen esse ich gern. Eis esse ich auch gern.
→ Kuchen esse ich *so gern wie* Eis.
b Das Wetter ist heute gut. Gestern war es auch gut.
→ Das Wetter ist heute besser so wie gestern.
c Die Kamera kostet 299 Euro. Der Fernseher kostet auch 299 Euro.
→ Die Kamera ist teurer so wie der Fernseher.
d Das Metallregal ist zwei Meter hoch. Das Holzregal ist auch zwei Meter hoch.
→ Das Metallregal ist höher so wie das Holzregal.

C 9

25 Drei Angebotsprospekte: Vergleichen Sie und schreiben Sie.

SHARP LC 15 L 1 E
TFT-FLACHBILDFERNSEHER

PHILIPS TV 20-7835
TFT-FLACHBILDFERNSEHER

THOMSON 27 LCDB 03 B
TFT-FLACHBILDFERNSEHER

	SHARP LC 15	PHILIPS TV 20	THOMSON 27 LCDB
Bildschirmgröße	38 cm	51 cm	67 cm
Tiefe	5,9 cm	8,2 cm	8,7 cm
Gewicht	3,7 kg	7,5 kg	9 kg
Preis	1699,-	999,-	2299,-

a Größe: groß/klein — *Der Philips ist größer als der Sharp, aber der Thomson ist größer als der P*
b Gewicht: schwer/leicht — *Der Philips ist kleiner als der Thomson, aber der Sharp ist kleiner als der Philips*
c Preis: teuer/billig

B) Der Thomson ist schwerer als der Philips, aber der Philips ist schwerer als der Sharp. Der Sharp ist leichter als der Philips, aber der Philips ist leichter als der Thomson.

C) Der Sharp ist teurer als der Philips, aber der Thomson ist teurer als der Philips. Der Philips ist billiger als der Sharp, aber der Sharp ist billiger als der Thomson.

26 Ergänzen Sie.

a ● Gefällt dir die Jacke gut? ■ Ja, aber die da drüben finde ich *besser*.
b ▼ Papa ist jünger als Mama. ▲ Nein, er ist JÜNGER WIE MAMA.
c ♦ Wird das Wetter morgen gut? ▼ Ja, es soll morgen BESSER als heute werden.
d ▲ Ist der Fernseher da drüben teuer? ● Nein, er ist BILLIGER als dieser hier.
e ♦ Mein Auto ist schnell. ■ Aber mein Auto ist schneller.

27 Schreiben Sie Vergleiche.

B) Der G finde ich hoch, das M ist höher aber die Z

hoch • kurz • groß • lang • schön • teuer • billig

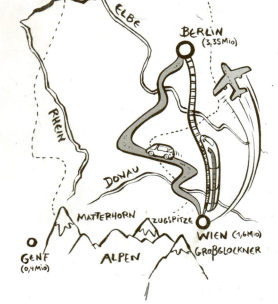

a Nordsee + • Alpen ++ • zu Hause +++

b der Großglockner 3797 Meter • das Matterhorn 4478 Meter • die Zugspitze 2963 Meter

c Rhein 1320 Kilometer • Elbe 1165 Kilometer • Donau 2850 Kilometer

d Genf 0,4 Millionen Menschen • Berlin 3,35 Millionen Menschen • Wien 1,6 Millionen Menschen

e Wien – Berlin:
Zug: 9:33 Stunden, 90 Euro • Flugzeug: 1:30 Stunden, 189 Euro • Auto: 9 Stunden, 160 Euro
Preis: *Das Auto ist*
Dauer: *Eine Fahrt mit dem Zug dauert*

a *Die Nordsee finde ich schön, die Alpen sind schöner, aber am schönsten ist es zu Hause.*

9 D Interviews im Radio

D2 **28** Was ist hier passiert? Kreuzen Sie an.

☐ Frau Kilian bekommt von ihrem Mann eine Kaffeemaschine zum Geburtstag.

☒ Frau Kilian hat ein Radio bestellt. Aber im Päckchen ist eine Kaffeemaschine.

☐ Frau Kilian hat eine Kaffeemaschine bestellt. Jetzt braucht sie ein Radio.

D3 **29** Frau Kilian schreibt an die Firma „Hansa Versand". Lesen Sie die Fragen und unterstreichen Sie die Antworten im Text.

Betreff:

Sehr geehrte Damen und Herren,

ich habe am 22. Januar bei Ihnen das Radio „Extech 2020" bestellt. Heute ist das Päckchen gekommen. Aber ich habe eine Kaffeemaschine bekommen. Bitte holen Sie die Kaffeemaschine bei mir ab und schicken Sie mir das Radio.

Mit freundlichen Grüßen
Susanne Kilian

a Was hat Frau Kilian genau bestellt?
b Wann hat Frau Kilian bestellt?
c Was ist passiert?
d Was soll die Firma „Hansa Versand" tun?

D3 Schreibtraining **30** Einen Beschwerdebrief schreiben

a Schreiben Sie die Sätze besser.
Ich habe bei Ihnen einen Fernseher bestellt. ...
1 Er funktioniert nicht. (Leider)   Leider funktioniert er nicht.
2 Die Rechnung stimmt nicht. (Aber)   Es tut mir leid, aber
3 Schicken Sie eine neue Rechnung. (Bitte)

b Schreiben Sie einen Brief.
1 Anzug bestellt – 15. März – zu klein – zurückschicken möchten – Anzug Größe 52 schicken
2 Kamera gekauft – Modell X-995 – vor einem halben Jahr – kaputt sein – noch Garantie haben – Kamera reparieren und zurückschicken

Sehr geehrte Damen und Herren,
am 15. März habe ich bei Ihnen einen Anzug bestellt. Aber ...

Mit freundlichen Grüßen
...

D4 Projekt **31** Gebrauchte Sachen

a Sammeln Sie die Informationen und machen Sie eine Wandzeitung.
- In welchen Zeitungen gibt es Anzeigen für gebrauchte Sachen?
- An welchen Tagen gibt es diese Anzeigen?
- Gibt es in Ihrem Kursort einen Flohmarkt? Wann und wo ist der Flohmarkt?
- Gibt es Geschäfte mit gebrauchten Sachen („Secondhand"-Läden)? Wo sind sie? Was kann man dort einkaufen und wann?
- Wo kann man in Ihrem Kursort noch gebrauchte Sachen kaufen?

b Machen Sie einen Ausflug zu einem Flohmarkt in Ihrer Nähe.
Was kann man dort alles kaufen? Haben Sie etwas gekauft? Erzählen Sie.

einhundertvier   104   LEKTION 9

Einkaufen von zu Hause aus   E 9

32 Ergänzen Sie.
Sonderangebote • Garantie • Katalog • Prospekt • Qualität • Teleshopping • Verkaufssendungen • Kreditkarte

a Interessieren Sie sich für dieses Gerät? Hier habe ich einen _Prospekt_, da finden Sie alle Informationen.

b Dieses Gerät ist sehr gut. Es hat eine gute _QUALITÄT_.

c Im Fernsehen kommen manchmal _VERKAUFSENDUNGEN_. Da kann man anrufen und Sachen bestellen. Das nennt man _TELESHOPPING_.

d Sie wollen wissen, was man bei uns kaufen kann? Bestellen Sie unseren großen _KATALOG_.

e Alles muss raus! Nächste Woche wieder tolle _SONDERANGEBOTE_.

f Auf dieses Gerät haben Sie insgesamt zwei Jahre _GARANTIE_. Wenn das Gerät in dieser Zeit kaputt ist, reparieren wir es kostenlos.

g Überweisen Sie das Geld oder zahlen Sie per _KREDITKARTE_?

33 Bestellen im Internet
Lesen Sie die Aufgaben 1–5 und die Informationen auf der Internet-Homepage. Welchen Begriff klicken Sie an? Kreuzen Sie an: a, b oder c.

Produkte
- Buch und Musik
- Computer
- Elektrogeräte
- Elektronik
- Möbel und Wohnen
- Musikinstrumente
- Spielzeug
- Schmuck und Uhren
- Telefone

Weitere Produkte

Kaufen | Suchen | Verkaufen | Kontakt

Rückgabe
Garantie
Kontakt

Beispiel:
Sie brauchen eine neue Kaffeemaschine.
a Elektronik
☒ Elektrogeräte
c weitere Produkte

1 Sie möchten eine Gitarre kaufen.
☒ Musikinstrumente
b Buch und Musik
c weitere Produkte

2 Sie möchten einen Kühlschrank kaufen.
a Möbel und Wohnen
☒ Elektrogeräte
c weitere Produkte

3 Sie haben ein Radio bestellt. Aber es ist kaputt.
☒ Rückgabe
b Elektronik
c weitere Produkte

4 Sie möchten Kinderkleider kaufen.
a Kontakt
b Spielzeug
☒ weitere Produkte

5 Sie haben eine Frage zum Internet-Einkauf.
a Rückgabe
☒ Kontakt
c Garantie

Lernwortschatz

DINGE SACHEN

Einkaufen
ANDARE IN GIRO A FARE SCHOPPING

Auswahl die	SCELTA SELEZIONE	Qualität die, -en	QUALITÀ
Einkaufsbummel der, -	SHOPPING	Schaufenster das, -	FINESTRA VETRINA
Fachgeschäft das, -e	NEGOZIO PROFESSIONALE	handeln, hat gehandelt	BARATTARE VENDERE
Händler der, -	COMMERCIANTE VERKAUFEN		HANDELN BARATTARE

Produkte

(Musik-)Anlage die, -n	IMPIANTO STEREO	Nahrungsmittel das, -	APR
Besteck das, -e	POSATERIA	(Deckel/Flaschen) Öffner der, -	APRIBOTTIGLIA
Bildschirm der, -e	SCHERMO	Produkt das, -e	PRODUZIONE
Elektronik die	ELETTRONICA	Schal der, -s	SCIARPA
Kamera die, -s	KAMERA	Sohle die, -n	SUOLE
Mütze die, -n	BERRETTO	Spielsachen die (Pl.)	GIOCATTOLI

MÜTZE VERSAND SPEDIZIONE DER SCHAL / DIE SCHALS

Etwas bestellen

Artikel der, -	DER DIE DAS	Überweisung die, -en	BONIFICO
Bestellung die, -en	ORDINAZIONE	Versand der	SPEDIZIONE
Bezahlung die, -en	PAGAMENTO	Versandkosten die (Pl.)	$/CIO DI SPEDIZIONE
Kredit der, -e	CREDITO	Ware die, -n	MERCE
Kreditkarte die, -n		bestellen, hat bestellt	ORDINARE
Lieferadresse die, -n	CONSEGNA INDIRIZZO	liefern, hat geliefert	FORNITURA
Menge die, -n	QUANTITÀ		FORNITO

GRAND NUMERO AUS DI

Etwas beschreiben

AUS = DI VETRO

Holz das, -̈er	LEGN	aus Glas/Holz/Metall/ Plastik/Stoff/Kunststoff/ Porzellan/Silber	
Porzellan das	PORCELLANA		
Kunststoff der, -e	PLASTICA		
Plastik das	PLASTIK	eckig	PIAZZA
Silber das	ARGENTO	einfarbig	TINTA UNITA
Stoff der, -e	STOFFA	einmalig	UNICO
		elegant	ELEGANT

einhundertsechs 106 LEKTION 9

UNBESTIMMT → INDETERMINATO
ENDUNG → DESINENZA
BETONUNG = ACCENTO
HAUS

fein	FINE	lieb	CARO
flach	PIATTO	rund	TONDO
gebraucht	USATO	tief	PROFONDO
hübsch	BELLO	wertvoll	PREZIOSO

AUFGABE MANSIONI COMPITI   REGEL REGOLA

Weitere wichtige Wörter

AUFGABE COMPITO INCARICO   PULITO

Ausgabe die, -n	DISTRIBUZIONE CONSEGNA SPESA	reinigen, hat gereinigt	PULIRE
Figur die, -en	FIGURA	renovieren, hat renoviert	RINNOVARE / RINNOVATO
Haut die	PELLE	sparen, hat gespart	RISPARMIARE
Kanal der, Kanäle	CANALE	streichen, hat gestrichen	ACCAREZZARE / VERNICIARE / VERNICIATO
Risiko das, Risiken	RISCHIO	verbessern, hat verbessert	MIGLIORARE / MIGLIORATO
Strom der	LUCE	zu·greifen, hat zugegriffen	AFFERRATO / PER AFFERRARE
Überschrift die, -en	TITOLO		
Verzeihung die	PERDONARE	bequem	COMODO
Wunder das, -	MIRACOLO	gründlich	ACCURATO
Zucker der	ZUCCHERO	pausenlos	STOP SENZA PAUSA
auf·nehmen, nimmt auf, hat aufgenommen	ACCETTARE / AMMETTERE	spontan	SPONTANEAMENTE
aus·geben, gibt aus, hat ausgegeben	SPESO / SPENDERE	auf keinen Fall	IN NESSUN CASO
brauchen, hat gebraucht	USARE BISOGNO / USATO	plötzlich	IMPROVVISAMENTE
entscheiden, hat entschieden	ENTSCHEIDUNG / DECIDERE	sondern	MA / BENSI
nach·denken, hat nachgedacht	PENSARE / PENSATO DOPO		

AUFGABE   INCARICO   MINDESTENS ALMENO
AUSGABE   COMPITO   VERTRETUNG SUPPLENTE
          CONSEGNA

10 A Lektion 10: Post und Telefon
Was für eine Verpackung soll ich denn nehmen?

A2 1 Was ist was? Ergänzen Sie.

das Paket • der Aufkleber • der Absender • der Empfänger • die Briefmarken

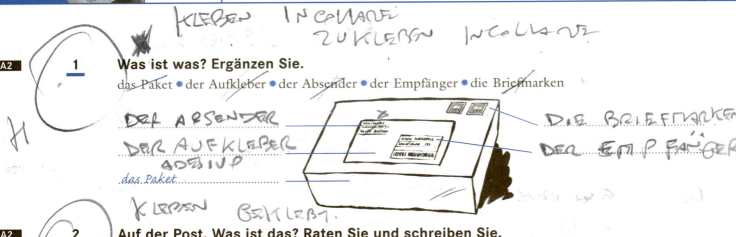

A2 2 Auf der Post. Was ist das? Raten Sie und schreiben Sie.

a Mit diesem Papier und Ihrem Pass können Sie ein Päckchen oder Paket bei der Post abholen.
b Das müssen Sie ausfüllen, wenn Sie ein Paket oder Päckchen in einen anderen Kontinent schicken.
c Wenn ein Brief ganz schnell ankommen muss, dann verschicken Sie ihn so.
d Sie haben einen sehr wichtigen Brief. Sie möchten sicher sein, dass der Brief ankommt.
  Wie können Sie den Brief versenden? Als …
e Diese Person bekommt das Paket, das Päckchen, den Brief.

Lösung:
a A B H O L S C H E I N
b Z O L L E R K L Ä R U N G
c E I L S E N D U N G
d E I N S C H R E I B E N
e E M P F Ä N G E R

A2 3 Was ist richtig? Kreuzen Sie an.

	ein	eine	–	
a Was für			x	Briefmarken sind das? – Das sind Sondermarken.
b Was für	X			Formular ist das? – Das ist ein Paketschein.
c Was für		X		Sendung ist das? – Eine Eilsendung.
d Was für	X			Schein ist das? – Das ist ein Abholschein für mein Paket.

A2 4 Ergänzen Sie Was für …

a ▲ Wo ist denn der Brief?
   ● *Was für einen* meinst du?
   ▲ Na, du weißt schon, das Einschreiben vom Finanzamt. Ich habe es hier auf den Schreibtisch gelegt.

b ■ Wohin hast du denn dieses Formular gelegt?
   ◆ Was für ein Formular meinst du?
   ■ Den Paketschein. Den müssen wir doch noch ausfüllen und mit dem Paket zur Post bringen.

c ▼ Sie müssen bitte noch eine Zollerklärung ausfüllen.
   ■ Wie bitte? Was für eine Erklärung?
   ▼ Hier, sehen Sie: die Zollerklärung.

d ● Peter, nimm bitte den Abholschein mit und hol das Einschreiben auf der Post ab.
   ◆ Was für ein Schein soll ich mitnehmen?
   ● Den Abholschein hier. Ach ja, und vergiss deinen Ausweis nicht! Den brauchst du auch.

e ■ Guten Tag, ich möchte bitte Briefmarken.
   ▼ Was für Briefmarken möchten Sie? Normale oder Sondermarken?
   ■ Zeigen Sie mir mal bitte die Sondermarken.

A 10

5 Ergänzen Sie.

send en
die Send ung

a senden — _die Sendung_
b _verpacken_ — die Verpackung
c beraten — _Beratung_
d entscheiden — _Entscheidung_
e (sich) _ernähren_ — die Ernährung
f ordnen — _Ordnung_
g _üben_ — die Übung
h _meinen_ — die Meinung
i sich entschuldigen — _sich Entschuldigung_
j wohnen — _Wohnung_
k _liefern_ — die Lieferung

6 Ergänzen Sie Wörter aus Übung 5 in der richtigen Form.

a ▲ Ich habe mir gestern eine neue _Wohnung_ angesehen. Die war super!
  ● Warum willst du denn umziehen?

b ■ Du kannst aber toll Klavier spielen!
  ● Vielen Dank. Aber ich muss auch jeden Tag eine Stunde _üben_.

c ■ Soll ich das schwarze oder das blaue T-Shirt kaufen? Was _meinst_ du?
  ◆ Ich finde das schwarze schöner.
  ■ Ja? Ich weiß nicht, ich kann mich einfach nicht _entscheiden_.

d ▼ Mama, hast du Packpapier für mich? Ich möchte das Geschenk für Julia _verpacken_.
  ■ Einen Augenblick. Hier, bitte.

7 Anna schickt Nino ein Paket. Füllen Sie für Anna den Paketschein aus.

0211/759957 ● Bücher ● Georgien ● 00995/32/549388 ●
Nino Aptsiauri, Sandukeli 16, 0108 Tbilissi ● Anna Levcovic, Schönallee 22, 40545 Düsseldorf

einhundertneun 109 LEKTION 10

10 B Hier **wird** die Adresse **reingeschrieben**.

B2 **8** Was passt? Ordnen Sie die Sätze den Bildern zu.

Die Fenster werden geputzt. • Die Briefe werden sortiert. • Herr Maier repariert sein Auto. • Der Briefträger sortiert die Briefe. • Christine putzt ihre Fenster. • Das Auto wird in der Werkstatt repariert.

a Christine putzt ihre Fenster. b _____

c _____ d _____

e _____ f _____

B2 **9** Was wird hier gemacht?

a Ergänzen Sie.

transportiert • gewogen • sortiert • verpackt

1 Die Äpfel werden zuerst _____. 3 Hier werden sie _____.

2 Dann werden sie _____. 4 Schließlich werden sie in den Supermarkt _____.

Grammatik entdecken

b Tragen Sie die Sätze aus a in die Tabelle ein.

1	Die Äpfel	werden	zuerst	sortiert
2				
3				
4				

B2 **10** Was ist richtig? Kreuzen Sie an.

	wird	werden	
a	Um wie viel Uhr		x	die Briefkästen abends zum letzten Mal geleert?
b	Wo			denn ein Eilbrief eingeworfen?
c	Wie viele Briefe			hier täglich sortiert?
d	Wie			Pakete von Amerika nach Europa transportiert? Mit dem Schiff oder mit dem Flugzeug?
e	Wann			unser Fernseher geliefert?

einhundertzehn 110 LEKTION 10

B 10

11 Die Kuckucksuhr in Südamerika. Beschreiben Sie den Weg von Marias Päckchen.

a Kuckucksuhr verpacken
b auf der Post das Päckchen wiegen
c Päckchenschein und Zollerklärung ausfüllen
d Päckchen verschicken
e Päckchen mit dem Flugzeug transportieren
f die Uhr zu Marias Schwester bringen

a *Die Kuckucksuhr wird verpackt.*
b *Auf der Post* WIRD DAS PÄCKCHEN GEWOGEN
c DER PÄCKCHENSCHEIN UND DIE ZOLLERKLÄRUNG WERDEN AUSGEFÜLLT
d DAS PÄCKCHEN WIRD VERSCHICKT
e DAS PÄCKCHEN WIRD MIT DEM FLUGZEUG TRANSPORTIERT
f DIE UHR WIRD ZU MARIAS GEBRACHT

Endlich ist die Kuckucksuhr bei Marias Schwester angekommen.

12 Hören Sie und sprechen Sie nach.

„b" – „p"
Bäcker – Päckchen
Blatt – Plakat
backen – einpacken

„g" – „k"
Glas – Kleidung
Garantie – Katalog
gesund – krank

„d" – „t"
Datum – Termin
Dose – Tasse
denken – trinken

13 Hören Sie *b* oder *p*, *d* oder *t*, *g* oder *k*? Kreuzen Sie an.

	b	p		d	t		g	k
Ich bleibe.	☒	☐	Sie sind sehr freundlich.	☐	☐	Es regnet.	☐	☐
Bleib doch hier!	☐	☐	Tut mir leid.	☐	☐	Sag doch etwas!	☐	☐
Schreibst du mir?	☐	☐	Leider nicht.	☐	☐	Ich sage nichts.	☐	☐
Ich schreibe bald!	☐	☐	Tschüs, bis bald!	☐	☐	Zeigen Sie es mir!	☐	☐

Lesen Sie die Sätze.

14 Hören Sie und sprechen Sie nach. Achten Sie auf die unterstrichenen Buchstaben.

in Griechenland – aus Griechenland • in Dortmund – aus Dortmund •
ein Bild – das Bild • vor sechs – nach sechs • von dir – mit dir •
von Bremen – ab Bremen • ansehen – aussehen

15 Hören Sie und sprechen Sie nach.

Er ist aus Bremen. • Sind Sie aus Dortmund? • Schreib doch mal! •
Mein Freund bringt mir Blumen. • Frag doch Beate! • Glaubst du das? •
Hilfst du mir? • Wir fliegen ab Berlin. • Gefällt dir die Musik? •
Was sind denn das für Bücher? • Was willst du denn heute Abend tun?

16 Sprechen Sie das Sprichwort zuerst langsam, dann immer schneller.

Lernst du was, dann kannst du was.
Kannst du was, dann bist du was.
Bist du was, dann hast du was.

10 C Die alte Kuckucksuhr? – Natürlich.

17 Wie heißt das Gegenteil? Ergänzen Sie in der richtigen Form.

faul • neu • teuer • langweilig • einfarbig • kurz • rund

a das bunte – das einfarbige Radio
b der eckige – runde Tisch
c die gebrauchte – neue Kamera
d das billige – teuere Handy
e der interessante – langweilige Film
f die fleißige – faule Angestellte
g die lange – kurze Hose

18 Schreiben Sie Gespräche.

a ▲ Schau mal, wie gefällt dir denn das rote Radio?
  ● Nicht so gut, das schwarze gefällt mir besser.
b ▲ Schau mal, wie gefällt dir denn die weiße Uhr.
  ● Nicht so gut, die gelbe gefällt mir besser.

a das Radio rot / besser: schwarz
b die Uhr weiß / besser: gelb
c das Handy bunt / besser: schwarz
d der Computer schwarz / besser: grau
e die Handytaschen bunt / besser: einfarbig

c) Schau mal, wie gefällt dir denn das bunte Handy. Nicht so gut, das schwarze gefällt mir besser.
d) Schau mal, wie gefällt dir der rote Computer. Nicht so gut, der graue gefällt mir besser.
e) Schau mal, wie gefällt dir denn die bunte Handytasche. Nicht so gut, die einfarbige gefällt mir besser.

19 Wünsche! Wünsche! Ergänzen Sie.

a ● Schau mal, da ist ein gelbes Radio mit grünen Punkten.
Das gelbe Radio hätte ich gern!
b ▲ Und da, da ist ein kleiner Fernseher für nur 139 €.
● Was für einen meinst du?
▲ Na, den kleinen schwarzen Fernseher dort.
c ▲ Und schau mal, die neuen Kameras da vorne. So eine digitale Kamera hatte ich schon mal und war sehr zufrieden. Ich glaube, ich kaufe mir die silberne da.
d ● Und da, siehst du die verrückten Handytaschen? So eine lustige aus Stoff mit braunen Streifen möchte ich auch haben.

20 Ergänzen Sie.

▲ Meine Schwester macht doch nächste Woche eine große Party. Was soll ich denn da anziehen?
● Hm, wie findest du …

a die Hose mit den schwarzen Streifen?
b die Jacke mit dem bunten T-Shirt?
c den Rock mit der einfarbigen Bluse?
d dazu den Schal mit den bunten Blumen?
e den Hut mit dem schwarzen Schal?

21 Ergänzen Sie die Tabelle mit Beispielen aus den Übungen 18–20.

	der	das	die	die
Mir gefällt/gefallen …	der *graue* Computer	das BUNTE Handy	die WEIßE Uhr	die BUNTEN Handytaschen, -
Ich will …	den KLEINEN Fernseher	das GELBE Radio	die SILBERNE Kamera	die VERRÜCKTEN / BRAUNEN Handytaschen
mit …	dem BUNTEN Schal	dem BUNTEN T-Shirt	der EINFARBIGEN Bluse	den BUNTEN Blumen

22 Ergänzen Sie.

a ▲ Papa, mit dem neu*en* Fahrrad kann ich viel schneller fahren als mit dem alt*en*!
● Das ist ja wirklich super.

b ■ Was, du willst wirklich den teur*en* Computer hier kaufen? Es gibt doch auch billigere!
◆ Ja, aber ich brauche unbedingt einen gut*en* Computer für meine neu*e* Arbeit.

c ▼ Das Sofa in dem ander*en* Geschäft finde ich viel schöner. Du weißt schon, das weiß*e* Sofa mit den hell*en*, dünn*en* Streifen für 990 €.
● Das hat mir aber nicht so gut gefallen.

d ■ Was könnte ich denn der klein*en* Tochter von meiner Freundin zum Geburtstag schenken? Hast du eine gut*e* Idee?
▲ Wie alt ist sie denn?
■ Ich glaube, sie wird 13 Jahre.
▲ Schenk ihr doch die neu*e* CD von Nena. Die gefällt ihr sicher.

23 Was ist richtig? Kreuzen Sie an.

a	Ich nehme	☒ den blauen Rock.	☐ der blaue Rock.
b	Mir gefällt das Kleid mit	☒ der gelben Jacke.	☐ die gelbe Jacke.
c	Schau mal, die Hose mit	☐ die weißen Streifen!	☒ den weißen Streifen!
d	Wie findest du das Hemd mit	☒ den roten Punkten?	☐ die roten Punkte?
e	Gefällt dir	☐ den blauen Anzug?	☒ der blaue Anzug?

24 Machen Sie Vorschläge. Schreiben Sie und sprechen Sie.

Bringen Sie Kataloge in den Unterricht mit. Schneiden Sie ein paar Beispiele aus dem Katalog aus und schreiben Sie Sätze dazu. Sprechen Sie dann mit Ihrer Partnerin / Ihrem Partner: Was würden Sie gern kaufen?

Sie suchen:
a Möbel für ein Kinderzimmer
b ein Geschenk für eine 30-jährige Freundin
c neue Kleidung für ein Hochzeitsfest
d ein Geburtstagsgeschenk für ein 6-jähriges Mädchen

a *Ich möchte für das Kinderzimmer den runden Tisch aus dem dunklen Holz.*

10 D Handys

25 Ein Interview

Die Zeitschrift *Leute Heute* hat einige Personen auf der Straße gefragt: „Heute hat fast jeder Jugendliche ein Handy! Wie finden Sie das?"

a Was antworten die Personen? Finden sie es positiv oder negativ?
Hören Sie und kreuzen Sie an:

	positiv	negativ
Person 1	☐	☒
Person 2	☒	☐
Person 3	☒	☐
Person 4	☐	☒

b Hören Sie noch einmal. Kreuzen Sie an: Richtig oder falsch?

	richtig	falsch
1 Wenn junge Leute überall telefonieren, stört mich das nicht.	☒	☐
2 Mit einem Handy kann man seine Kinder immer erreichen.	☒	☐
3 SMS schreiben ist praktisch.	☒	☐
4 Jugendliche denken, dass sie ohne Handy nicht leben können.	☒	☐

26 Ergänzen Sie.

unwichtig • unmöglich • unangenehm • unmodern • unfreundlich

a Immer dieser Regen! Ich finde dieses kalte und feuchte Wetter hier sehr _unangenehm_.
b ▲ Wir haben nur noch fünf Minuten! Den Zug um 14.35 Uhr erreichen wir sicher nicht mehr.
● Ja, das ist _unwichtig_. Nehmen wir doch den um 15.12 Uhr.
c In dieses Restaurant gehe ich nie mehr! Der Kellner war so _unfreundlich_ zu uns.
d Wir müssen jetzt zuerst das Auto auspacken. Alles andere ist im Moment _unmöglich_.
e Ich finde, das Kleid kannst du nicht zur Hochzeit anziehen. Das ist doch mindestens fünf Jahre alt und _unmodern_! Kauf dir lieber ein neues!

27 Notieren Sie im Lerntagebuch: Wortfamilien.

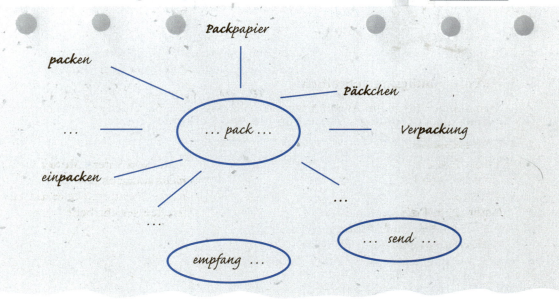

LERNTAGEBUCH

▶ Portfolio

einhundertvierzehn 114 LEKTION 10

Anrufbeantworter

28 Was passt? Ordnen Sie zu.

a den Ausweis — beantragen
b auf einen Anrufbeantworter — surfen
c ein Visum — sprechen
d einen Termin — verschieben
e im Internet — verlängern

29 Warum sind Sie nicht oder zu spät in den Deutschkurs gekommen? Schreiben Sie.

Treffen mit dem Elternbeirat haben • bei der Reinigung etwas abholen • im Konsulat Ausweis verlängern • zum Arzt zur Grippeimpfung gehen

a Es tut mir leid, dass ich heute so spät komme. Aber ich musste ...

c Ich wollte pünktlich kommen, aber ...

b Ich konnte gestern leider nicht kommen, weil ...

d Entschuldigen Sie, dass ich zu spät bin ...

30 Und warum sind Sie schon einmal zu spät gekommen? Wer hat die beste Entschuldigung? Schreiben Sie und sprechen Sie im Kurs.

*Entschuldigen sie bitte, dass ich zu spät gekommen bin.
Aber mein Wecker hat nicht geklingelt.
Leider ...*

31 Eine Entschuldigung schreiben

a Warum können Sie heute Abend nicht kommen? Schreiben Sie Ihrer Freundin / Ihrem Freund eine E-Mail.

Betreff: Entschuldigung

Liebe Claudia,
gerade habe ich ...
Meine ...
Natürlich will ich ...
Es tut mir sehr leid, dass ...
Vielleicht könnten wir ...?

Anruf von Vater • Mutter im Krankenhaus • nicht kommen können • heute Abend Mutter besuchen • Treffen verschieben?

b Schreiben Sie Ihrer Freundin eine E-Mail, warum Sie morgen nicht zu einer Verabredung kommen können.

10 Lernwortschatz

handwritten notes: EILSENDUNG POSTA ARE VELOCE
In Venedig können Sie sich üben nicht fahren weil es keine Straße gibt
wegwerfen — praticare scartare

Auf der Post

(Abhol-)/(Paket-)schein der, -e	ordine x ritiro	Verpackung die, -en	imballaggio
Absender der, -	mittente o trasmissione	ein·werfen, wirft ein, hat eingeworfen	imbucare
(Post-)Sendung die, -en	invio o spedizione	erhalten, erhält, hat erhalten	ricevere
Aufkleber der, -	antiadesivo	rein·schreiben, hat reingeschrieben	scrivere dentro
Eilsendung die, -en	posta celere, anziana raccomandata	schicken, hat geschickt	spedire / spedito
Einschreiben das, -	iscrivere raccomandata		
Empfänger der, -	destinatario	als Einschreiben schicken	spedire una raccomandata
Päckchen das, -	pacco piccolo bis 2 kg	sortieren, hat sortiert	dividere
Paket das, -e	pacchetto	transportieren, hat transportiert	trasportare
Sondermarke die, -n	francobollo emesso nativo	verpacken, hat verpackt	imballare / imballato
Zoll der, -̈e	dogana	wiegen, hat gewogen	pesato / pesare
Zollerklärung die, -en	dogana spiegare		

quando si spedisce all'estero alla dogana gli dà il pacco

Termine beim Arzt

Grippe die	tosse	(den/einen Termin) verschieben, hat verschoben	spostare einen Termin
Impfung die	impfung vaccinazione		
Untersuchung die, -en	indagine ricerca		

untersuchen — indagare

Telefon, Handy, Internet

completare un contratto / completare un contratto

(Kurz-)Nachricht die, -en	messaggio corto	einen Vertrag abschließen	chiudere un contratto
Klingelton der, -̈e	suoneria	(an)klicken, hat angeklickt	cliccare
Mobiltelefon das, -e	cellulare	an·schalten, hat angeschaltet	accendere / acceso
Vertrag der, -̈e	contratto	digital	digitale
ab·schließen, hat abgeschlossen	completare / completato		

sinnvoll — sensato
umgehen — evitare anche — einschalten / ausschalten
Umgang — relazione / rapporto

LEKTION 10

Handwritten annotations at top:
ABSENDEN — ENPFÄNGER
EMPFÄNGER — EMPFÄNGER
GEWOHNHEIT BEWAHREN — CONSERVARE
UGUALMENTE — RICEVIMENTO EMPFANG
EMPFÄNGER EMPFANGEN RICEVERE

Weitere wichtige Wörter

DVD die, -s	DE DVD
Geldbörse die, -n	BORSA PORTAMONETE
Karton der, -s	KARTONE
Kneipe die, -n	PUB
Konsulat das, -e	CONSOLATO
Möglichkeit die, -en	POSSIBILITA
Langeweile die	LA NOIA
Punkt der, -e	PUNTO
Reinigung die, -en	PULIZIA
Streifen der, -	STRISCIA
Treffen das, -	INCONTRARE INCONTRO
Unterschied der, -e	DIFFERENTE
Weile die	MOMENTO / LASSO DI TEMPO
mit Streifen/Punkten	
beantragen, hat beantragt	RICHIESTO / RICHIEDERE
besorgen, hat besorgt	PROCURARE
gut tun, hat gut getan	HA FATTO BENE / FARE BENE
merken, hat gemerkt	NOTARE NOTATO
nützen, hat genützt	UTILIZZARE
stören, hat gestört	DISTURBARE
überlegen (sich), hat sich überlegt	RIFLETTERE / HO RIFLETTUTO
wert sein, ist wert gewesen	ESSERE DI VALORE / ESSERE DI VALORE
Zeit sparen, hat gespart	RISPARMIARE TEMPO
aktuell	ATTUALE
UNANGENEHM SPIACEVOLE	
angenehm	PIACEVOLE
appetitlich	APPETITOSO
aufgeräumt	ORDINATO

entschieden	DECIDERE
gemütlich	ACCOGLIENTE
genervt	INFASTIDITO
glücklich	FELICE
höflich	GENTILE
interessant	INTERESSANTE
modern	MODERN
möglich	POSSIBILE
nötig	NECESSARIO
ordentlich	IN ORDINE
passend	ADATTO
positiv	POSITIVO
pünktlich	PUNTUALE
romantisch	ROMANTICO
sauber	PULITO
selbstständig	INDIPENDENTE
ständig SEMPRE	COSTANTEMENTE / STABILE
täglich / wöchentlich / jährlich / monatlich	MENSILMENTE
tolerant	TOLLERANTE
unerzogen	NON ISTRUITO
unverstanden	FRAINTESO
verrückt	PAZZO
vorsichtig	PRUDENTE
weltweit	IN TUTTO IL MONDO
zufrieden	SODDISFATTO
gern	VOLENTIERI
im Durchschnitt	IN MEDIA IN MEDIA
nebenan	A FIANCO
teilweise	PARZIALMENTE
was für ein-	CHE COSA PER UN / CHE TIPO

Handwritten at bottom:
ANFÄNGER — PRINCIPIANTE
EMPFÄNGER — DESTINATARIO
EMPFANGEN — RICEVERE
TEILWEISE — PARZIALMENTE
ANNEHMEN — ACCETTARE

einhundertsiebzehn 117 LEKTION 10

11 A Lektion 11: Unterwegs

Er ist gerade aus dem Haus gegangen.

1 Wo und wohin?

a Ergänzen Sie *bei – in*.

● Wo bist du gerade?

1 Bäcker: *beim Bäcker* — Bäckerei Schulze: *in der Bäckerei Schulze*
2 Metzger: beim Metzger — Metzgerei: in der Metzgerei
3 meine Oma: bei Oma — Parkstraße 18: in der Parkstraße
4 Freunden: bei Freunden — Schule: in der Schule

b Ergänzen Sie *zu – in*.

● Wohin gehst du jetzt?

1 Bäcker: *zum Bäcker* — Bäckerei Schulze: *in die Bäckerei Schulze*
2 Metzger: zum Metzger — Metzgerei: in die Metzgerei
3 meine Oma: zur Oma — Parkstraße 18: in die Parkstraße
4 Freunden: zur Freundin — Schule: in die Schule

2 Woher kommst du? Ergänzen Sie *von – aus*.

● Woher kommst du gerade?

1 Bäcker: *vom Bäcker* — Bäckerei Schulze: *aus der Bäckerei Schulze*
2 Metzger: vom Metzger — Metzgerei: aus der Metzgerei
3 meine Oma: von der Oma — Parkstraße 18: aus der Parkstraße
4 Freunden: von Freunden — Schule: aus der Schule

3 Ergänzen Sie.

a Die Katze von Herrn Lehmann springt *auf den* Tisch. Sie sitzt auf dem Tisch. Sie springt von dem Tisch.

b Herr Lehmann geht zum Arzt. Er ist beim Arzt. Er kommt von dem Arzt.

c Herr Lehmann geht ins Kino. Er ist in dem Kino. Er kommt aus dem Kino.

d Herr Lehmann steigt in den Bus. Er sitzt in dem Bus. Er steigt aus dem Bus.

A 11

4 Was ist richtig? Ordnen Sie zu.

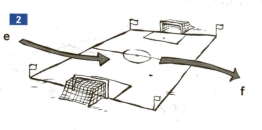

- [b] aus dem Supermarkt
- [e] auf den Fußballplatz
- [c] zum Supermarkt
- [f] vom Fußballplatz
- [a] in den Supermarkt
- [d] vom Supermarkt

5 Schreiben Sie.

Tankstelle • Bank • Friseur • Bäcker • Supermarkt

a ● Woher hast du denn das ganze Geld! ■ Ich komme gerade von der Bank.
b ● Hast du Brötchen geholt? ■ Ja, ich komme gerade vom dem Bäckerei
c ● Und hast du auch schon getankt? ■ Ja, ich komme gerade von der T.
d ● Der Kühlschrank ist ja voll! ■ Ja, ich komme gerade aus der S.
e ● Deine Haare sind ja so kurz! ■ Ja, ich komme gerade von de Friseur

6 Was muss Werner tun? Schreiben Sie.

Schatz, bin heute nicht da!
Kümmerst du dich bitte um die Kinder?

Jana:
7:45 Uhr Schule
13 Uhr Schule aus
15 Uhr Geburtstagsfeier Claudia
ca. 18 Uhr Geburtstagsfeier Ende
vorher Pauli von Daniel abholen

Pauli:
9 Uhr Kindergarten
14 Uhr Kindergarten aus
16 Uhr Daniel

Bussi! Martha

Um 7:45 muss er Jana in die Schule schicken. Um 9 Uhr muss er Pauli in den Kindergarten bringen.

7 Notieren Sie im Lerntagebuch.

Schreiben Sie und zeichnen Sie.

LERNTAGEBUCH

Wo? Wohin? Woher?

meine Oma — bei meiner Oma
Haus — im Haus / zu Hause
Schule

Portfolio

einhundertneunzehn 119   LEKTION 11

11 B Wir müssen direkt **durch das Zentrum** fahren.

B1 **8** Wie sind die Kinder gelaufen? Bringen Sie die Sätze in die richtige Reihenfolge.

6 Dann sind sie um den Spielplatz herumgelaufen.
3 Dann sind sie durch den Wald gelaufen.
8 Jetzt sind sie gegenüber der Kirche.
1 Erst sind sie am Fluss entlang bis zur Brücke gelaufen.
4 Hinter dem Wald sind sie nach links gelaufen.
5 Sie sind bis zum Spielplatz gelaufen.
2 Dann sind sie über die Brücke gelaufen.
7 Sie sind die Kirchstraße entlang gelaufen, am Bahnhof vorbei.

B2 **9** Was ist richtig? Markieren Sie.

a ● Wohin fährst du denn? Du musst doch durch die / **über die** / unter die Brücke fahren.
b ■ Meinst du, man darf auf dem / über dem / **gegenüber vom** Supermarkt parken?
c ● Wo geht es denn hier zur Post?
  ■ Ganz einfach, Sie müssen nur unter die Poststraße / **die Poststraße entlang** / über der Poststraße gehen.
d ● Darf man **durch die** / in der / über die Altstadt fahren, wenn man ins Zentrum möchte?
  ■ Nein, Sie können nur über die / auf die / **bis zur nächsten Ampel** fahren. Fahren Sie dort hoch / zurück / **rechts**. Dort ist das Altstadtparkhaus.
e ● Ich glaube, wir sind schon durch den / unter den / **am Schillerplatz vorbeigefahren**.
  ■ Dann musst du jetzt **um die** / auf die / an die Innenstadt herumfahren, dann kommen wir wieder zurück.

B3 **10** Der Weg ist falsch!

B 11

a Sein Freund hat Franz den Weg aufgeschrieben. Wie muss Franz gehen?
Zeichnen Sie den Weg in die Karte.

> vor dem Bahnhof links
> an der Kreuzung am Supermarkt rechts
> nach der Ampel rechts
> durch den Stadtpark am Lambach-Ufer entlang
> bis zur Parkstraße, dort
> über die Brücke bis zur Kirche
> links um die Kirche herum
> hinter der Kirche links in den Kirchweg
> zweites Haus auf der linken Seite

b Wie ist Franz gegangen?
Schreiben Sie.

Vor dem Bahnhof ist er rechts gegangen. ...

c Wie kommt er jetzt zu seinem Freund? Schreiben Sie.
Franz muss wieder zurück bis zur Ampel gehen. Dann ...

11 Was darf man hier nicht machen? Schreiben Sie.

Man darf nicht ...
a *über die Brücke fahren.*
b
c
d
e

12 Wege in Ihrer Sprachschule

a Wo ist/sind in Ihrer Sprachschule: die Cafeteria, die Toiletten, das Sekretariat, die Anmeldung, ...?
Machen Sie Notizen und raten Sie im Kurs.

> aus dem Klassenzimmer
> nach rechts, den Flur entlang,
> zweite Tür links ...

● Du gehst aus dem Klassenzimmer, dann nach rechts, den Flur entlang bis zur zweiten Tür.
  Hier links und die Treppe hoch ... Was ist da?
■ Das Sekretariat!

b Wie kommt man von Ihrer Sprachschule: zum nächsten Geldautomaten, zum Bäcker, zum Kino,
zur Bushaltestelle, ...? Schreiben Sie.

einhunderteinundzwanzig 121 LEKTION 11

11 C Deshalb müssen wir ihn ja dauernd in die Werkstatt bringen.

13 Was passt? Ordnen Sie zu.

a Der Weg zu dir ist sehr weit. — Ich gehe zur Bank.
b Mein Fahrrad ist kaputt. — Ich lege mich ins Bett.
c Ich brauche noch Geld. — Ich mache eine Pause.
d Ich möchte keine Übung mehr machen. — Ich bringe es in die Werkstatt.
e Ich möchte ein wenig schlafen. — Ich fahre mit der U-Bahn.

14 Schreiben Sie die Sätze aus Übung 13 mit *deshalb*.

a Der Weg zu dir ist sehr weit. *Deshalb fahre ich mit der U-Bahn.*
b Mein Fahrrad ist kaputt. *Deshalb bringe ich es in die Werkstatt.*
c Ich brauche noch Geld. *Deshalb gehe ich zur Bank.*
d Ich möchte keine Übung mehr machen. *Deshalb mache ich eine Pause.*
e Ich möchte ein wenig schlafen. *Deshalb lege ich mich ins Bett.*

15 Warum braucht man das?

a Wie ist der Satz richtig? Ordnen Sie die Satzteile.

1 Man braucht eine gute Handbremse, [2] man [1] weil [3] oft bremsen muss
2 Man braucht ein helles Vorderlicht, [2] bei Nacht [3] gut sehen muss [4] man [1] weil
3 Man braucht eine Luftpumpe, [1] weil [3] manchmal Luft brauchen [2] die Reifen
4 Man braucht eine gute Klingel, [2] man manchmal andere Radfahrer [3] überholen muss [1] weil
5 Man braucht gute Reifen, [3] nicht ausrutschen darf [2] man auf der Straße [1] weil

b Schreiben Sie die Sätze neu mit *deshalb* in die Tabelle.

	Satz 1			Satz 2	
1	Man	muss	oft bremsen	Deshalb	braucht	man eine gute Handbremse.
2	Man	muss	bei Nacht gut sehen	D	braucht	ein helles V.
3	Die R.	brauchen	m. Luft	D	braucht	eine Luftpumpe
4	Man	muss	a. R. überholen	D	braucht	eine gute Klingel
5	Man	darf	a. d. S. n. ausrutschen	D	braucht	man gute Reifen

Die Reifen sind alt, deshalb muss man die wechseln

16 Was ist richtig?

a Ergänzen Sie *weil* oder *deshalb*.

1 Der Bremsweg ist lang, **weil** die Reifen alt sind.
2 Die Reifen sind alt, **deshalb** muss man sie wechseln.
3 Ich bin so viel Fahrrad gefahren, **deshalb** bin ich jetzt ganz müde.
4 Mein Reifen hat keine Luft mehr, **weil** ich gestern über Glas gefahren bin.

b Ergänzen Sie *weil* oder *denn*.

1 Ich muss mir ein neues Rücklicht kaufen, **denn** es ist kaputt.
2 Man muss im Dunkeln mit Licht fahren, **denn** nur so ist man für die Autofahrer erkennbar.
3 Ich bringe mein Rad in die Werkstatt, **weil** das Licht kaputt ist.
4 Niemand hat mich gehört, **weil** die Klingel nicht funktioniert.

C 11

17 Schreiben Sie.

a Man kann die Klingel gut erreichen. Sie ist gut *erreichbar*.
b Man kann sie auch gut hören. Sie ist gut .... hörbar
c In dieser Fahrradkleidung kann man Sie gut erkennen. Sie sind gut .... erkennbar
d Dieses Fahrrad ist nicht teuer. Ich kann es bezahlen. Es ist .... bezahlbar
e Kann man dieses Fahrrad abschließen? Ist es .... abschließbar ?

18 **Aus dem Tagebuch eines Autos.**

Was ist dem Auto Bodo heute passiert? Schreiben Sie.

> Samstag, 14. August
> Heute hat Paul spontan beschlossen, einen Ausflug mit mir zu machen.
> Denn das Wetter war einfach genial. Es war warm, es gab viel Sonne und
> ich war gut gelaunt. Zuerst hat Paul total viel in mich hineingepackt:
> Fahrrad, Picknickkorb, dann noch die Badesachen.
> Uff. Das war ganz schön schwer. Und dann ging es los. Wir sind ...

19 Hören Sie und sprechen Sie nach.

„pf" Pflanze • Pfanne • Pfund • Apfel • Kopf • Topf
„kw" bequem • Qualität • Quartett • Quadrat • Quiz
„ts" Zentrum • Kreuzung • Benzin • Satz • Platz • Rätsel • Station • Lektion • international • Nationalität
„ks" links • Kuckucksuhr • Taxi • Praxis • Text • wechseln • du fragst • du sagst • unterwegs • sonntags

20 *Apfel* und *Saft*. Was passt zusammen? Sprechen Sie.

| Apfel • Pfanne • Topf • Pfund • Pfeffer • Empfänger • Impfung • Kopf | Deckel • Saft • Absender • Salz • Schnitzel • Grippe • Gesicht • Kilo |

21 Man spricht „ts". Wie schreibt man?

Man spricht „ts" und schreibt ...*t (vor -ion)*......., ..., oder ....

22 Wo hören Sie „ks"? Kreuzen Sie an.

1. ☐ 2. ☐ 3. ☐ 4. ☐ 5. ☐ 6. ☐
7. ☐ 8. ☐ 9. ☐ 10. ☐ 11. ☐ 12. ☐

einhundertdreiundzwanzig   123   LEKTION 11

11 D Bei jedem Wetter unterwegs

23 Ergänzen Sie die Wetterwörter.

a	der Sturm	stürmisch	e	die Wolke	wolkig
b	der Regen	regnerisch	f	der Nebel	neblig
c	das Eis	eisig	g	die Sonne	sonnig
d	das Gewitter	gewittrig	h	der Wind	windig

24 Das Wetter

a Wie ist das Wetter heute? Ergänzen Sie.

Sommerlich ist's in der Mitte Deutschlands

starker Westwind • trocken • Sonne und Wolken • 17 Grad im Norden • Regenschauer mit Gewitter • gewittrige • 29 Grad im Süden

Heute gibt es an der Nordsee und an der Ostsee *Regenschauer mit Gewitter*. Auch südlich der Donau sind noch einige *gewittrige* Regenschauer dabei. Ansonsten wechseln sich *Sonne und Wolken* ab, und es bleibt meistens *trocken*. Die Temperaturen: zwischen *17 Grad im Norden* und *29 Grad im Süden*. An den Küsten *starker Westwind*.

b Lesen Sie den Text und ergänzen Sie die Tabelle.

Vorhersage:
In der Nacht hört der Regen in Norddeutschland langsam auf, es ist meist klar und trocken. Die Temperaturen sinken in ganz Deutschland auf zehn bis 15 Grad.
Am Dienstag gibt es vor allem in der Mitte und im Süden zunächst viel Sonnenschein, im Norddeutschen Tiefland jedoch mehr Wolken und einzelne Schauer oder Gewitter. Weiter südlich bleibt es auch nachmittags trotz einiger dickerer Wolken weitgehend freundlich und trocken. Die Temperaturen liegen bei 17 Grad im Norden und bei bis zu 29 Grad im Südwesten.

Wie wird das Wetter?	im Norden	in der Mitte	im Süden
heute Nacht	weniger Regen klar und trocken 10-15 Grad		
am Dienstag		viel Sonnenschein	viel Sonnenschein

D 11

25 Eine Wettervorhersage für Ihr Heimatland
Zeichnen Sie und schreiben Sie.

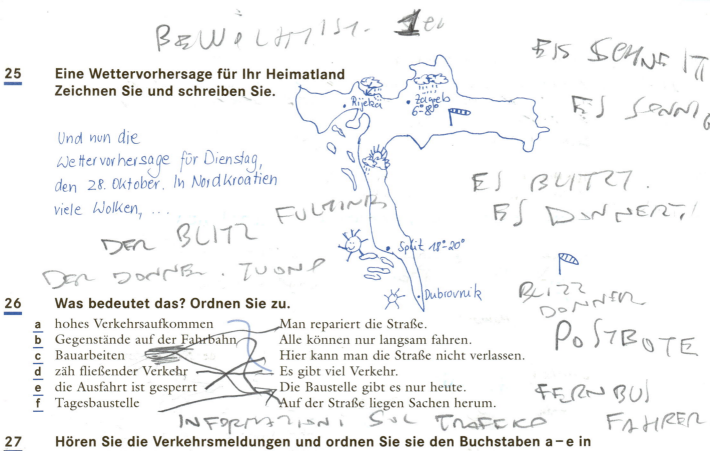

Und nun die Wettervorhersage für Dienstag, den 28. Oktober. In Nordkroatien viele Wolken, ...

26 Was bedeutet das? Ordnen Sie zu.

a hohes Verkehrsaufkommen — Man repariert die Straße.
b Gegenstände auf der Fahrbahn — Alle können nur langsam fahren.
c Bauarbeiten — Hier kann man die Straße nicht verlassen.
d zäh fließender Verkehr — Es gibt viel Verkehr.
e die Ausfahrt ist gesperrt — Die Baustelle gibt es nur heute.
f Tagesbaustelle — Auf der Straße liegen Sachen herum.

27 Hören Sie die Verkehrsmeldungen und ordnen Sie sie den Buchstaben a–e in der Karte zu.

	Buchstabe		Buchstabe
Meldung 1	b	Meldung 4	D
Meldung 2	E	Meldung 5	C
Meldung 3	A		

einhundertfünfundzwanzig   125   LEKTION 11

11 E Ärger im Straßenverkehr

28 Silbenrätsel. Ergänzen Sie.

Am • Au • Aus • Bahn • den • Fah • Fahr • flug • Füh • hof • kar • kehr • lan • Mo •
pa • Park • pel • platz • ra • Re • ren • rer • rer • schein • spa • spa • star • Stau • te •
ten • to • tor • tung • tur • ver • Ver • zie

1. Gräfin von Kerner fährt nicht selbst Auto. Sie hat einen _Fahrer_.
2. Wenn man Auto fahren will, muss man zuerst den _Führerschein_ machen.
3. Bei uns gibt es noch einen _Bahnhof_, aber es halten dort keine Züge mehr.
4. Rot, gelb und grün – das sind die Farben bei einer _Ampel_.
5. „Achtung Autofahrer: Auf der A9 Richtung Berlin vor dem Schkeuditzer Kreuz zehn Kilometer _Stau_ nach einem Unfall."
6. Bus: anhalten = Flugzeug: _landen_
7. „Ich komme mit dem Auto. Gibt es vor Ihrem Hotel einen _Parkplatz_?"
8. „Das Wetter ist so schön. Komm, lass uns ein bisschen _spazieren_ gehen."
9. „Liebe Fahrgäste, unser ICE hat im Moment 13 Minuten _Verspätung_."
10. Wenn man _Auto_ fahren will, braucht man einen Führerschein.
11. Das Gegenteil von „landen" ist _starten_.
12. Ich möchte mal wieder einen _Ausflug_ in den Zoo machen.
13. Wenn man mit dem Zug fahren möchte, muss man zuerst eine _Fahrkarte_ kaufen.
14. Zwischen 8 und 9 Uhr fahren die meisten Leute zur Arbeit. Um diese Uhrzeit ist der Berufs-_verkehr_ am stärksten.
15. Das Auto hat einen _Motor_, das Fahrrad nicht.
16. Mein Auto ist schon wieder kaputt! Ich glaube, die _Reparatur_ wird ziemlich teuer.

29 Was passt? Kreuzen Sie an.

	nehmen	fliegen	umsteigen	fahren	einsteigen	gehen	aussteigen
a mit dem Flugzeug		x					
b in den Zug			x		x		x
c am Goetheplatz			x	x	x	x	x
d aus dem Bus							x
e das Fahrrad	x			x			
f zu Fuß						x	
g mit dem Schiff				x			
h spazieren						x	
i über die Brücke				x		x	
j über Traunstadt				x			

30 Besuch in Traunstadt. Hören Sie das Gespräch.

Antonio ist zwei Tage zu Besuch bei seinem Freund Michael in Traunstadt und möchte sich die Stadt ansehen. Leider muss Michael arbeiten und kann nicht mitgehen. Er sagt ihm, was er in Traunstadt sehen kann und erklärt ihm den Weg.

Zu diesem Gespräch gibt es fünf Aufgaben. Was sagt Michael seinem Freund? Wo sind die Gebäude und Plätze? Ordnen Sie zu und notieren Sie den Buchstaben. Hören Sie das Gespräch zweimal.

	0	1	2	3	4	5
Gebäude/Ort	Stadttheater	Michaelikirche	Rathaus	Stadtmuseum	Stadtpark	Parkcafé
Lösung	a					

- **a** in der Fußgängerzone links
- **b** hinter dem Bahnhof
- **c** in der Mitte vom Marktplatz
- **d** links von der Kirche
- **e** hinter der Kirche
- **f** rechts vom Stadtmuseum
- **g** am Anfang der Rathausgasse
- **h** am Ende der Rathausgasse
- **i** in der Kirchgasse
- **j** im Stadtpark

31 Deutschlandreise

- Planen Sie eine Reise durch Deutschland. Starten Sie in Ihrer Stadt. Fahren Sie in alle 13 Bundesländer und in die 3 Stadtstaaten Berlin, Hamburg und Bremen. Besuchen Sie auf Ihrer Reise alle Hauptstädte.
- Entscheiden Sie, ob Sie den Zug, das Auto oder das Flugzeug nehmen. Arbeiten Sie mit einem Routenplaner / den Informationsseiten der Bahn im Internet.
- Stellen Sie Ihre Route im Kurs vor. Welche Gruppe hat die kürzeste, die schnellste, die billigste oder die schönste Route?

11 Lernwortschatz

BREMSWEG DISTANZ DI SICUREZZA
347 5140894 STEFANO
VORDERGRUND HINTERGRUND GRASP

Fahrrad und Auto

BREMSEN FRENARE
HUNGERN SUONARE

(Fahrrad)Helm der, -e	ELMO	Panne die, -n	AVARIA
Batterie die, -n	BATTERIE	Reifen der, -	PNEUMATICI
Benzin das	BENZIN	Rücklicht das, -er	LUCE DIETRO
Bremse die, -n	FRENI	Tankstelle die, -n	BENZINAIO
Bremsweg der, -e	DISTANZA DI SICUREZZA	Vorderlicht das, -er	LUCE DAVANTI
Klingel die, -n	CAMPANELLO	Wagen der, -	MACCHINA
Luftpumpe die, -n	POMPA X GONFIARE	Werkstatt die, ¨en	OFFICINA

Im Straßenverkehr

EINFAHRT ENTRATA

Ausfahrt, die, -en	USCITA	(Verkehrs-)Regel die, -n	REGOLA TRAFFICO
Autobahn die, -en	AUTOSTRADA		
Baustelle die, -n	LAVORI IN STRADA	(Verkehrs-)Teilnehmer der, -	PARTECIPANTE
Brücke die, -n	PONTE		
Bürgersteig der, -e	MARCIAPIEDE	Zentrum das, Zentren	CENTRO
Einbahnstraße die, -n	SENSO UNICO	ab·biegen, ist abgebogen	SVOLTARE
Fahrbahn die, -en	CORSIA		
Falschfahrer der, -	CONTROMANO	bremsen, hat gebremst	FRENARE FRENATO
Fluss der, ¨e	FIUME		
Flussufer das, -	RIVA DEL FIUME	ein·parken, hat eingeparkt	PARCHEGGIARE
UFER SPONDA			
Fußgänger der, -	IL PEDONE	Gas geben, gibt Gas, hat Gas gegeben	DARE GAS ACCELERARE INARE
Hauptbahnhof der, ¨e	STAZIONE		
Kreisverkehr der	ROTATORIA	herum·fahren, fährt herum, ist herumgefahren	GIRARE INTORNO ANDARE IN GIRO
Kreuzung die, -en	INCROCIO		
Stau der, -s	INGORGO	stürzen, ist gestürzt	ROVESCIATO CADUTO
Störung die, -en	IL PROBLEMA DISTURBO	tanken, hat getankt	FARE BENZINA
U-Bahn die, -en	METROPOLITANA	überholen, hat überholt	SORPASSARE
Verkehr der	TRAFFICO		
(öffentliche) Verkehrsmittel das, -	MEZZI DI TRASPORTO	gesperrt	CHIUSO

UFER SPONDA

Wetter

Gewitter das, -	TEMPORALE TEMPESTA	Sturm der, ¨e	TEMPESTA
Nebel der, -	NEBBIA	Wetterbericht der, -e	METEO
Schnee der	NEVE		
Sonnenschein der	SOLE SOLE SPLENDENTE	dicht	STRETTO
		eisig	GHIACCIATO

AUSWEICHEN SCHIVARE

SCHEIBENWISCHER
TERGICRISTALLO   BAR
                                  A SEMPRE
WIE IST DAS
WETTER   BILE   ICH
ES IST SONNIG   BEDANKE MICH
ES IST WINDIG MÜNDLICH   ORALE   VIELEN DANK
                                   FÜR IHRE
gewittrig	TEMPORALE	nass	BAGNATO	MÜHE
glatt	LISCIO	neblig	NEBBIOSO
kräftig	VIGOROSO	regnerisch	PIOVOSO
kühl	FRESCO	stürmisch	TEMPESTOSO
		wolkig	NUVOLOSO

Den Weg beschreiben

bis zu	FINO A	geradeaus	DRITTO
durch	ATTRAVERSO	um ... herum	INTORNO IN GIRO
... entlang	LUNGO IL	vorbei ... an	PASSARE incrocio
			PASSATO

Weitere wichtige Wörter   FALSCHFAHREN
                              CONTROMANO   VERANSTALTUNGEN

Aussicht die, -en	VISTA	verhindern, hat verhindert	IMPEDIRE OSTACOLARE
Bürgermeister der, -	SINDACO	verletzen (sich), hat sich verletzt	FERIRSI
Daten die (Pl.)	DATE		
Einwohner der, -	ABITANTI	vorbei lassen, lässt vorbei, hat vorbei gelassen	LASCIARE PASSARE
Ferien die (Pl.)	FERIEN	wechseln, hat gewechselt	CAMBIATO
Landung die, -en	CARICA		
Nagel der, ¨	UNGHIA CHIODO		
Start der, -s	PARTIRE	erkennbar	RICONOSCIBILE
Wiese die, -n	PRATO	erreichbar	RAGGIUNGIBILE
Zukunft die	FUTURO	komplett	COMPLETO
		nördlich/südlich/ westlich/östlich	
Angst haben, hat Angst gehabt	AVUTO PAURA	rücksichtslos	SPIETATO
auf·haben, hat auf, hat aufgehabt		schrecklich	TERRIBILMENTE
erkennen, hat erkannt	ERKANNBAR RICONOSCERE	umgekehrt	
		wütend	NERVOSO
fest·stellen, hat festgestellt	VERIFICARE	bereits	PRONTI
landen, ist gelandet	ATTERRARE FERM	deshalb	PERCIO
los sein, ist los gewesen	LIBERARSI ESSERE LIBERATO	sonst	ALTRA ANDREBBE
nerven, hat genervt	NERVOSO	richtig (schnell ...)	VERO
schützen, hat geschützt	PROTEGGERE	weder ... noch	NE
starten, ist gestartet	DECOLLO DECOLLATO	wegen	PERCHE A CAUSA

BEFREIEN   AUF LAUTER MEILE
LIBERARE

12 A Lektion 12: Reisen
Wir fahren **an den** Atlantik.

Wiederholung
Schritte plus 4
Lektion 11

1 Ergänzen Sie.

bei • von • aus • vom • aus der • in • zu • aus dem • nach • zum • ins • beim • in der • im • in die

	Wo? Sie ist …	Wohin? Sie fährt …	Woher? Sie kommt …
a	*in* Italien.	nach Italien.	aus Italien.
b	in der Schweiz.	in die Schweiz.	aus der Schweiz.
c	im Kino.	ins Kino.	aus Kino.
d	bei Claudia.	zu Claudia.	von Claudia.
e	beim Arzt.	zum Arzt.	vom Arzt.

Wiederholung
Schritte plus 4
Lektion 11

2 Was ist richtig? Markieren Sie.

a ▲ Ich fahre jetzt mit dem Auto nach dem / **zum** Bahnhof. Soll ich dich mitnehmen?
   ▼ Vielen Dank, aber ich muss zuerst noch zu / **bei** meiner Mutter. Sie wohnt auf / **in der** Maistraße. Da kann ich den Bus nehmen.
b ■ Ich muss heute Nachmittag nach dem / **zum** Arzt.
   ● Ach, ich habe gedacht, dass du gestern schon beim / im Arzt warst.
   ■ Nein, er hatte gestern keinen Termin mehr frei.
c ■ Fahrt ihr dieses Jahr im Urlaub wieder nach / **in** Italien?
   ▼ Nein, wir waren doch letztes Jahr **in** / nach Rom. In diesem Sommer wollen wir nach / **in die** Türkei.
d ■ Wir gehen heute Abend zum / **ins** Kino. Kommst du mit?
   ▼ Ich kann leider nicht. Ich fahre **zu** / bei meiner Freundin. Sie ist krank.

A1

3 Ergänzen Sie.

die Wüste • der Berg • der See • die Insel • der Osten • der Strand • die Küste • das Meer • das Gebirge • der Norden • der Wald

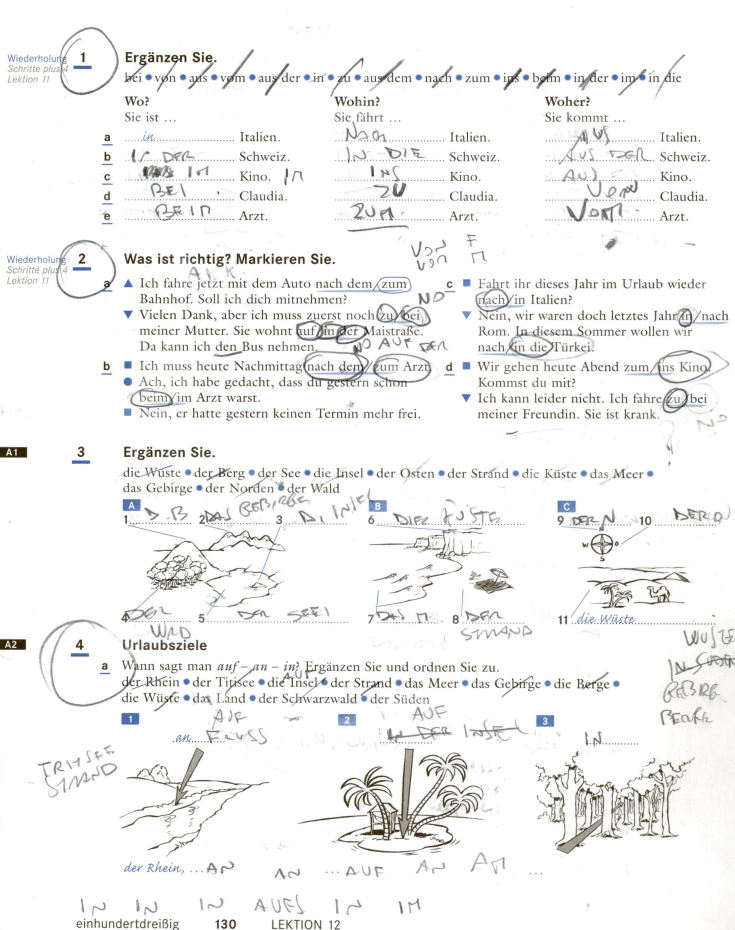

A: 1 der Berg 2 das Gebirge 3 die Insel 4 der Wald 5 der See
B: 6 die Küste 7 das Meer 8 der Strand
C: 9 der Norden 10 der Osten 11 *die Wüste*

A2

4 Urlaubsziele

a Wann sagt man *auf – an – in*? Ergänzen Sie und ordnen Sie zu.
der Rhein • der Titisee • die Insel • der Strand • das Meer • das Gebirge • die Berge • die Wüste • das Land • der Schwarzwald • der Süden

1 an … *der Rhein*, Titisee, Strand
2 auf … der Insel
3 in … Wüste, Süden, Gebirge, Berge

A **12**

b Was ist richtig? Kreuzen Sie an.

		Wo?	Wohin?
1	Im Urlaub fahren wir	☐ am Titisee.	☒ an den Titisee.
2	Am Samstag waren wir	☒ im Gebirge.	☐ ins Gebirge.
3	Ich war noch nie	☒ in der Wüste.	☐ in die Wüste.
4	Am liebsten fliegen wir	☐ in dem Süden.	☒ in den Süden.
5	Gehen wir jetzt endlich	☐ an dem Strand?	☒ an den Strand?
6	Es war sehr windig	☒ an der Atlantikküste.	☐ an die Atlantikküste.

5 Woher kommen die Personen? Ordnen Sie zu.

		Bild			Bild
a	Er kommt aus der Wüste.	2	d	Sie kommen vom See.	4
b	Er kommt aus den Bergen.	5	e	Er kommt vom Strand.	1
c	Sie kommen aus dem Wald.	3	f	Er kommt von der Insel.	6

6 Ergänzen Sie.

	Sie ist … (wo?)	Sie geht/fährt … (wohin?)	Sie kommt gerade … (woher?)
a	am Meer.	ans Meer.	vom Meer.
b	in Wüste.	in Wüste.	von Wüste.
c	an Küste.	an Küste.	aus Küste.
d	auf Insel.	auf Insel.	von Insel.
e	in Berlin.	nach Berlin.	aus Berlin.
f	in der Türkei.	in die Türkei.	aus Türkei.
g	am Chiemsee.	an Chiemsee.	von Chiemsee.
h	am Strand.	an Strand.	von Strand.
i	im Gebirge.	ins Gebirge.	aus Gebirge.
j	im Wald.	in den Wald.	aus Wald.

12 A   Wir fahren **an den** Atlantik.

Sechsundzwanzigste April (handwritten)

7 Ergänzen Sie.

nach • auf • im • nach • an • im • aus • zum • ans • vom

Liebe Sigi,
wir sind jetzt ...auf... Ibiza. Die Insel liegt südlich von Mallorca. Florian wollte ja eigentlich wieder ...nach... Finnland fahren, aber mir ist es da zu kalt. Ich will immer ...ans... Meer und ...im... warmen (!!!) Wasser schwimmen. Unser Hotel liegt ganz nah ...an... Meer. Wir gehen nur fünf Minuten ...zum... Strand. Traumhaft! Immer, wenn wir abends ...vom... Strand kommen, haben wir großen Hunger. Wie gut, dass es ein Restaurant ...im... Hotel gibt! Gestern haben wir eine lange Wanderung gemacht und sind erst spät abends ...aus... den Bergen zurückgekommen. Ich war total müde! Leider fliegen wir morgen schon wieder zurück ...nach... Frankfurt.
Herzliche Grüße
Brigitte

(handwritten margin notes: Hunderttausend alten Leuten; Alptraum – incubo; traumhaft – sogno fantastico; aufregend – eccitante)

8 Ergänzen Sie.

ins • im • aus • ins • zu • bei • von • am • auf

Hallo Ina,
gestern sind wir ...aus... Spanien zurückgekommen. Wir haben dort ...bei... meiner spanischen Freundin Ines gewohnt. Es war wunderbar! Den ganzen Tag waren wir ...am... Strand, sind ...im... Meer geschwommen. Einmal haben wir einen Ausflug gemacht und sind ...auf... eine Insel gefahren. Als wir ...von... der Insel zurückgefahren sind, ist auf einmal ein großes Gewitter gekommen. Wir sind klitschnass ...zu... Hause angekommen. Das war aufregend! Ab morgen muss ich nun wieder ...ins... Büro. Puh! Wir wollten doch mal zusammen ...ins... Gebirge zum Wandern gehen!? Gehen wir am Samstag?
Viele Grüße
Christine

9 Wo waren Sie schon? Wohin möchten Sie gern fahren? Schreiben Sie.

Sehen Sie sich die Landkarte von Deutschland, Österreich und der Schweiz am Anfang des Buches an.

Ich war schon einmal an der Nordsee. Das war toll! Wir haben ...
Ich würde gern einmal ... fahren.

(handwritten: DAS IST MIR EGAL)

10 Ergänzen Sie.

windig • heiß • anstrengend • kalt • langweilig • gefährlich

a ■ Na, wie war euer Urlaub in Dänemark?
   ▼ Die Landschaft dort ist wunderschön, aber wir hatten Pech mit dem Wetter. Es war *kalt* und am Meer immer ein bisschen ...windig... .

b ■ Im Urlaub in den Dschungel? Das ist doch ...gefährlich...! Hast du da keine Angst?

c ● Mit Gert gehe ich nicht mehr in die Berge zum Wandern. Der geht vier Stunden ohne Pause den Berg hoch. Das ist mir viel zu ...anstrengend... .

d ▲ Ihr fahrt im August nach New York? Da hat es doch tagsüber mindestens 35°C! Das ist mir viel zu ...heiß... . Ich fahre lieber ans Meer.
   ● Aber den ganzen Tag am Strand liegen, das ist mir zu ...langweilig... .

einhundertzweiunddreißig   132   LEKTION 12

Schöne Apartments mit großem Balkon. B 12

11 Ergänzen Sie.

A
Urlaub auf dem Bauernhof: Ruhige Lage, schöner Spielplatz, kinderliebe Tiere, mit vielen Freizeitmöglichkeiten. Jede Wohnung mit eigenem Bad und mit eigener Küche. Tel.: 0171/53367921

B
Schöne Ferienwohnungen zu vermieten! Wir bieten moderne Wohnungen (1–3 Zimmer) in ruhiger Lage am See. Im Juni und Juli noch frei. Tel.: 02843/6246

C
Großes Zelt für 4–6 Personen zu verkaufen. Tel.: 0179/733667

D
Von Privat: Ruhiges Ferienhaus im Schwarzwald
Genießen Sie:
• Urlaub ohne lauten Verkehr
• Schöne Landschaft
• 4 große Zimmer mit schönem Blick auf die Berge
• Gutes Essen

12 Tragen Sie Beispiele aus Übung 11 in die Tabelle ein.

(der)	(das)	(die)	(die)
schöner Spielplatz	ruhiges Haus	ruhige Lage	kinderliebe Tiere
ohne lauten Verkehr	großes Zelt	schöne Landschaft	moderne Wohnungen
mit schönem Blick	mit eigenem Bad	mit eigener Küche	mit vielen Freizeitmöglichkeiten

13 Ergänzen Sie.

a Suche kleines Zelt für 2 Personen.
b Günstige Ferienwohnung mit großem Balkon und großer Küche auf Bauernhof für tierliebe Familie noch frei.
c Suche ruhige Unterkunft in günstiger Pension oder bei netter Familie vom 17.7.–24.7.
d Kleines Hotel mit ruhigen Zimmern in historischem Zentrum von Rom. Zimmer ab 79 € pro Nacht.

der Balkon
die Familie
die Unterkunft
die Pension
das Hotel
das Zimmer
das Zentrum

14 Hilfe! Mein Keller ist voll!

Sie möchten einige Dinge verkaufen, weil Sie sie nicht mehr brauchen. Schreiben Sie Kleinanzeigen.

Zu verkaufen:
Kleines Zelt
für 2 Personen
für nur 50 Euro

a Zelt (klein) für 2 Personen für nur 50 €
b Kamera (mechanisch)
c Sofa mit zwei Sesseln (weiß – bequem), nur 295 €
d Puppe mit Kleidung (alt – schön)
e Anzug (elegant) für 99 €

12 C Eine Reise buchen

Wiederholung Schritte plus 2

15 Ergänzen Sie *am – um – im – bis – von ... bis – für*.

a ■ Wann ist denn das Reisebüro geöffnet? Weißt du das?
● Ja, Montag **bis** Freitag **von** 10 Uhr **bis** 18.30 Uhr und **am** Samstag, glaube ich, schließen sie **um** 14 Uhr.

b ▼ Ich möchte bitte ein Doppelzimmer reservieren.
▲ Ja gern, wann brauchen Sie das Zimmer?
▼ **Am** Freitag.
▲ Und für wie lange?
▼ **Bis** Montag früh, also **für** drei Nächte.

c ● Wann machst du denn dieses Jahr Urlaub?
▲ Leider erst **im** Herbst, wahrscheinlich **im** Oktober.

d ■ Wann hat denn Inge Geburtstag?
● **Am** 13. Februar.

Wiederholung Schritte plus 2

16 Ergänzen Sie *vor – seit – nach*.

a ■ Wie lange wartest du denn schon? – ● **Seit** zehn Minuten.
b ▼ Wann hat denn Frau Suter angerufen? – ■ **Vor** ungefähr einer Stunde.
c ▼ Was machst du heute noch? – ▲ **Nach** dem Unterricht fahre ich erst einmal nach Hause.
d ▲ Wann gehst du immer joggen? – ● Frühmorgens **vor** der Arbeit.
e ● Wie lange leben Sie schon in Deutschland? – ■ **Seit** zwei Jahren.

C2

17 Reisen. Was ist richtig? Markieren Sie.

a ■ Kann ich Ihnen helfen?
● Ja, ich möchte bitte einen Flug nach Berlin mit Hotel ab/**für** zwei Nächte buchen.
■ Da gibt es Flüge von/**ab** 99 €. Außerdem kann ich Ihnen ein sehr schönes kleines Hotel im Zentrum empfehlen. Dort kostet die Nacht im Einzelzimmer 79 € für/**ohne** Frühstück.

b ▼ Na, wie war denn euer Urlaub?
▲ Sehr schön, aber die Reise war sehr anstrengend. Erst hatte unser Flug **ab**/über drei Stunden Verspätung. Deshalb haben wir das Schiff verpasst. Und du weißt, **von**/bis Oktober an fahren die Schiffe nicht mehr so oft. Wir mussten über/für vier Stunden am Hafen warten!

C3

18 Im Reisebüro. Welche Antwort passt? Ordnen Sie zu.

a Ich möchte gern nach Rügen fahren. Haben Sie da ein günstiges Angebot?
b Für wie viele Personen bitte?
c Wann möchten Sie denn fahren?
d Wie lange dauert die Zugfahrt?
e Soll ich Sitzplätze reservieren?

1 Vom 3.6. bis 19.6.
2 Ja, das würde ich Ihnen empfehlen.
3 Für meine Frau und mich.
4 Ja, schauen Sie mal bitte hier in unseren Katalog.
5 Ungefähr acht Stunden.

Postkarten schreiben D 12

19 **Ordnen Sie zu und schreiben Sie.**

Wofür interessierst du dich? • Wir könnten ... fahren. • Bitte komm mich doch besuchen! Ich würde mich sehr freuen! • Möchtest du gern ...? • Ich könnte dir ... zeigen. • Hast du Lust auf einen Besuch in ...? • Du bist herzlich eingeladen. • Was möchtest du gern machen? • Hier kannst du auch ... besichtigen. • Ich möchte dich gern in meine Stadt / mein Dorf einladen.

jemand einladen	Vorschläge machen	nach Wünschen fragen
Du bist herzlich eingeladen.	...	...

20 **Was passt? Ordnen Sie zu.**

Sie möchten einen Freund in Ihre Stadt / Ihr Dorf einladen. Was kann man dort gemeinsam machen?

Man kann ...

an einen Museum gehen
mit dem Schiff fahren
ins Ausflug fahren
einen Kino machen
ins See gehen

21 **Hier gibt es ein paar Fehler. Schreiben Sie die Postkarte richtig.**

Lieber Maria,

Wie geht es Dir? Ich denke oft an Dir. Deshalb möchte ich Dich zu Wien einladen. Hier können wir viele schöne Sachen zusammen machen: auf den Neusiedler See fahren, ins Nationalmuseum gehen oder Schloss Schönbrunn schauen. Natürlich es gibt auch viele wunderschöne Kaffeehäuser in Wien. Du trinkst doch so gern Kaffee!
Ich werde mich wirklich über einen Besuch von Dich freuen!
Viele Grüßen
Angela

Liebe ....

22 **Antworten Sie auf die Postkarte aus Übung 21.**

Dank für Einladung: komme gern • noch nie in Wien • Schloss besichtigen und Schiff fahren: super • auch Kaffeehäuser • Schwester mitkommen?

Liebe Angela,
vielen Dank für Deine Karte. Ich habe mich sehr darüber gefreut.
Natürlich ...
Also, dann bis bald in Wien.
Herzliche Grüße
Maria

23 **Antworten Sie auf die Postkarte aus Übung 21.**

Bedanken Sie sich für die Einladung. Leider haben Sie jetzt keine Zeit, weil Sie gerade eine neue Arbeit gefunden haben. Laden Sie Angela in Ihren Kursort ein.

12 D Postkarten schreiben

24 Einen Ausflug planen

Welche Ausflugsmöglichkeiten gibt es an Ihrem Kursort oder in der Umgebung für ältere Menschen, für junge Leute, für Familien?

Arbeiten Sie in Kleingruppen und sammeln Sie Informationen, Prospekte, Postkarten … Machen Sie dann zusammen eine Wandzeitung. Diskutieren Sie die Vorschläge und wählen Sie das beste Ausflugsziel.

25 Sehen Sie die Wörter an. Hören Sie dann und achten Sie auf die betonten Wörter. Was hören Sie? Markieren Sie.

Apartmenthotel • Boot • Ferienwohnungen • Preis • zwei oder drei Apartments • ab 15 Euro • Mecklenburgische Seenplatte • seltene Vögel • Auto mieten • von See zu See • Zwei- und Drei-Zimmer-Apartments • ohne Lärm • ohne Autos • Natur und Ruhe • alle Zimmer mit Balkon • modern und gemütlich • sehr groß

26 Elternabend

a Lesen Sie die Information zum Schulausflug. Hören Sie dann und machen Sie sich Notizen.

Schulausflug der Klasse 3 b
Wann?   Donnerstag, 25. Juni
Wohin?   Burg Rotteck und Abenteuerspielplatz
Abfahrt 8:10 Uhr Bahnhof
Rückkehr 16:20 Uhr
Kosten   4 Euro (Bahnfahrt und Eintritt)

Mein Kind nimmt am Schulausflug teil.
....
(Unterschrift)

mit Klasse 3a, Eltern mitfahren Abschnitt bis ...

b Erzählen Sie zu Hause vom Elternabend.

27 Lesen Sie die Texte. Markieren Sie die Betonung / ___ , die Satzmelodie → ↘ und die Pausen | ||.

a **Rheinreise** ↘ |
Ich ságe: → Eins. ↘ |
Vorbéi an Mainz. ↘ ||
Ich ságe: → Zwei. ↘ |
An Kaub vorbéi. ↘ ||
Ich ságe drei: → |
Die Loreléy. ↘ ||
Ich sage vier:
In Köln ein Bier.
Ich sage überhaupt
nichts mehr.
Ich staune nur:
Da ist das Meer.

b **Die Ameisen**
In Hamburg leben zwei Ameisen,
Die wollen nach Australien reisen.
Bei Altona auf der Chaussee,
Da tun ihnen schon die Beine weh,
Und da verzichten sie weise
Dann auf den letzten Teil der Reise.

Text leicht verändert. Original siehe Quellenverzeichnis.

Hören Sie und vergleichen Sie.

Eine Traumreise planen

E 12

28 Woran denken Sie bei …? Ordnen Sie zu.

fit sein • Museen besichtigen • faul sein • wilde Natur • ein Schloss besichtigen • Tennis spielen • am Strand liegen • täglich joggen • durch die Wüste fahren • im Gebirge wandern • Dschungel • verrückte Leute • kein Stress • einen Tauchkurs/Surfkurs machen • Radtour im Gebirge

a Abenteuerurlaub: _wilde Natur, Wüste, Gebirge, Dschungel, Radtour im G._
b Kultururlaub: _Museen, Schloss_
c Erholungsurlaub: _Strand, faul, verrückte, kein Stress_
d Sporturlaub: _fit sein, Tennis, joggen, Tauchkurs, Surfkurs_

29 Urlaub. Lesen Sie und kreuzen Sie an: Richtig oder falsch?

> **Mit dem Fahrrad um die ganze Welt**
>
> Von ihrer Weltreise auf dem Fahrrad zurückgekehrt sind Peter und Sylvia Uhlmann. Der Bürgermeister, viele Freunde und Verwandte begrüßten sie gestern Nachmittag im Rathaus von Günzburg. „Wir sind glücklich, dass wir wieder gesund zu Hause angekommen sind. Aber wir würden sofort wieder so eine Reise machen", sagten die beiden. „In ein paar Jahren wollen wir wieder mit dem Fahrrad aufbrechen, aber dann nur durch einen Kontinent. Das wird Südamerika sein. Bis dahin müssen wir aber noch ein bisschen arbeiten und Geld verdienen."

		richtig	falsch
a	Peter und Sylvia sind mit dem Fahrrad um die ganze Welt gefahren.	☒	☐
b	Sie machen sofort wieder eine Weltreise.	☐	☒
c	Nächstes Jahr fahren sie nach Südamerika.	☒	☒

30 Notieren Sie im Lerntagebuch: Lernen mit allen Sinnen.

Das Meer, die Stadt, das Land … Was gibt es dort? Wie sieht es dort aus? Wie riecht es? Wie fühlen Sie sich dort? Welche Erinnerungen haben Sie? Wann und wo waren Sie schon dort? Was haben Sie erlebt?

Suchen Sie auch Wörter im Wörterbuch. Schreiben Sie.

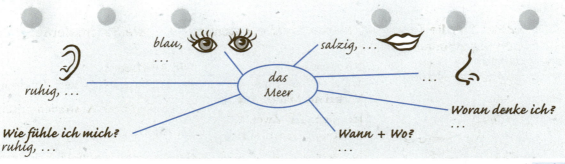

▶ Portfolio

31 Radiodurchsagen. Was ist richtig? Hören Sie und kreuzen Sie an.

Sie hören drei Informationen aus dem Radio. Zu jedem Text gibt es eine Aufgabe. Kreuzen Sie an. Sie hören jeden Text einmal.

a Wie wird das Wetter in Norddeutschland morgen?
☐ Sonnig.   ☐ Regnerisch.   ☐ Stürmisch.

b Was soll Herr Reimer machen?
☐ Sofort nach Hause fahren.   ☐ Seine Mutter anrufen.   ☐ Seine Frau anrufen.

c Worauf sollen die Autofahrer auf der Autobahn zwischen München und Lindau aufpassen?
☐ Es ist neblig.   ☐ Ein Falschfahrer ist unterwegs.   ☐ Es gibt ein Tier auf der Autobahn.

12 Lernwortschatz

Regionen und Landschaften

Alpen die (Pl.)	ALPI	Landschaft die, -en	PAESAGGIO
Atlantik der	ATLANTICO	Nord-/Ostsee die	
Berg der, -e	MONTAGNA / DIE BERGE	Panorama das, -men	PANORAMA
Blick der, -e	VISTA	Region die, -en	REGIONE
Dschungel der, -	GIUNGLA	Strand der, ¨-e	SPIAGGIA
Groß-/Kleinstadt die, ¨-e	PICCOLA CITTA	Umgebung die, -en	DINTORNI
Insel die, -n	ISOLA	Welle die, -n	ONDA
Küste die, -n	COSTA	Wüste die, -n	DESERTO

Unterkunft

Apartment das, -s	APPARTAMENTO	Pension die, -en	PENSIONE
Aufenthalt der, -e	SOGGIORNO	Unterkunft die, ¨-e	ALLOGGIO
Doppel-	DOPPIO	WC das, -s	
Doppelzimmer das, -	DOPPIO CAMERA	Zelt das, -e	TENDA
Einzel-	UNICO	ausgebucht	NON PRENOTATO
Einzelzimmer das, -	ZIMMER UNICA	frei	LIBERO
Ferienwohnung die, -en	APPARTAMENTI VACANZA	(kinder-/familien-) freundlich	
Lage die, -n	POSIZIONE		

Ferien/Urlaub

Abenteuer das, -	AVVENTURA	begleiten, hat begleitet	ACCOMPAGNARE
Begleiter der, -	ACCOMPAGNATORE	faulenzen, hat gefaulenzt	PIGRIZIA
Boot das, -e	NAVE	genießen, hat genossen	GUSTARE
Camping das		surfen, hat gesurft	SURFEN
Campingplatz der, ¨-e		tauchen, hat getaucht	APNEA
Erholung die	PAUSA RIPOSO	wandern, ist gewandert	ESCURSIONE
(Flug)Gesellschaft die, -en	COMPAGNIA DI AEREA		
Passagier der, -e	PASSEGGERO		

BRINDISI

12

EIN FALLEN
EINGEFALLEN È ACCADUTO

Etwas beschreiben FATICA SFORZO

anstrengend	STRESS	ideal	IDEALE
einsam SOLITARIO	ALLEIN SOL	(un)kompliziert	COMPLICATO
giftig	SERPENTE SCORPIONE	leer	VUOTO
(gut/schlecht) gelaunt		neugierig	CURIOSO
heiß	CALDO	trocken	ASCIUTTO ASCIUGARE
		wild	SELVAGGIO

Weitere wichtige Wörter

Handtuch das, ¨er	ASCIUGAMANO	beobachten, hat beobachtet	GUARDARE
Höhe die, -n	PIÙ ALTO	dafür/dagegen sein, ist gewesen	PER QUESTO INTERVENUTO STATO ESSERE CONTRARIO
Jahreshälfte die, -n	SEMESTRE		
Laune die, -n	STATO D'ANIMO	ein·fallen, fällt ein, ist eingefallen	ACCADERE ROVINARE INVADERE CROLLARE
Liebe die		einigen (sich), hat sich geeinigt	CONCORDARSI
Paradies das, -e	PARADISO		
Sorge die, -n	PREOCCUPAZIONE	gründen, hat gegründet	FONDARE FONDATO
Spielplatz der, ¨e	PARCO GIOCHI	stinken, hat gestunken	PUZZARE ODORE PUZZO
Übernachtung die, -en	PRENOTAZIONE		
Verleih der	NOLEGGIARE NOLEGGIO	verleihen, hat verliehen	PRESTARE
Vogel der, ¨	UCCELLO	verbringen, hat verbracht	TRASCORSO TRASCORRERE
Wärme die	BOLLENTE		
auf·bauen, hat aufgebaut	COSTRUITO	ab (September)	PRIMO
(einen Termin) aus·machen, hat ausgemacht	SPEGNERE	an erster Stelle	POSTO DI LAVORO
bauen, hat gebaut	COSTRUITO	von ... an	DA
		über (vier Stunden)	SOPRA

ausgemacht zugemacht ÜBERSTUNDEN
aufgemacht STRAORDINARIO

ENTSPANNEN RILASSARE

EINFALLEN ROVINARE

13 Lektion 13: Auf der Bank

A Kannst du mir sagen, **was** das heißt?

A2 **1** **Ergänzen Sie.**

Geldautomat • Bankkarte • Bank • Geld abheben • Kontoauszug • Konto

a Da steht der *Geldautomat*. Hier können Sie Geld bekommen, wenn die BANK zu ist.
b Wenn man Geld von der Bank holt, nennt man das auch GELD ABHEBEN.
c Dazu braucht man bei der Bank ein BANKKARTE und eine KONTO.
d Auf dem KONTO AUSZUG / KONTOAUSZUG steht, wie viel Geld man auf seinem Konto hat.

A2 **2** **Was fragen die Personen? Schreiben Sie.**

Entschuldigung, können Sie mir sagen, wo der Bus nach Durlach abfährt?

▲ Und kannst du schon sagen, wie alt du bist?
▲ Sag mir jetzt bitte, wann du nach Hause kommst.
▲ Weißt du, wie viel Geld wir noch haben?
▲ Entschuldigung, wissen Sie, wie lange der Film dauert?
▲ Ich frage mich die ganze Zeit, was dieses Wort bedeutet.
▲ Sagst du mir bitte, wo du das gefunden hast?

a *Wo fährt der Bus nach Durlach ab?*
b Wie alt BIST DU
c WANN KOMMST DU NACH
d WIEVIEL GELD HABEN WIR
e WIE LANGE DAUERT DER FILM
f WAS BEDEUTET DIESES WORT
g WO HAST DU DAS GEFUNDEN

A2 **3** **Markieren Sie die Sätze in Übung 2 wie im Beispiel.**
Grammatik entdecken

Wo fährt der Bus nach Durlach ab?
Können Sie mir sagen, wo der Bus nach Durlach abfährt?

A2 **4** **Opa hört nicht mehr gut. Schreiben Sie.**

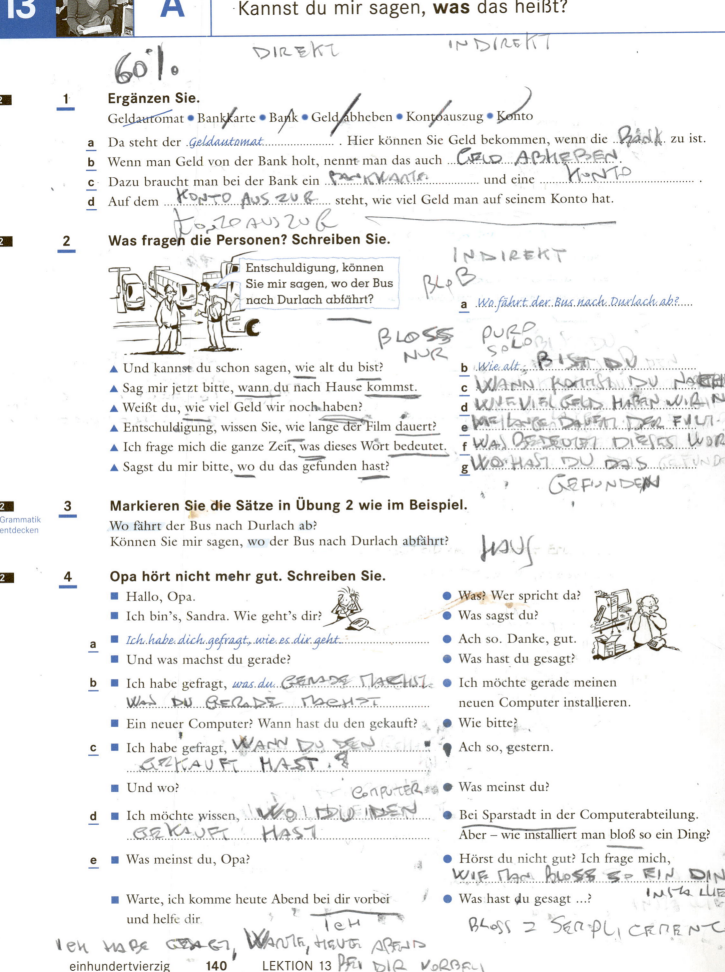

■ Hallo, Opa. ● Was? Wer spricht da?
■ Ich bin's, Sandra. Wie geht's dir? ● Was sagst du?
a ■ *Ich habe dich gefragt, wie es dir geht.* ● Ach so. Danke, gut.
■ Und was machst du gerade? ● Was hast du gesagt?
b ■ Ich habe gefragt, *was du GERADE MACHST* ● Ich möchte gerade meinen
WAS DU GERADE MACHST neuen Computer installieren.
■ Ein neuer Computer? Wann hast du den gekauft? ● Wie bitte?
c ■ Ich habe gefragt, WANN DU DEN ● Ach so, gestern.
GEKAUFT HAST
■ Und wo? ● Was meinst du?
d ■ Ich möchte wissen, WO DU DEN COMPUTER ● Bei Sparstadt in der Computerabteilung.
GEKAUFT HAST Aber – wie installiert man bloß so ein Ding?
e ■ Was meinst du, Opa? ● Hörst du nicht gut? Ich frage mich,
WIE MAN BLOSS SO EIN DING
INSTALLIERT
■ Warte, ich komme heute Abend bei dir vorbei ● Was hast du gesagt …?
und helfe dir. BLOSS 2 SEMPLICEMENTE

ICH HABE GESAGT, WARTE, HEUTE ABEND
BEI DIR VORBEI
UND HELFE DIR KOMME

einhundertvierzig 140 LEKTION 13

A 13

5 Wie heißt es richtig? Kreuzen Sie an.

a ☐ Ich möchte wissen, wo ist die Schokolade.
  ☒ Ich möchte wissen, wo die Schokolade ist.
b ☒ Weißt du, wie spät es ist?
  ☐ Weißt du, wie spät ist es?
c ☐ Woher du kommst?
  ☒ Woher kommst du?
d ☒ Ich frage mich, wie lange diese Übung noch dauert.
  ☐ Ich frage mich, wie lange dauert diese Übung noch.
e ☒ Wie geht es Ihnen?
  ☐ Wie es Ihnen geht?

6 Was muss man hier eintragen? Schreiben Sie.

Postbank Privat-Girokonto
Eröffnen Sie für mich ein Privat-Girokonto
☐ Postbank Giro plus ☐ Postbank Giro extra plus
Kundin/Kunde/Kontobezeichnung
☐ Frau ☐ Herr
Vorname | akademischer Grad
a Name
b Straße, Hausnummer
  Postleitzahl | Ort
c Geburtsdatum | Geburtsort
d ggf. Geburtsname | Staatsangehörigkeit
e Vorwahl | Rufnummer
f

Hier müssen Sie eintragen, ...
a wie sie heißen
b wo
c
d
e
f

7 Hören Sie und markieren Sie die Satzmelodie: → ↗ ↘

Weißt du schon, → wann du kommst? •Kommst du heute oder erst morgen?

Sag mir bitte, → wo wir uns treffen. •Treffen wir uns um sechs oder lieber erst später?

Kannst du mir sagen, → wie man das schreibt? •Schreibt man das mit „h" oder ohne „h"?

Ich frage mich, warum du so schlecht gelaunt bist. •Hast du ein Problem oder bist du nur müde?

8 *Können Sie mir bitte erklären, ...* Ergänzen Sie und sprechen Sie.

Wissen Sie, ...
Kannst du mir sagen, ...
Sag mir bitte, ...
Können Sie mir bitte erklären, ...
Können Sie mir bitte zeigen, ...

Welches Formular muss ich ausfüllen?•
Wie spät ist es?•
Wo hast du das gesehen?•
Wie soll ich die Übung machen?•
Wann ist Herr Müller da?•
Wo gibt es einen Geldautomaten?•
Was kostet der Brief?•
Wann hat die Bank geöffnet?•
Warum hast du nie Zeit für mich?•
Was bedeutet dieses Wort?•
Wo muss ich unterschreiben?

einhunderteinundvierzig 141 LEKTION 13

13 B Könnten Sie mal nachsehen, ob die Zahl in Ihrem Computer ist?

9 Was passt? Ordnen Sie zu.

a Gibt es hier einen Geldautomaten? — Nein, es sind noch 5 Euro übrig.
b Kann ich das Eis mit EC-Karte bezahlen? — Nein! Erst, wenn du in der Schule besser wirst.
c Papa, bekomme ich mehr Taschengeld? — Ja, gleich da drüben.
d Hast du das ganze Geld ausgegeben? — Nein, wir nehmen nur Bargeld.

10 Schreiben Sie die Fragen aus Übung 9 neu.

a Können Sie mir sagen, *ob es hier einen Geldautomaten gibt?*
b Wissen Sie, ob ich das Eis mit EC-Karte bezahlen kann?
c Papa, ich möchte dich fragen, ob ich mehr Taschengeld bekomme.
d Ich möchte wissen, ob du das ganze Geld ausgegeben hast.

11 Machen Sie eine Tabelle mit den Sätzen aus Übung 10.

Können Sie mir sagen,	ob	es hier einen Geldautomaten	gibt?
Wissen Sie,	ob	ich das Eis mit EC-Karte bezahlen	kann

12 Was muss man hier ankreuzen? Schreiben Sie.

Hier muss man ankreuzen, …

a ob man Angestellter oder Angestellte ist.
b ob man Schülerin oder Schüler ist.
c ob man Hausfrau oder Hausmann ist.
d ob man arbeitslos oder Arbeiter ist.
e ob man verheiratet oder geschieden ist.

13 Ergänzen Sie.

wie • wo • wann • ob • ob • ob • wie lange

a Der Wetterbericht weiß auch nicht, *ob* es morgen regnet.
b Können Sie mir bitte sagen, wann der Film anfängt?
c Ich frage mich, ob sie mich noch liebt.
d Weißt du, wie lange der Film noch dauert?
e Ich möchte wissen, ob wir noch eine Übung machen müssen.
f Entschuldigen Sie, können Sie mir sagen, wo hier die Toiletten sind?
g Entschuldigen Sie, wissen Sie, wie spät es ist?

einhundertzweiundvierzig 142 LEKTION 13

B 13

14 Fragen am Bankschalter. Schreiben Sie.

Ich möchte gern wissen, ...

a jeder Kunde eine EC-Karte bekommen — *ob jeder Kunde eine EC-Karte bekommt*
b die EC-Karte etwas kosten — OB DIE EC KARTE ETWAS KOSTET
c alle EC-Karten eine Geheimnummer haben — OB ALLE EC KARTEN EINE GEHEIM NUMMER HABEN
d die Bank viele Geldautomaten haben — OB DIE BANK VIELE G.A. HABEN
e man mit der EC-Karte überall Geld bekommen — OB MAN MIT DER EC KARTE ÜBERALL BEKOMMEN

15 Schreiben Sie kurze Gespräche.

Ich möchte wissen, ob das Eis mit EC Karte bezahlen kann.

Sie haben Ihre EC-Karte verloren.   Sie möchten einen Fernseher kaufen, haben aber nicht genug Geld.

Sie gehen in ein Restaurant und haben nur Ihre EC-Karte dabei.

Sie haben Ihre Geheimnummer vergessen.   Sie haben ein Eis bestellt, haben aber nur Ihre EC Karte dabei.

▲ Entschuldigen Sie, können Sie mir helfen?
▼ Ja, gern. Was kann ich für Sie tun?
▲ Ich habe meine EC-Karte verloren und möchte wissen, ob ich eine neue bekommen kann.

KONTOAUSZUG
ABHEBEN
KONTOAUSZUG
ABHEBEN

16 Ergänzen Sie.
Münzen • Zinsen • Taschengeld • in Raten • Bankleitzahl • bar • ausgegeben • leihen • Bank • Kontoauszug • Geldscheine • Kontonummer

a *Geldscheine* sind Geld aus Papier. Geld aus Metall sind MÜNZEN.
b Wenn man Geld von der BANK leiht, muss man ZINSEN bezahlen.
c Mein Sohn bekommt sein TASCHENGELD auf sein Konto.
d Ich habe gerade kein Geld dabei. Kannst du mir mal fünf Euro LEIHEN?
e ■ Die Waschmaschine ist zu teuer. So viel Geld habe ich nicht.
   ◆ Das macht nichts, Sie können auch IN RATEN zahlen.
f In der Eisdiele nehmen sie keine EC-Karte. Da musst du schon BAR bezahlen.
g Oje! Ich fürchte, ich habe diesen Monat zu viel Geld AUSGEGEBEN!
h Zur Bankverbindung gehören BANKLEITZAHL und KONTONUMMER.
i Auf dem KONTOAUSZUG steht, wie viel Geld auf dem Konto ist.

17 Notieren Sie im Lerntagebuch.   LERNTAGEBUCH

Antwort: Ja./Nein.
Können Sie mir sagen, **ob** es hier eine Bank gibt?
Ich würde gern wissen, **ob** ES HIER EIN GESCHÄFT GIBT.

Antwort: z.B. In der Parkstraße 21.
Können Sie mir sagen,
wo Peter Kraus wohnt?

▶ Portfolio

einhundertdreiundvierzig 143 LEKTION 13

13 C
Ich musste mir eine neue Karte ausstellen **lassen**.

18 Was kann man alles machen lassen? Kreuzen Sie an.
- [x] einen Brief schreiben
- [ ] über einen Witz lachen
- [x] die Wohnung putzen
- [x] das Fahrrad reparieren
- [ ] ein Formular unterschreiben
- [x] einen Text lesen
- [x] das Kleid reinigen
- [ ] sich für Musik interessieren
- [ ] die Stadt kennen
- [ ] Freunde treffen

19 Schreiben Sie.
a Sie schreibt nicht gern Briefe. Sie *lässt* alle Briefe *schreiben*.
b Er putzt seine Wohnung nie, er *lässt* sie *putzen*.
c ■ Für dieses Formular brauchen wir noch die Unterschrift vom Chef.
   ◆ Moment, ich *lasse* es ihn *unterschreiben*.
d Ich kann mein Fahrrad nicht reparieren, ich *lasse* es immer *reparieren*.
e Dieses Kleid kann ich nicht reinigen. Ich *lasse* es *reinigen*.

20 Schreiben Sie.
a Jacke schmutzig – reinigen
  ▲ Die Jacke ist zu schmutzig. *Du musst sie reinigen lassen.*
  ● *Gut, ich lasse sie reinigen.*
b EC-Karte verloren – eine neue ausstellen lassen
  ▲ Wenn du deine EC-Karte verloren hast, dann musst *sie ausstellen lassen*.
  ● Gut, ich *lasse sie ausstellen*.
c Haare zu lang – schneiden lassen
  ▲ Deine Haare sind zu lang. Du musst *sie schneiden lassen*.
  ● Gut, *ich lasse sie schneiden*.
d Fahrrad kaputt – reparieren
  ▲ Dein Fahrrad ist jetzt schon zwei Wochen kaputt. Du musst *es reparieren lasse*.
  ● Gut, *ich lasse es reparieren*.

21 Ergänzen Sie *sich – mir – dir – uns – euch*.
a Deine Haare sind so lang. Du solltest sie *dir* schneiden lassen.
b Wir finden Möbel aus hellem Holz sehr schön. Jetzt lassen wir *uns* eine Gartenbank machen.
c Meine EC-Karte ist kaputt. Ich muss *mir* eine neue ausstellen lassen.
d Ihr könnt *euch* das Geld an Schalter 1 auszahlen lassen.
e Er liebt schöne Kleider. Seine Anzüge lässt er *sich* immer nähen.
f Lassen Sie *sich* Obst und Gemüse auch immer nach Hause liefern, Frau Müller?

22 Ergänzen Sie *lassen*.
a Das ist zu schwer! *Lass* dir doch helfen!
b Ich habe keine Lust mehr. Die E-Mail *lass* ich meine Freundin beantworten.
c Die Jacke sieht nicht gut aus. Wir *lassen* sie reinigen.
d Unsere Nachbarn *lassen* ihre Wohnung nie renovieren.
e *Lässt* ihr euch auch manchmal Pizza nach Hause bringen?
f Sie nimmt nie die U-Bahn. Sie *lässt* sich immer vom Bahnhof abholen.

C 13

23 Die letzte Woche war ganz verrückt. Schreiben Sie.

reparieren • reinigen • beim Arzt untersuchen • nähen • Tür öffnen • Haare waschen

Also, die letzte Woche war ganz verrückt. Am Montag ist mein Auto kaputtgegangen und ich musste es reparieren lassen. Am Dienstag habe ich meinen Hausschlüssel vergessen und ich musste die Tür ...

24 Besuch mich doch mal!

a Lesen Sie die Mail von Markus.

> Liebe Sandra,
> wie geht es Dir?
> Ich habe einen neuen Job und wohne seit zwei Wochen in Rostock. Ich finde es sehr schön hier. Besuch mich doch mal, dann kannst Du Rostock kennenlernen.
>
> Viele Grüße
> Markus

b Lesen Sie Sandras Terminkalender und antworten Sie Markus.
Schreiben Sie, was Sandra im Mai und Juni machen (lassen) muss.

Mai	Juni	Juli
3. Auto Werkstatt	8.–11. Wohnung renovieren	Urlaub
12. zur VHS, für den Sprachkurs anmelden	17. Zahnarzt ☹	
20.–30. Sprachkurs an der VHS	19. Zahnarzt ☹	
31. 70. Geburtstag Tante Valentina, Mail schreiben	23. Zahnarzt ☹	

> Lieber Markus,
> vielen Dank für Deine Einladung. Ich komme gern. Im Mai und Juni habe ich aber keine Zeit, weil ich so viele Termine habe. Ich ...
> ...
> Aber im Juli habe ich Urlaub, da kann ich kommen. Hast Du da auch Zeit?
> Viele Grüße
> Sandra

13 D Kontoeröffnung, Kreditkarten und Geldautomat

25 Silbenrätsel: Ergänzen Sie.

ab • be • be • ben • ein • er • he • kommt • len • len • nen • öff • über • weisen • zah • zah

a Entschuldigung, kann ich bei Ihnen ein neues Konto *eröffnen*?
b Wenn man ein Sparkonto hat, *bekommt* man Zinsen. Wenn man Geld ausleiht, muss man Zinsen *bezahlen*.
c Bitte *überweisen* Sie den Betrag von € 241,32 auf unser Konto.
d Ich möchte gern 500 Euro auf mein Sparkonto *einzahlen*.
e Ich möchte 200 Euro von meinem Girokonto *abheben*.

26 Gespräche am Bankschalter

a Hören Sie die Gespräche 1 bis 4 und ordnen Sie zu.

Gespräch 1 — Der Kunde möchte wissen, wie viel ein Girokonto kostet.
Gespräch 2 — Der Kunde möchte ein Girokonto eröffnen.
Gespräch 3 — Der Kunde möchte Informationen über Geldautomaten haben.
Gespräch 4 — Der Kunde möchte wissen, wie viel Zinsen es bei einem Sparkonto gibt.

b Hören Sie die Gespräche noch einmal. Was ist richtig? Kreuzen Sie an.

Gespräch 1 Was kann man mit einem Girokonto machen?
☐ Geld sparen ☐ die Miete überweisen ☐ das Gehalt überweisen lassen

Gespräch 2 Wie viel Zinsen bekommt man für ein normales Sparbuch?
☐ 2 Prozent ☐ 3 Prozent ☐ 2000 Euro

Wie viel Geld muss auf dem Sparbuch sein, wenn man 3 Prozent Zinsen bekommen will?
☐ 2 Prozent ☐ mehr als 2000 Euro ☐ 3000 Euro

Gespräch 3 Wie viel Geld muss jeden Monat auf ein kostenloses Girokonto kommen?
☐ 1000 Euro ☐ 3 Prozent ☐ 3000 Euro

Wofür muss man bezahlen, wenn das Girokonto nicht kostenlos ist?
☐ für Überweisungen ☐ für den Geldautomaten ☐ für die EC-Karte

Gespräch 4 Was kostet es, wenn man am Geldautomaten Geld holt?
☐ Das ist immer kostenlos. ☐ Das ist bei der eigenen Bank kostenlos. ☐ Das kostet bei einer anderen Bank € 2,50.

27 Lesen Sie die Texte und markieren Sie die Betonung ´ __ . Hören Sie und vergleichen Sie.

a Der F**u**chs schrei**b**t an die G**a**ns:
„Ich lie**b**e di**ch**. Dein Hans."
Die Gans schrei**b**t ihm ganz schlau zurück:
„Besu**ch** mich auf dem Tei**ch**. Viel Glück!"

b Der H**a**hn schreibt an die H**ü**hner:
„Ihr werdet **i**mmer sch**ü**ner!"
Da gackern laut die H**ü**hner:
„Der Kerl wird **i**mmer d**ü**mer!"

Texte leicht verändert. Original siehe Quellenverzeichnis

Im Text **b** stimmt etwas nicht. Korrigieren Sie.
Sprechen Sie dann die Texte. Achten Sie auf die markierten Buchstaben.

Vermischtes rund ums Geld

E 13

28 Schon wieder eine Rechnung!

a Lesen Sie die Rechnung und ordnen Sie zu.

1 Wie viel Geld muss Frau Winter bezahlen?
2 Wer bekommt das Geld?
3 Warum muss Frau Winter Geld bezahlen?
4 Auf welches Konto muss Frau Winter das Geld überweisen?

Maria Winter
Untere Gasse 12
03431 Hahnstein

Modernes Wohnen GmbH — 2
Meisenweg 8
03431 Hahnstein

Hahnstein, 23.6.2009

**Heizkostenabrechnung für die Mietwohnung Untere Gasse 12
Rechnungsnummer 12/06 09**

Sehr geehrte Frau Winter,

für das Jahr 2008 ergibt sich folgende Heizkostenabrechnung: — 3

Heizung, Warmwasser	1.311,49 €
Ihre Vorauszahlungen Januar – Dezember (12 x 100 €)	- 1.200,00 €
Nachzahlung	**111,49 €** — 1

Bitte überweisen Sie den Betrag von 111,49 € auf unser Konto 3137487 bei der
Volksbank Hahnstein, BLZ 231 364 00. Geben Sie bitte die Rechnungsnummer an. — 4

Mit freundlichen Grüßen
i.A. Walter
Modernes Wohnen GmbH

**b Frau Winter überweist das Geld. Füllen Sie das Formular fertig aus.
Ergänzen Sie:**

- den Empfänger,
  seine Bank,
  die Kontonummer,
  die Bankleitzahl
- den Betrag
- die Rechnungsnummer

einhundertsiebenundvierzig 147 LEKTION 13

13 Lernwortschatz

Auf der Bank

Bankleitzahl die, -en	CODICE BANCARIO	Konto das, Konten	KONTO
Bankschalter der, -	SPORTELLO BANCA	Kontoauszug der, -̈e	ESTRATTO CONTO BANCARI
Bankverbindung die, -en	COLLEGAMENTO BANCARIO	Kontoeröffnung die, -en	APERTURA CONTO
Geheimnummer die, -n	CODICE PIN	Kontonummer die, -n	NUMERO CONTO
Geheimzahl die, -en	CODICE PIN	PIN-Code der, -s	CODICE PIN
(Giro-/Spar)konto das, -konten	CONTO CORRENTE BANCARIO	PIN (=die persönliche Identifikationsnummer) die, -s	PIN
Geldautomat der, -en	AUTOMATICO		

Rund ums Geld

Bargeld das	SOLDI IN CONTANTI	...ein·zahlen, hat eingezahlt	VERSARE
Geldschein der, -e	FATTURA IN CONTANTI	...sparen, hat gespart	RISPARMIARE
Kleingeld das	SOLDI SPICCIOLI	...überweisen, hat überwiesen	BONIFICO / BONIFICARE
Münze die, -n	MONETA	(ein Konto) eröffnen, hat eröffnet	APERTURA CONTO
Zinsen die (Pl.)	INTERESSI SU PRESTITO / ZINSEN INTERESSI	(die Geheimzahl/ den PIN-Code) ein·tippen, hat eingetippt	CLICCATO
(Geld) ...ab·heben, hat abgehoben	RITIRARE	Zinsen bekommen/ zahlen, hat bekommen/ gezahlt	RICEVERE INTERESSI / PAGAMENTO INTERESSI
...(vom Konto) ab·buchen, hat abgebucht	AB BUCHEN ADDEBITARE DEBITO DEBITATO PRENDERE		
...aus·leihen, hat ausgeliehen	PRESTITO		
...aus·zahlen, hat ausgezahlt	PAGARE		

aus leihen prestito
AB HEBEN RITIRARE

HAUS

13

Zahlungsmöglichkeiten

bar	pa. soldi in contanti	bar bezahlen, hat bezahlt	pagare in contanti
(EC-/Kredit)Karte die, -n		mit EC-Karte / in Raten zahlen, hat gezahlt	pagato in rate
Rate die, -n	rate mensili		

Weitere wichtige Wörter

Bestätigung die, -en	conferma	auswendig lernen, hat auswendig gelernt	auswendig können / imparare a memoria
Betrag der, ¨-e	richiesta	enttäuschen, hat enttäuscht	deludere deluso
Biergarten der, ¨		installieren, hat installiert	installare
(Park)Gebühr die, -en	tassa	kontrollieren, hat kontrolliert	controllare controllato
Kissen das, -	cuscino?	kopieren, hat kopiert	copiare
Kopie die, -n	copia	lassen, lässt, hat gelassen	lasciare
Öl das, -e	olio	nähen, hat genäht	vieno cucire / cuare nähen
Original das, -e	originale	tippen, hat getippt	ha suggerito
Spende die, -n	donazione	zu·schicken, hat zugeschickt	inviare
akzeptieren, hat akzeptiert	aufnehmen accogliere / accettare	enttäuscht	deluso
ändern, hat geändert	cambiato	sämtlich-	tutto
an·geben, gibt an, hat angeben	specificato / specificare	anscheinend	apparentemente
an·schließen, hat angeschlossen	allegare per errore chiudere	letzten/diesen/ nächsten Monat	ultimo mese prossimo mese
aus·kennen (sich), hat sich ausgekannt	informarsi intendersi		

fattrimanti?

an schliessen. allegare
an schliessen allegare

14 A Lektion 14: Lebensstationen

Ich habe nicht gewusst, dass Babys so klein sind!

A4 1 Kindheit und Jugend auf dem Land. Welches Verb passt? Markieren Sie
dürfen – können – müssen – sollen – wollen – sein – haben.

a ■ (Konntest / Musstest) du früher deinen Eltern bei der Arbeit auf dem Bauernhof helfen?
▲ Ja. Meine Freunde (durften / sollten) nachmittags immer Fußball spielen und
ich (konnte / musste) zu Hause auf dem Hof arbeiten. Das war für meine Eltern ganz normal.
■ Aber (konntest / solltest) du denn nie nachmittags deine Freunde treffen?
▲ Doch, natürlich! Manchmal schon, besonders wenn das Wetter schlecht (hatte / war).

b ■ (Musstet / Durftet) ihr früher am Sonntag lange schlafen?
▲ Nein, leider nicht. Unsere Eltern (wollten / sollten), dass wir um acht Uhr aufstehen und
mit ihnen in die Kirche gehen.

c ■ (Warst / Hattest) du gute Noten in der Schule?
▲ Oh nein. Aber ich (wollte / musste) eine Lehre als Kfz-Mechaniker machen.
Das (hatte / war) immer mein Traum und dafür braucht man kein Abitur.

A4 2 Kindheit und Jugend. Ergänzen Sie in der richtigen Form.

a Als Kind _____ ich beim Spielen einmal in ein Loch _____. Dabei
_____ ich mich am Fuß so schwer _____, dass ich nach der Operation
noch zwei Wochen im Krankenhaus _____. (fallen – verletzen – liegen müssen)

b Ich _____ in einem kleinen Dorf am See _____. (aufwachsen)

c Wir Kinder _____ immer auf dem Bauernhof _____. (mitarbeiten)

d Wenn wir für unsere Mutter _____, dann _____ wir
manchmal ein Stück Schokolade in dem Geschäft _____. (einkaufen – bekommen)

e Unser Opa _____ uns oft Geschichten aus seiner Kindheit _____. (erzählen)

f Am Wochenende _____ ich oft zu meiner Oma _____. Bei ihr _____ es mir immer
sehr _____. (fahren – gefallen)

A5 3 Katrins Kindheit. Schreiben Sie.

Würstchen braten • Fußball spielen • vorlesen • im Garten arbeiten • Campingurlaub machen •
Feuer machen • auf Bäume klettern • …

A B C
D E F

… und jetzt Sie!
Was haben Sie gemacht?

a *Katrins Oma hat ihr oft aus Kinderbüchern vorgelesen. Das war schön!*

Könntet ihr nicht mal Ruhe geben?

B **14**

4 Jugendliche und ihre Eltern. Was wünschen sie sich? Schreiben Sie die Sätze freundlicher mit *Ich würde gern ... – Ich hätte gern ... – Ich möchte ... – Ich wäre gern ...*

a Ich will jetzt in Ruhe Zeitung lesen! Ich würde jetzt gern in Ruhe Zeitung lesen
b Ich will jetzt allein sein! Ich wäre jetzt allein
c Ich will ein neues Fahrrad haben! Ich hätte ein neues Fahrrad
d Ich will jetzt in Urlaub fahren! Ich würde jetzt in Urlaub fahren

5 Machen wir das so? Welche Antwort ist positiv ☺, welche ist negativ ☹, welche ist neutral 😐? Kreuzen Sie an.

■ Was denkst du? Machen wir das so?

		☺	😐	☹			☺	😐	☹
a	Okay, einverstanden.		✗		d	Meinetwegen.		✗	
b	Ich habe keine Lust.			✗	e	Das machen wir.		✗	
c	Gute Idee!	✗			f	Das ist keine gute Idee.			✗

6 Probleme von Jugendlichen

a Wer hat welches Problem? Überfliegen Sie die Texte und kreuzen Sie an.

	schlechte Noten	Urlaub mit Eltern	der Freund
1 Michael	✗		
2 Sonja			✗
3 Arnold		✗	

1 *Gestern habe ich schon wieder eine Sechs in Mathe bekommen. Jetzt ist klar, dass ich die 9. Klasse wiederholen muss. Das Problem ist: Ich habe meinen Eltern ganz oft die schlechten Noten nicht gesagt. Sie glauben, dass ich die Klasse bestehe. Was soll ich jetzt machen? Einen Monat vor den Zeugnissen? Ich habe solche Angst vor dem letzten Schultag!*

Michael N. (15 Jahre)

Frau Dr. Erika Burger rät:
Lieber Michael,
ich kann gut verstehen, dass Du Angst vor Deinen Eltern hast. Aber wenn Du jetzt bis zum letzten Schultag wartest, dann machst Du alles nur noch schlimmer und Deine Eltern sind auch noch sauer, weil Du ihnen so lange nicht die Wahrheit gesagt hast. Was denkst Du? Ich habe da einen Vorschlag: Du solltest ...

2 Ich weiß nicht mehr, was ich machen soll. Immer wenn ich mit meinem Freund ausgehe, flirtet er vor meinen Augen mit anderen Mädchen. Letzte Woche sogar mit meiner Freundin! Wenn ich dann sauer bin, sagt er, dass er nur mich liebt. Soll ich ihm das glauben?
Sonja M. (17 Jahre)

3 Meine Eltern wollen mit mir im Sommer in Urlaub fahren. Bis jetzt sind wir immer gemeinsam gefahren. Aber ehrlich gesagt habe ich überhaupt keine Lust. Ich würde viel lieber mit meinen Freunden fahren.
Ich weiß aber genau, dass dann meine Eltern enttäuscht sind. Was soll ich tun? **Arnold K. (16 Jahre)**

b Lesen Sie die Antwort von Frau Burger auf Text 1. Welchen Ratschlag geben Sie Michael? Schreiben Sie.
offen mit den Eltern reden • jemand aus der Familie kann helfen • im neuen Schuljahr Nachhilfe nehmen • mehr lernen • die Eltern zum Essen einladen • abwarten • ...

Du solltest/könntest ... / Ich habe da einen Vorschlag: ... / Was denkst Du? ...

c Schreiben Sie die Antwort zu einem Text.
Frau Dr. Erika Burger rät:
Liebe / -r ...

einhunderteinundfünfzig **151** LEKTION 14

14 C Hallo Schwesterchen

ERZIEHEN

7 Lesen Sie noch einmal den Text im Kursbuch auf Seite 78, C3 und kreuzen Sie an.

		richtig	falsch
a	Fast die Hälfte aller Deutschen nennt seinen Partner *Schatz* oder *Liebling*.	☐	☐
b	Kosenamen aus der Märchenwelt sind bei Frauen besonders beliebt.	☐	☐
c	Runde Frauen nennen ihre Männer gern *Dickerchen*.	☐	☐
d	Viele Frauen und Männer möchten, dass man sie lieber nicht mit Kosenamen anspricht.	☐	☐

8 Suchen Sie im Wörterbuch und ergänzen Sie.

a Ruhe
RUH ig
un RUHIG
RUHES los

b Arbeit
arbeits los
ARBEIT er
ARBITER in

c erziehen
ERZIEH ung   ERZIEH er
ERZIEH bar   ERZIEHR in

9 Ergänzen Sie in der richtigen Form.

a ● Das Rätsel ist total schwer. INDO VINELLS
   ■ Nein, überhaupt nicht. Ich konnte es sofort **lösen**. Es ist wirklich gut LÖSUNG / LÖSBAR.

b ▲ Schrecklich! Er redet wirklich ohne **Pause**. Er redet PAUSELOS n.

c ● Ich habe im Wetterbericht gehört, dass es morgen den ganzen Tag **Sonne** gibt.
   ■ Ja, ich glaube auch, dass es SONNIG wird.

d ▲ Möchtest du noch ein **Stück** Kuchen? SONNIG
   ▼ Vielleicht nur so ein kleines STÜCKCHEN, ich bin eigentlich schon satt.

e ■ In welche Schule soll ich Frederik denn schicken? Ich kann mich wirklich nicht **entscheiden**.
   ◆ Das verstehe ich, das ist ja auch wirklich keine leichte ENTSCHEIDUNG.

f ● **Raucht** Carla eigentlich noch?
   ◆ Klar, du weißt doch. Sie war schon immer eine starke RAUCHERIN.

g ▲ 100 Kilometer in einer Stunde mit dem Fahrrad fahren? Das ist **nicht möglich**! Das ist UNMÖGLICH / MÖGLICHLOS.

h ■ Telefongespräche mit der Nummer 0800 **kosten** den Anrufer **nichts**. Sie sind KOSTENLOS.

i ● Schau mal, die süßen, **kleinen Katzen** dort. Ich hätte gern so ein KÄTZCHEN.

j ▼ Er ist **nicht** sehr **höflich** zu den Kunden. Er ist UNHÖFLICH.

UN HÖFLICH
UN MÖGLICH

10 Bilden Sie Wörter und schreiben Sie.

a die Kinder + der Garten = der Kindergarten

d DAS AUTO + DER SCHLÜSSEL = DER AUTOSCHLÜSSEL

b DER SCHRANK + DIE KLEIDUNG = DER KLEIDUNGSSCHRANK

e + = DER GARTENSTUHL

c DAS GESCHENK + DAS PAPIER = DAS PAPIERGESCHENK

f DAS TELEFON + DAS BUCH = DAS BUCHTELEFON

Schön, **dass** du da bist. D 14

11 Liebe ist, wenn …? Ordnen Sie zu und schreiben Sie.

den anderen mit Geschenken überraschen • sich ohne Worte gut verstehen • im Alltag noch gemeinsam Spaß haben und lachen • sich nach einem Streit immer wieder versöhnen

| A | B | C | D |

a *Liebe ist, wenn man sich ohne Worte …*
b *Liebe ist, …*

12 Was gehört für Sie zu einer guten Partnerschaft? Ergänzen Sie die Satzanfänge.

gemeinsam kochen • viel Zeit miteinander verbringen • über alles reden können • gemeinsame Interessen haben • sich nicht über Geld streiten • nie allein sein • sich gut kennen • sich alles sagen können • den Haushalt gemeinsam machen • …

Ich finde es wichtig, dass …
Es ist schön, wenn man … *viel Zeit miteinander verbringt.*
Eine gute Partnerschaft ist wichtig, weil man …

13 Heiraten ja oder nein? Ergänzen Sie *deshalb – aber – denn – trotzdem*.

Udo, 23 Jahre
Heiraten finde ich gut, doch damit lasse ich mir lieber Zeit, ABER ich will mir ganz sicher sein.

Thomas, 35 Jahre
Ich bin bereits geschieden. TROTZDEM heirate ich noch mal, wenn ich die richtige Frau finde.

Klara, 18 Jahre
Heiraten? Wozu? Das ist doch nur ein Vertrag, DESHALB mache ich mir doch nicht so einen Stress – mit Feier und so. Ich finde das nicht wichtig.

Bettina, 21 Jahre
Ich möchte schon gern heiraten, DENN ich warte noch auf meinen Traummann. Irgendwie hat das etwas Romantisches.

14 Schreiben Sie eine kurze Liebesgeschichte.
Schreiben Sie aus den Wörtern in a oder b eine Geschichte und benutzen Sie dabei mindestens fünf der folgenden Wörter:

weil • trotzdem • denn • deshalb • aber • dass • wenn

a im Zug – Mädchen – gefallen – ansprechen – Café – Telefonnummern austauschen – …?
b im Urlaub – Strand – Disco – verliebt – Trennung nach zwei Wochen – nach Hause fahren – ein Jahr später: … ?

a *Eduard wollte im April mit dem Zug nach Glasgow fahren. Deshalb …*

14 Lernwortschatz

WAHRHEIT VERITÀ

ICH HABE MIT DIR MITGEHOLFEN — MITHELFEN COLLABORARE

Lebensabschnitte

Abschnitt der, -e	SEZIONE PARTE	groß werden, wird groß, ist groß geworden	DIVENTARE ALTO
Erinnerung die, -en	RICORDO	mit·helfen, hilft mit, hat mitgeholfen	COLLABORARE AIUTARE CON
Erziehung die	EDUCAZIONE		
Jugend die	GIOVENTÙ	mit·spielen, hat mitgespielt	PARTECIPARE AL GIOCO
Kindheit die	INFANZIA		
Krise die, -en	CRISI	sterben, stirbt, ist gestorben	MORIRE MORTO
Pension die, -en (Rente)	PENSIONE	pensioniert	
Tod der	MORTE	tot	MORTI
(auf dem Land / in der Stadt) auf·wachsen, wächst auf, ist aufgewachsen	SVEGLIARE SVEGLIATI AUF'S LAND IN CITTÀ	damals	ALLORA ALL'EPOCA

Konflikte

Kompromiss der, -e	COMPROMESSO	streiten, hat gestritten	LITIGARE LITIGATO
Konflikt der, -e	CONFLITTO	respektlos	SENZA RISPETTO
einen Kompromiss finden, hat gefunden	TROVARE UN COMPROMESSO	meinetwegen	

RICHTUNG DIREZIONE
SONNIG DARUM PERTANTO
STÜRMIG DAHER IN QUESTO MOMENTO
REGNERISCH HIERMIT CON LA PRESENTE
WOLKIG EINWERFEN IMBUCARE
NEBLIG EILSENDUNG LETTERA VELOCE RACCOMANDATA
EISIG EINSCHREIBEN
GEWITTRICH WEGWERFEN SCARTARE
SORTIEREN DIVIDERE

14

SEPARAZIONE
ADDIO

Weitere wichtige Wörter

Abschied der, -e	ONGEDD
Aufforderung die, -en	INVITO / ISTRUZIONE
Aufmerksamkeit die, -en	PREMUROSITA / MERCINA PESANTE
Eigenschaft die, -en	CARATTERISTICA
Einfall der, ¨-e	CROLLO
Energie die, -n	ENERGIA
Fantasie die, -n	FANTASIA
Gedanke der, -n	PENSIERO
Hoffnung die, -en	SPERANZA
Kosename der, -n	AFFETTUOSO
Loch das, ¨-er	BUCO
Maus die, ¨-e	TOPO
Operation die, -en	OPERAZIONE
Privatsache die, -n	COSE PRIVATE
Raucher der, -	FUMATORE
Schatz der, ¨-e	TESORO
Seife die, -n	SAPONE
(Un)Zuverlässigkeit die	AFFIDABILITÀ

auf andere Gedanken kommen, ist gekommen	PENSIERO VENIRE GL...
an·sprechen, spricht an, hat angesprochen	TRATTARE / TRATTARE
befragen, hat befragt	INTERROGARE
übernehmen, übernimmt, hat übernommen	INCARICARE
aktiv	ATTIVO RICONOSCENTE
dankbar	RINGRAZIABILE
dieselb-	
einfallslos	SENZA CROLLO
eng	STRETTO
leicht	LEGGERO
nachdenklich	
rein	DENTRO
verletzt	FERITO
drinnen/draußen	DENTRO FUORI
übrigen	A PROPOSITO

Welche Wörter möchten Sie noch lernen?

Deutsch	Italienisch	Deutsch	Italienisch
DURCHGANG	PASSAGGIO	DURCHSAGEN	ANNUNCIO
VOTU	PER CUI	WEITERGEBEN	METERE
DURCHSCHNITT	MEDIA	AUSRICHTEN	RIFERIRE
VERABSCHIEDEN	CONGEDARE	EINRICHTUNG	ARREDAMENTO
ANLASS	OCCASIONE MOTIVO	EINRICHTEN	ARREDARE
ANSCHLIESSEN	ALLEGARE	VERANSTALTEN	EVENTO
LEITUNG	CONDUZIONE LINEA	VERANSTALTUNG	EVENTO
FESTANGESTELLT	POST. FISSO	TAG DER OFFENEN TÜR	
FESTSTELLE			
ABWISCHEN	CANCELLARE	ANNEHMEN	ACCETTARE
ANWESEND / ABWESEND	PRESENTE / ASSENTE	AUFNEHMEN	ACCOGLIERE

W Wiederholungsstationen

Wo steigen Sie ein? Was möchten Sie noch üben? Wählen Sie aus.

1 -ung, -er, -in
Schreiben Sie.

a	anmelden	die Anmeldung	f	kaufen	
b	üben		g	fahren	
c	einladen		h	empfehlen	
d	bestellen		i	schwimmen	der Schwimmer
e	wohnen				die Schwimmerin

2 Autoreifen, Autofahrer, Spielauto ...
Bilden Sie Wörter.

Amt • Apfel • Auto • Blumen • Brille • Bücher • Bus • Computer • Fahr- • Fahrer • Finanz- • Haus • Kleider • Meister • Mineral • Rad • Regal • Reifen • Saft • Schrank • Schreib- • Sonnen • Spiel • Strauß • Tisch • Wasser • Wohn- • Zimmer

3 Ergänzen Sie lich – ig – isch – los – bar – un.

a	kosten los	f	arbeits
b	les	g	sonn
c	glücklich	h	untrenn
d	wolk	i	höf
e	regner	j	ruhig

4 Ergänzen Sie einer, eins, eine, welche – keiner, ...

a	● Haben wir noch Bananen?	■ Nein, es sind keine mehr da.
b	● Ist noch ein Joghurt im Kühlschrank?	■ Ja, es ist noch _____ da.
c	● Brauchen wir noch Eier?	■ Nein, es sind noch _____ da.
d	● Sind noch Brezeln da?	■ Ja, aber nur noch _____ und die ist für Julia.
e	● Soll ich Nudeln kaufen?	■ Ja, denn wir haben _____ mehr.
f	● Brauchen wir noch Brötchen?	■ Nein, ich habe schon _____ gekauft.
g	● Soll ich noch einen Orangensaft mitbringen?	■ Ja bitte, wir haben _____ mehr.

5 Was für ... ?
Ergänzen Sie, wo nötig.

a	● Mama, ich will ein Haustier haben. ■ Was für ein Haustier möchtest du? ● Eine Katze.
b	◆ Guten Tag, Sie wünschen? ▲ Ich suche _____ günstigen Ball. ◆ Was für _____ Ball möchten Sie? ▲ _____ Fußball.
c	■ Kann ich _____ Eis haben? ▼ Was für _____ Eis? ■ _____ Schokoladeneis, ist doch klar!
d	▲ Wir brauchen wieder Formulare. ◆ Was für _____ Formulare? ▲ Anmeldeformulare.

einhundertsechsundfünfzig 156 Wiederholungsstationen

6 Ergänzen Sie.

a ● Was ist denn mit deiner rot**en** Jacke passiert?
■ Sie ist in einen Eimer mit weiß**er** Farbe gefallen und nun ist sie weiß.

b ▲ Und, wie gefällt dir dein neu**es** Auto?
▼ Nicht besonders. Es hat unbequem**e** Sitze, ein schlecht**es** Radio und eine hässlich**e** Farbe.
▲ Warum hast du es dir dann gekauft?
▼ Es hat nur 500 Euro gekostet. Bei dem niedrig**en** Preis konnte ich nicht Nein sagen.

c ● Und hier haben wir noch ein schön**es** Besteck mit groß**en** und klein**en** Löffeln für günstig**e** 49 Euro.
■ Ich weiß nicht, ich habe eher an ein billig**es**, bunt**es** Besteck aus Plastik gedacht.

d ● Schau mal, da drüben! Dieser alt**e** Bauernschrank würde gut in unser Schlafzimmer passen!
■ Meinst du? Also, ich mag lieber modern**e** Möbel.

7 Ergänzen Sie.

a Verkaufe gebraucht**e** Waschmaschine, 3 Jahre alt, in gut**em** Zustand.
b Suche gut**es**, klein**es** Zelt für 2 Personen.
c Günstig**e** Ferienwohnungen im Allgäu für 2 bis 6 Personen. Alle Wohnungen in wunderschön**er**, ruhig**er** Landschaft.
d Hotel in zentral**er** Lage von Bielefeld, preiswert**e** Wochenendangebote: zwei Übernachtungen zum Preis von einer. Gut**er** Küche.

8 Was ist richtig? Kreuzen Sie an.

	e	er	es	en	
a Schau mal, da steht ein rot**er**		X			Sessel.
b Ich suche einen Computer mit einem klein**en**				X	Bildschirm.
c Ich glaube, wir haben hier ein groß**es**			X		Problem.
d Gehört dir das rot**e**				X	Fahrrad?
e Gestern kam ein interessant**er**		X			Film im Fernsehen.
f Schau mal, die hübsch**en**				X	Kinderschuhe!
g Gibt es hier frisch**es**			X		Obst?
h Jetzt im Sonderangebot: neu**e**	X				Kartoffeln, das Kilo € 0,69!
i Ich glaube, ich nehme den rund**en**				X	Tisch hier.
j Mein klein**er**		X			Bruder ist erst drei!
k Ich kaufe nur gebraucht**e**				X	Autos.
l Ich kann mit dem neu**en**				X	Computer viel besser arbeiten.

W Wiederholungsstationen

9 Ergänzen Sie *so gut wie ... – besser als ... – am besten ...*

a gut
● Du hast doch das Fußballspiel gestern gesehen. Welche Mannschaft war denn ~~PRIMA~~ **SO GUT WIE** / BESSER
■ Also, Real Hueber war viel **BESSER ALS** Hueber United. Und der Spieler mit der Nummer 13 war **AM BESTEN**.

b gern
▲ Was isst du denn gern?
▼ Ich esse *gern* Pizza, aber noch **LIEBER** esse ich Spaghetti und am **AM LIEBSTEN** Pommes frites.

c schnell – billig
■ Wie komme ich **SO SCHNELL** in die Innenstadt? Ist es mit dem Taxi **SCHNELLER ALS** mit der U-Bahn?
◆ Die U-Bahn ist so **BILLIGER ALS** das Taxi, aber sie ist viel **AM BILLIGSTEN**.

d warm – kalt
● Und wie ist das Wetter bei euch so? **SO WARM WIE** / WÄRMER ALS
▲ Heute ist es **SO KALT WIE** gestern. Aber morgen soll es wieder **KÄLTER ALS** gestern werden. **SO WÄRMER WIE** WARM WÄRMER

10 Ergänzen Sie *mich – dich – sich – uns – euch*.

a ■ Kinder, könnt ihr *euch* jetzt bitte ausziehen und ins Bett gehen? GEH DU
● Wir haben **uns** doch schon ausgezogen. Schau, Mama! GEHT IHR GEHEN SIE
b ▲ Ist das anstrengend! Ich brauche eine Pause. AUSRUHEN RIPOSARE
● Gut, dann ruh **dich** jetzt ein bisschen aus.
c ▲ Kommst du mit ins Schwimmbad oder nicht?
◆ Ich weiß noch nicht. Ich fühle **mich** heute nicht so wohl. ÄRGER
d ◆ Was ist denn los? Warum ist Peter denn so sauer? ÜBER
▲ Er hat **sich** gerade über seinen Vater geärgert.

11 Schreiben Sie.

a ● Wie findest du diese Schuhe? – gefallen
■ *Prima, sie gefallen mir gut.*
b ▲ Ich suche die Kundentoilette. – helfen
▼ Können Sie bitte mir helfen, wo finde ich eine Kundentoilette / Welche Kundetoilette finde
c ■ Wie sehe ich in diesem Kleid aus? – stehen
◆ Naja, ich weiß nicht! Ich finde, es steht mir sehr gut / nicht gut
d ● Schau mal, da liegt eine Uhr. Ist das deine? – gehören
■ Oh, danke! Ja, die *gehört mir*
e ◆ Und wie war die Pizza, Kinder? – schmecken
▲ Super! Die hat schmecken sehr gut
f ● Hast du mal diese Hose anprobiert? – passen
■ Ja, aber sie passt mir gar nicht

12 Ergänzen Sie mir – dir – ihm – ihr – uns – ihnen.

a ● Hast du *ihr* das Geld schon zurückgegeben?
  ■ Ja, sie hat es schon bekommen.
b ▲ Hast du den Kindern etwas mitgebracht?
  ▼ Klar, ich habe **ihnen** tolle Spiele gekauft.
c ◆ Und wie feiert ihr Weihnachten?
  ▲ Ganz ruhig, in der Familie. Und wir schenken **uns** nichts zu Weihnachten.
d ▼ Markus hat nächste Woche Geburtstag. Was soll ich **ihm** denn schenken?
  ■ Schenk **ihm** doch eine DVD.
e ● Kannst du **mir** mal dein Handy geben?
  ▲ Einen Moment, ich gebe es **dir** gleich.

13 Sie ist angekommen ... Schreiben Sie.

Montag	Dienstag	Mittwoch	Donnerstag	Freitag	Samstag
ca. 10 Uhr Ankunft Beate: Bahnhof nachmittags Anruf: Kino → Kinokarten reservieren !!! abends Kinopalast: „Good Bye Lenin"	Museum: Eintrittskarten am Schalter abholen Café Lisboa und Stadtbummel	Lebensmittel für Picknick einkaufen Theater am Einlass „Frühlingserwachen"	!!! früh Finanzamt anrufen Schifffahrt Sonnensee: Abfahrt 10.45 Uhr, Ankunft Brodweil 11.30 Uhr, zurück: 16.25 Uhr	Auto bei Stefan abholen; Picknick am Brombacher Weiher	Beate → Hamburg; 13.30 Uhr Bahnhof

Am Montag um 10 Uhr ist Beate am Bahnhof angekommen. Wir haben erst mal viel geredet. Wie schön, endlich ist sie da! Nachmittags habe ich **angerufen**

14 Ist etwas passiert?
Ergänzen Sie *verpassen, passieren, telefonieren, erleben, beginnen, bekommen* in der richtigen Form.

a ● Hallo, Tim, wo warst du denn so lange. Ist etwas *passiert*?
  ▲ Tut mir leid, dass ich zu spät bin. Aber ich habe noch mit meiner Chefin **telefoniert**. Und dann habe ich auch noch die S-Bahn **verpasst**.
  ● Komm, wir müssen rein. Der Film hat schon **begonnen**.
b ■ Du schau mal, ich habe einen Brief von Julia **bekommen**.
  ▼ Und was hat sie geschrieben?
  ■ Na ja, sie hat auf ihrer Reise in Südamerika total viel **erlebt**. Aber lies selbst!

15 Früher wollte Max ... Heute will Max ...
Ergänzen Sie *können, müssen, wollen, haben, sein* in der richtigen Form.

Früher ...   Heute ...
a *wollte* er Fußballer werden.   **will** er Professor an einer Universität werden.
b **hatte** er viel Freizeit.   **hat** er nur noch wenig Freizeit.
c **war** er abends oft in Diskotheken.   **ist** er abends meist zu Hause.
d **wollte** er lange Reisen machen.   **will** er nur noch Kurzurlaube machen.
e **konnte** er nur Geld für sich selbst verdienen. **kann** er das Geld für die ganze Familie verdienen.

W Wiederholungsstationen

16 Sie sollten ...
Schreiben Sie.

a Am Wochenende ist sehr viel Verkehr auf der Autobahn. Nehmen Sie den Zug.
   Sie sollten den Zug nehmen.

b Augsburg ist eine schöne Stadt. Besuch sie mal.
   SIE SOLLTEN MAL AUGSBURG BESUCHEN

c In zwei Wochen ist Stadtfest in Lamstein. Geht doch auch hin!
   SIE SOLLTEN DOCH AUCH HINGEHEN

17 Ergänzen Sie *hätte – wäre – würde*.

a Marion sitzt zu Hause und macht Hausaufgaben, aber sie *wäre* lieber im Schwimmbad.
b Paul hat keinen Hund, aber er *hätte* gern einen Hund.
c Leonie muss mit ihren Eltern wandern gehen, aber sie *würde* lieber mit einer Freundin spielen.
d Florian muss sein Zimmer aufräumen, aber er *wäre* lieber auf dem Fußballplatz.
e Julian hat kein Handy, aber er *hätte* gern eins.
f Marlene geht zu Fuß zu ihrer Oma, sie *würde* aber lieber mit dem Rad fahren.

18 Die Karte wird zurückgegeben ...
Schreiben Sie.

So funktioniert ein Geldautomat:

a EC-Karte in den Geldautomaten stecken — *Die EC-Karte wird in den Geldautomaten gesteckt.*
b Geheimzahl eintippen — DIE GEHEIMZAHL WIRD EINGETIPPT
c grüne Taste „Bestätigung" und die Taste „Auszahlung" drücken — DIE TASTE GRÜNE WIRD BESTÄTIGT UND DIE TASTE AUSZAHLUNG WIRD GEDR
d Geldbetrag wählen — DAS GELDBETRAG WIRD AUSGEWÄHLT
e grüne Taste noch einmal drücken — DIE TASTE GRÜNE WIRD NOCH E GEDR
f Der Automat gibt die Karte zurück. — *Die Karte wird zurückgegeben.*
g Der Automat gibt das Geld heraus. — DAS GELD WIRD HERAUSGEGEBEN
h Geldscheine in den Geldbeutel stecken — DIE GELDSCHEINE WERDEN IN DEN GELDB GESTECKT

19 Schreiben Sie Sätze mit *lassen*.

reparieren • machen • wechseln • ausstellen • schneiden

a ● Papa, mein Fahrrad ist kaputt.
   ■ Oh je, wir müssen es *reparieren lassen.*

b ● Deine Haare sehen nicht gut aus! Du musst sie SCHNEIDEN LASSEN

c ▲ Wissen Sie, wo man hier Passbilder bekommt?
   ■ Gehen Sie zu Foto Schulz. Da können Sie welche machen lassen

d ▲ Die Autoreifen sind schon sehr alt.
   ▼ Du solltest sie WECHSELN LASSEN

e ◆ Ich habe meine EC-Karte verloren.
   ■ Sie können sich eine neue ausstellen lassen.

20 Ergänzen Sie rein – raus – runter – rauf – rüber.

a Toni, geh bitte schnell zur Nachbarin *rüber* und bitte sie um ein bisschen Zucker.
b Kinder, kommt bitte REIN. Es ist jetzt zu kalt draußen.
c Julian, bist du verrückt? Komm bitte sofort vom Baum RUNTER! Das ist doch gefährlich.
d Der Regen hat aufgehört. Komm, wir gehen RAUS und fahren ein bisschen Fahrrad.
e Kommt doch auch RAUF. Hier vom Balkon aus hat man einen wunderbaren Blick.

21 Ergänzen Sie worüber, darüber, wofür, dafür, worauf, darauf, wovon, davon.

a ■ Und *wofür* interessierst du dich?
  ◆ DARÜBER Politik und Geschichte.
  ■ Schön, denn DAFÜR interessiere ich mich auch sehr.
b ● Sollen wir noch in eine Kneipe gehen? Oder WORAUF hast du jetzt Lust?
  ▲ Ich hätte Lust DARAUF ein EN Spaziergang.
  ● Nein, also DARAUF habe ich jetzt keine Lust. Es ist viel zu kalt draußen.
c ▼ WORÜBER habt ihr denn noch so lange gesprochen?
  ▲ ÜBER unsere Arbeit.
d ◆ Und WOVON träumst du?
  ● VON eine Woche Urlaub ohne Telefon und E-Mails.
e ■ Was ist denn los? WORÜBER ärgerst du dich denn so?
  ▼ DARÜBER der Brief hier. Lies mal.

22 Ergänzen Sie.
Im Urlaub will ich …
a … mich nicht mehr *über* meine Arbeit ärgern.
b … nicht AN meinen Chef denken.
c … mich MIT meinen Freunden treffen.
d … mich endlich mal wieder MIT meinen alten Schulfreunden verabreden.
e … mich nicht UM den Haushalt kümmern.

23 Ergänzen Sie.
a ■ Sind deine Eltern denn mit deinen Noten nicht zufrieden?
  ◆ Nein, überhaupt nicht.
b ● Kommst du mit uns zum Joggen?
  ▲ Nein danke. Ich habe heute keine Lust auf anstrengenden Sport. Es ist viel zu heiß! Ich gehe lieber spazieren.
c ■ Sag mal, kennst du den Mann da vorn? Den mit der Jeans und dem schwarzen Pullover?
  ▼ Ja, ich kenne ihn, aber ich erinnere mich im Moment nicht an seinen Namen.
d ■ Wo würdest du denn gern wohnen?
  ◆ Ach, ich träume von einem Häuschen im Grünen.
e ▲ Kommen Sie mit zum Bus?
  ◆ Nein, ich warte hier noch auf meine Freundin.

W Wiederholungsstationen

24 Wo? – Wohin?
Ergänzen Sie *an – auf – in – zwischen*.

a ■ Haben Sie meine Brille gesehen?
● Ja, sie liegt dort ...auf dem... Tisch.

b ▲ Hast du meinen schwarzen Pullover gesehen? Er hat gestern noch hier _____ Sofa gelegen.
▼ Ja, ich habe ihn __IN DEN__ Schrank gelegt.

c ■ Wer hat denn dieses schreckliche Foto dort __AN DER__ Wand gehängt?
◆ Ich. Ich finde es schön.

d ● Und wohin soll ich die Stehlampe stellen?
▲ Stell sie doch __ZWISCHEN__ Bett und __DEN__ Schreibtisch. Da brauchst du sie am meisten.

e ■ Wo ist denn die Katze?
◆ Schau mal in die Küche. Sie liegt dort am liebsten in der Ecke __AUF DEM__ Teppich.

25 Wo? – Wohin? – Woher?
Ergänzen Sie.

a Im Urlaub waren wir ...in den... Alpen, __AN DEM__ Bodensee, __IN__ Italien, __AUF DER__ Insel Mallorca, __IN DER__ Türkei, __BEI__ meinen Eltern, __IN DER__ Land, __IN__ Norden, __ZU__ Hause.

b Heute Abend gehe ich … __INS__ Kino, __ZUM__ meinem Freund, __INS__ Restaurant, __NACH__ Hause.

c Sie kommt gerade … __VOM__ Arzt, __AUS__ Büro, __VOM__ Strand, __VON__ ihrer Schwester, __AUS DEM__ Restaurant, __VOM__ Gebirge, __AUS__ Österreich.

26 Wo ist …? Wie komme ich …?
Ergänzen Sie *gegenüber – an … vorbei – durch – entlang – um … herum – über – bis zu*.

a ■ Entschuldigung. Wo ist denn das Stadttor-Kino bitte?
▲ Gehen Sie immer diese Straße ...entlang... . Am Ende sehen Sie den Bahnhofsplatz. Gehen Sie __DURCH__ den Bahnhofsplatz und dann gleich die nächste Straße links __BIS ZU__ der nächsten Kreuzung. Da sehen Sie dann schon das Kino.

b ■ Wenn du zum Supermarkt fährst, kommst du doch __AN__ der Post __VORBEI__. Da könntest du mir doch bitte Briefmarken mitbringen.
◆ Wo ist da eine Post?
■ In der Bergstraße, direkt __GEGENÜBER__ dem großen Kino.
◆ Ach ja. Klar mach ich das. Wie viele brauchst du denn?

c ▼ Wenn ich zum Flughafen möchte, muss ich dann __DURCH__ die ganze Stadt fahren?
▲ Nein, das dauert viel zu lange. Fahr lieber auf der Autobahn __UM__ die Stadt __HERUM__. Das geht viel schneller.

27 *Ohne – von ... an – über*
Wie können Sie noch sagen? Ergänzen Sie.

a Die Zugfahrt von Berlin nach München dauert mehr als fünf Stunden. → Sie dauert *über* fünf Stunden.
b Ab 1.11. fahren keine Schiffe mehr auf dem Tegernsee. → Von 1.11. an fahren keine Schiffe mehr.
c Er fährt nur mit seiner Familie in Urlaub. → Er fährt nie ohne seine Familie in Urlaub.
d Wir waren drei bis vier Stunden unterwegs. → Wir waren über drei Stunden unterwegs.
e Der neue Fahrplan gilt ab Januar. → Von Januar an gilt der neue Fahrplan.

28 Ergänzen Sie *weil, denn* oder *deshalb*.

a ● Warum bist du gestern nicht gekommen? ■ *Weil* ich krank war.
b Ich brauche eine Pause. Deshalb mache ich einen kleinen Spaziergang.
c Ich bin zu spät gekommen, denn mein Bus hatte Verspätung.
d ◆ Warum weinst du? ▲ Weil ich meine Puppe verloren habe.
e Ich kann mir kein Eis kaufen, denn ich habe kein Geld dabei.
f Ich habe leider kein Auto mehr. Ich komme deshalb mit der U-Bahn.

29 *deshalb – weil – trotzdem – wenn*
Kreuzen Sie an.

a Ich habe zu wenig geschlafen. Deshalb bin ich noch so müde.
b Ich muss jetzt ein Geschenk kaufen, weil meine Mutter Geburtstag hat.
c Ich hole Geld am Geldautomaten, weil die Bank geschlossen ist.
d Ich freue mich, wenn du kommst.
e Ich bin sauer, weil du immer zu spät kommst.
f Ich habe eigentlich keine Zeit mehr. Trotzdem helfe ich dir noch schnell.

	a	b	c	d	e	f
deshalb	x					
weil		x	x			
trotzdem						x
wenn				x		

30 Ergänzen Sie *wann – was – wo – wie viele – wie lange – warum*.

a Kannst du mir sagen, *warum* du nicht gekommen bist?
b Ich möchte wissen, wann das Konzert endlich beginnt!
c Wissen Sie, wo hier ein Geldautomat ist?
d Ich frage mich, wie lange die Fahrt noch dauert.
e Können Sie mir bitte sagen, was ich hier eintragen muss?
f Es würde mich interessieren, wie viele Menschen in dieser Stadt wohnen.

31 *dass* oder *ob*?
Was ist richtig? Kreuzen Sie an.

a Ich glaube, ☒ dass ☐ ob es bald regnet.
b Ich habe gefragt, ☐ dass ☒ ob der Bus bald kommt.
c Kannst du mir sagen, ☐ dass ☒ ob wir noch genug Geld haben?
d Ich wünsche mir, ☒ dass ☐ ob du bald wiederkommst.
e Ich habe nicht gewusst, ☒ dass ☐ ob du schon 18 Jahre alt bist.
f Ich frage mich, ☐ dass ☒ ob sie den richtigen Weg findet.

8 FOKUS Alltag — Medien im Alltag

1 Medien im Alltag

a Worüber sprechen die Leute? Hören Sie fünf Gespräche. Welches Gespräch passt zu welchem Bild? Ergänzen Sie.

A 3

Metropol
Novemberkind 20:30
Erste Küsse   21:00
Effi Briest   22:00

B ☐

Lokale Radiosender

Filme im Kino

C ☐

20:00 Időjárás-jelentés
20:10 Tűzvonalban
       (magyar tévéfilmsorozat, 10. rész)
22:15 Az Este – Péntek
       Benne: Híradó
23:15 Telesport – Bajnokok Ligája
       labdarúgó mérkőzés

Ausländische Fernsehsender

D ☐

Nachrichten im Fernsehen

E ☐

Sportzeitschriften

b Was möchten die Leute sehen, lesen oder hören? Ordnen Sie zu und hören Sie dann noch einmal.

Gespräch 1   Berichte über internationalen Fußball
Gespräch 2   Erste Küsse, 21 Uhr im Metropol
Gespräch 3   Nachrichten im Ersten um acht
Gespräch 4   Nachrichten aus der Region
Gespräch 5   Ungarisches Fernsehen über Kabel oder Satellit

2 Was passt? Ordnen Sie zu.

1 Wo läuft der Film „Erste Küsse"?
2 Ich suche eine Zeitung mit dem Freizeitprogramm für Sonntag.
3 Wie wird denn das Wetter heute Abend bei uns?
4 Wo gibt es im Fernsehen gute Kinderprogramme?
5 Und wann fängt der Spätfilm im Kapitol-Kino an?
6 Auf welchem Sender kommt der „Tatort"?
7 Welche Zeitung berichtet über das Fußballspiel von gestern?

3 a Keine Ahnung. Aber mach mal das Lokalradio an. Da kommen gleich Nachrichten.
  b Ich weiß nicht, ich glaube im Ersten oder auf WDR 3. Ich schau mal nach.
  c Im Metropol-Kino. Er fängt um 21 Uhr an.
  d Ich glaube, da gibt es einen Bericht im Traunstedter Tagblatt.
  e Um 23 Uhr – da müssen wir jetzt bald los! Es ist schon halb elf.
  f Nehmen Sie die Rasthofer Presse, die hat einen Extra-Teil für das Wochenende.
4 g Im Kinderkanal. Da gibt es auch keine Werbung.

3 Wählen Sie eine Situation und spielen Sie.

Sie sind in einem Zeitschriftenladen und möchten eine Modezeitschrift kaufen.

Sie möchten am Samstag ins Kino gehen. Sie möchten wissen, welche Filme laufen.

Sie haben am Freitagabend noch nichts vor. Sie schauen gern Quizshows im Fernsehen.

Sie möchten sich informieren, wie bei Ihnen das Wetter am Wochenende wird.

Sich über Medien informieren
Auf welchem Sender kommt ...   Ich suche ...   Wo läuft ...?
Wann fängt ... an?   Welche Zeitung ... ? Gibt es ... ?

▸ PROJEKT

Computer und Internet

FOKUS Alltag 8

1 Computer und Internet: Sprechen Sie.

Haben Sie einen Computer? Haben Sie Internet?
Wenn ja: Wofür nutzen Sie den Computer?
Und das Internet?

spielen • Mails schreiben • telefonieren • arbeiten • ...

Also ich habe Internet. Meistens chatte ich mit Freunden.

Ich schreibe nur Mails an meine Freunde in ...

2 Zeichen auf dem Bildschirm

a Was bedeuten die Zeichen unten? Ordnen Sie die Sätze zu.

Hier können Sie ...

1 sehen, wie der Text gedruckt aussieht.
2 Ihre Datei (Text/Bild) auf Festplatte speichern.
3 Ihren Text oder Ihr Bild ausdrucken.
4 Ihren Text oder Ihr Bild ausschneiden/kopieren.
5 einen Text oder ein Bild öffnen.
6 Texte oder Textteile an einer anderen Stelle wieder einfügen.
7 In diesem Menü können Sie Ihre Texte individuell gestalten.

b Was kennen Sie schon? Welche Zeichen finden Sie noch wichtig? Zeichnen und erklären Sie.

3 Sicherheit für Ihre Daten und im Internet.

a Lesen Sie die Tipps und ordnen Sie zu.

1 Vorsicht: Nicht jede Mail öffnen
2 Wichtige Daten immer speichern
3 Nicht ohne Antiviren-Programm ins Internet

> **So ist Ihr Computer sicher!**
> ☐ Sichern Sie Ihre wichtigen Dateien und Bilder auf dem Computer und auf einem anderen Medium, z.B. Memorystick, externe Festplatte oder CD-ROM. Wenn der Computer kaputtgeht, sind alle Daten weg.
> ☐ Wichtig fürs Internet oder für E-Mails: Sie brauchen ein Anti-Viren-Programm. Ohne ein Anti-Viren-Programm sind Ihre Programme und Daten schnell kaputt.
> ☑ Wichtig für E-Mails: Öffnen Sie keine E-Mails, wenn Sie sich nicht sicher sind. Kriminelle wollen Ihre Daten (Adresse, Telefon, Bankverbindung) und Ihr Geld.

b Irina Korschunowa hat fünf E-Mails bekommen. Welche E-Mails sollte sie nicht öffnen? Kreuzen Sie an.

c Welche E-Mails sind gefährlich? Was kann passieren? Sprechen Sie.

| Ich kenne den Namen nicht. Dann öffne ich die Mail nicht. | Die Bank fragt in einer E-Mail nicht nach einer PIN-Nummer. Die ist geheim. | Wenn man nicht sicher ist: Lieber nicht öffnen. |

9 FOKUS Alltag — Ein Rücksendeformular verstehen / ein Abonnement kündigen

1 Hilfe! Die Jacke ist viel zu groß!

Isolde Grau hat beim Heidl-Versand eine Jacke bestellt.
Sie möchte die Jacke aber nicht kaufen und schickt sie deshalb zurück.

a Füllen Sie das Rücksendeformular für Isolde Grau aus:
 Welche Nummer muss sie eintragen?
b Was muss Isolde mit diesem Formular machen?

Rücksendung an HEIDL VERSAND
Postfach, 76114 Freiburg

Kunde: *Isolde Grau* Kunden-Nr.: 3786 3547 90
Langer Weg 12
41517 Grevenbroich

Artikelbezeichnung:	Bestell-Nr.:	Größe	Menge	Warenwert:
Jacke grün	153 193 2	(42)	1	65,90

Legen Sie diesen Schein bitte Ihrer Rücksendung bei! Danke!

Bitte hier die Nummer Ihres Rücksendegrundes eintragen ➤ **21**

Rücksendegrund

Qualität	Artikel beschädigt / zerbrochen	12
	Materialfehler	13
Artikel passt nicht	zu weit / zu groß / zu lang	21
	zu eng / zu klein / zu kurz	31
Katalogabbildung	Artikel anders als beschrieben / abgebildet	41
Lieferung / Bestellung	zu spät / falsch geliefert	51
	falsch bestellt	61
Artikel gefällt nicht		71

2 Viel zu viele Zeitungen!

Hermann Grau hat seit zwei Jahren eine Tageszeitung abonniert. Nun ist ihm das zu teuer.
Er bestellt das Abonnement ab. Ergänzen Sie den Brief.

Sehr geehrte Damen und Herren • Bitte bestätigen Sie mir diese Kündigung. •
Kündigung Abonnement / Kundennummer 23.0987 • Mit freundlichen Grüßen •
hiermit kündige ich mein Abonnement, Kundennummer 23.0987 zum nächstmöglichen Termin.

Hermann Grau · Langer Weg 12 · 41517 Grevenbroich

Grevenbroicher Abendblatt
Am Markt 12
41515 Grevenbroich

Grevenbroich, 12.04. ...

Sehr geehrte Damen und Herren, ich möchte mein Abonnement kündigen. Kundennummer 23.0987.

Bitte bestätigen Sie mir diese Kündigung.

Mit freundlichen

Hermann Grau

FOKUS Alltag 9

Ein Kaufvertrag

1 Herr Mazzulo ist im Elektrogeschäft Zenit. Hören Sie das Gespräch.

a Was kauft Herr Mazzulo? Kreuzen Sie an.

einen Fernseher ☐   eine Waschmaschine ☐   eine Spülmaschine ☐

b Ergänzen Sie den Vertrag.

ELEKTRO ZENIT ELEKTRO ZENIT ELEKTRO ZENIT ELEKTRO ZENIT

Kaufvertrag KV 5839

Verkäufer: *Dennis Butnikowski*
Käufer: *Ricardo Mazzullo*
Lieferadresse: *Tellstr. 5, 90409 Nürnberg*
Telefon tagsüber:
Mobiltelefon:

Kaufgegenstand:

Lieferung: ☐ Ja ☐ Nein   Preis: ....
Tag/Uhrzeit: wird telefonisch vereinbart.
Selbstmontage: ☐ Ja ☐ Nein
Anschluss/Aufstellen des Geräts: ☐ Ja ☐ Nein
Abholung Altgerät: ☐ Ja ☐ Nein

Preis:
Anzahlung:
Restzahlung: bei Anlieferung ....
Zahlungsmodalität: ☐ bar ☐ per Nachnahme ☐ Überweisung
 ☐ Kreditkarte ☐ EC Karte

Datum / Unterschrift Käufer   Datum / Unterschrift Verkäufer

2 Welche Sätze passen? Ordnen Sie zu.

a Zahlungsmodalitäten
b Anzahlung *acconto*
c Restzahlung
d Lieferadresse
e Selbstmontage
f Abholung Altgerät
g Lieferzeit

1 Sie müssen jetzt gleich ... Euro zahlen. Den Rest dann später.
2 Bauen Sie das Gerät selbst auf?
3 Und ... Euro zahlen Sie, wenn wir liefern.
4 Wie bezahlen Sie? Bar oder per Kreditkarte?
5 Sollen wir Ihr altes Gerät mitnehmen?
6 Und wohin sollen wir liefern?
7 In zwei bis drei Wochen liefern wir die/das/den ...

3 Rollenspiel: im Elektrogeschäft

Sie sind im Elektrogeschäft Zenit und kaufen eine Waschmaschine, einen Fernseher, ein DVD-Player ...
Spielen Sie die Gespräche. Die Sätze/Wörter in Aufgabe 2 helfen Ihnen.

| Sie kaufen eine Waschmaschine / einen Fernseher / einen DVD-Player ... | Sie sind der Verkäufer / die Verkäuferin. |

einhundertsiebenundsechzig **167** LEKTION 9

10 FOKUS Alltag — Ämter und Behörden

1 Lesen Sie den Text und ergänzen Sie.

Das ist Gülseren Yilmaz. Sie ist 23 Jahre alt und in Trabzon geboren. Als Jugendliche hat sie schon mal in Österreich gelebt. Dann war sie wieder einige Jahre lang in der Türkei und hat dort auch ihren Führerschein gemacht. Seit sieben Monaten lebt und arbeitet sie in Erfurt. Frau Yilmaz weiß noch nicht, dass sie in Deutschland mit ihrem türkischen Führerschein nur sechs Monate lang fahren darf.

Name: *Gülseren Yilmaz*
Alter: SIE IST 23 JAHRE ALT
Wo geboren? TRABZON
Wo Führerschein gemacht? IN DER TÜRKEI
Aktueller Wohnort? SIE WOHNT IN ERFURT
Seit wann? SIE LEBT IN DEUTSCHLAND SEIT 7 MONATEN

SEIT SIEBEN MONATEN LEBT IN DEUTSCHLAND

2 Kein guter Tag für Gülseren! Hören Sie Gespräch 1. (CD3 32)

a Was ist passiert? Was ist richtig? Kreuzen Sie an.

1. ☐ Gülseren hat keinen Führerschein.
   ☐ Gülserens Führerschein ist nicht mehr gültig.

2. ☐ Sie muss eine Strafe zahlen.
   ☐ Sie muss auf die Meldebehörde.

3. ☐ Sie darf weiterfahren.
   ☐ Sie muss sofort zur Polizeistation fahren.

b Die Polizistin ist nicht sehr freundlich zu Gülseren Yilmaz. Was kann Frau Yilmaz in dieser Situation sagen?

> Na hören Sie mal, wie reden Sie denn mit mir? Das kann man auch höflich sagen.

☒ Warum sind Sie so unhöflich zu mir?
☐ Das habe ich nicht gewusst!
☐ Seien Sie doch nicht so unfreundlich.
☐ Warum sprechen Sie nicht mit mir?
☐ So ein Quatsch.
☐ Sie könnten auch etwas freundlicher sein.
☐ Das stimmt doch nicht.

FOKUS Alltag 10

3 Hören Sie Gespräch 2. Ordnen Sie zu.

ein Problem • gilt nicht mehr • Wo muss • deutschen Führerschein

a Ich habe ....
b Mein türkischer Führerschein
   ....
c Ich brauche einen ....
d Was muss ich tun?
   .... ich hin?

4 Hören Sie Gespräch 3. Gülseren Yilmaz muss ihren türkischen Führerschein „umschreiben" lassen.

a Muss Herr Schnabel Frau Yilmaz beraten? Kreuzen Sie an.
   ☐ Für öffentliche deutsche Behörden gibt es eine „Beratungspflicht", das heißt: Herr Schnabel muss Frau Yilmaz beraten.
   ☐ Nein, er muss sie nicht beraten, denn Frau Yilmaz kann sich auch im Internet informieren.

b Was braucht sie alles? Markieren Sie.

   eine Anmeldebestätigung der Fahrschule •
   eine Bestätigung der Volkshochschule •
   ihren Pass • die Erlaubnis des Arbeitgebers •
   ein Passfoto • Geld • ein Familienfoto •
   den „Deutsch-Test für Zuwanderer" •
   eine Übersetzung des Führerscheins ins Deutsche •
   ihren alten Führerschein • die Versicherungsnummer

5 Was passt? Kreuzen Sie an.

a Ich möchte …
   ☐ die Frist
   ☐ das Passfoto   verlängern.
   ☐ den Führerschein

b ☐ Die Information
   ☐ Der Pass   ist ungültig.
   ☐ Der Führerschein

c Wo kann ich den Führerschein ☐ abgeben?
                                 ☐ umschreiben lassen?
                                 ☐ anmelden?

▶ PROJEKT

11 FOKUS Alltag Gebrauchtwagenkauf

1 Rund ums Auto. Ordnen Sie zu.

☐ das Autokennzeichen ☐ die Zulassungsbescheinigung ☐ die Zulassungsbescheinigung
[1] der Kaufvertrag   Teil II (Fahrzeugbrief)   Teil I (Fahrzeugschein)
                          ☐ Anzeige im Kfz-Markt   ☐ der Werbeprospekt

**2 Bernardo möchte ein gebrauchtes Auto kaufen. Was muss er tun?
Bringen Sie die Schritte beim Autokauf in die richtige Reihenfolge.**

☐ Wenn er das Auto kaufen möchte, macht er mit dem alten Besitzer einen Kaufvertrag. Wichtig: Der Besitzer muss ihm auch die Zulassungsbescheinigung
Teil II (Fahrzeugbrief) übergeben.

[4] Als Autobesitzer muss er seinen Pkw versichern. Die Preise der Versicherungen
können aber recht unterschiedlich sein. Er sollte deshalb die Angebote der einzelnen
Versicherungen vergleichen.

☐ Er sollte Kontakt mit dem Besitzer aufnehmen und einen Besichtigungstermin
vereinbaren. Er sollte auch, wenn möglich, eine Probefahrt machen und auch darauf
achten, wie lange das Auto noch TÜV hat.

☐ Die Zulassungsstelle stellt ihm dann die Zulassungsbescheinigung Teil I
(Fahrzeugschein) aus. Außerdem erhält er dort auch das Kennzeichen.

[1] Zuerst sucht er ein passendes Auto. Zum Beispiel kann er die Anzeigen im Kfz-Markt
einer Zeitung lesen. Natürlich kann er auch zum Autohändler gehen.

☐ Als Nächstes muss er das Auto anmelden. Dafür geht er zur Zulassungsstelle.
Er sollte die Zulassungsbescheinigung Teil II (Fahrzeugbrief), seinen Personalausweis,
Geld für die Gebühren und die Papiere der Autoversicherung mitbringen.

3 Haben Sie schon selbst ein gebrauchtes Auto gekauft? Oder ein Fahrrad? Erzählen Sie.

> Ich habe vor ein paar Monaten ein Auto gekauft. Ich habe die Anzeigen in der Zeitung gelesen.

> Also, ich habe kein Auto. Aber ich würde gern eins kaufen, aber nur bei einem Autohändler.

> Ich habe für die Kinder Fahrräder gekauft. Die waren gebraucht, aber sie sind völlig in Ordnung.

▶ PROJEKT

FOKUS Alltag 11

Einen Unfallhergang schildern

1 Was ist Lisa passiert? Lesen Sie. Welches Bild passt? Kreuzen Sie an.

Hallo Kerstin,
tut mir leid, dass ich mich erst heute melde. Du glaubst nicht, was mir passiert ist: Gestern wollte ich zum Einkaufen in die Stadt fahren. An einer Kreuzung musste ich anhalten. Die Ampel war rot. Dann hat die Ampel auf Grün geschaltet. Ich bin angefahren, da hat das Auto vor mir plötzlich gebremst: Eine Katze ist über die Straße gelaufen. Ich konnte natürlich nicht mehr bremsen oder ausweichen und bin auf das Auto aufgefahren. So ein Mist! Du kannst Dir denken, dass ich jetzt jede Menge Ärger habe: Versicherung informieren, Auto in die Werkstatt bringen ...
Aber zum Glück ist es ja nur ein Blechschaden. Der Frau in dem anderen Auto, der Katze und mir geht es gut. Sehen wir uns morgen im City Dance?
Liebe Grüße
Lisa

2 Was ist richtig? Lesen Sie noch einmal und kreuzen Sie an.

a Die Ampel hat auf Grün geschaltet.
Die Ampel ⊠ hat von Rot zu Grün gewechselt. ☐ ist Grün geblieben.

b Ich bin angefahren.
Ich bin ⊠ langsam losgefahren. ☐ schnell gefahren.

c Ich bin auf das Auto aufgefahren.
Ich bin ☐ auf das Auto links/rechts gefahren. ⊠ auf das Auto vor mir gefahren.

d Es ist ein Blechschaden.
☐ Personen sind verletzt. ⊠ Das Auto ist kaputt.

3 Was erzählen die Leute dem Polizisten? Ordnen Sie zu.

Ich wollte parken. Die Parklücke war sehr klein. Da habe ich das Auto neben mir gestreift. ☐

Ein Radfahrer ist ohne Licht aus einem Hof gekommen. Es war schon dunkel. Deshalb konnte ich den Radfahrer nicht sehen und habe sein Vorderrad gestreift. ☐

Ich war Richtung Stadtmitte unterwegs. An der Straße haben Autos geparkt. Plötzlich hat ein Autofahrer die Tür aufgemacht. Ich konnte nicht mehr ausweichen. ☐

Ich bin mit dem Fahrrad von rechts gekommen, ich durfte also fahren. Der andere Radfahrer hat aber nicht angehalten. Deshalb sind wir zusammengestoßen. ☐

1 2 3 4

4 Was sagen Sie dem Polizisten? Sprechen Sie.

ein Radfahrer vor mir plötzlich bremsen →
nicht mehr anhalten können →
das Hinterrad vom Fahrrad streifen

mit dem Rad nach Hause fahren →
anderer Radfahrer ohne Licht von rechts kommen → zusammenstoßen

auf der Autobahn fahren → das Stauende nicht sehen → auf einen Lkw auffahren

durch einen Wald fahren → plötzlich ein Hase über die Straße laufen → ausweichen wollen → an einen Baum fahren

12 FOKUS Alltag — Ein Antragsformular

Samira geht ab September in die Gesamtschule und braucht eine Schülermonatskarte. Ihre Mutter füllt das Formular aus.

1 Hören Sie ein Gespräch zwischen Samira und ihrer Mutter und ergänzen Sie das Formular.

Bestellschein – Kundenkarte für Schüler

Persönliche Angaben
[x] Frau [ ] Herr
Name, Vorname: AYED SAMIRA
Straße, Hausnummer: SONNENALLEE 124
PLZ, Ort: 12047 BERLIN

Ausbildungsstelle / Schule
Ausbildungsstelle: ORANIEN GESAMTSCHULE
Straße, Hausnummer:
PLZ, Ort:

Angaben zu Tarif und Geltungsdauer*
[ ] Ausbildungstarif I (bis 14 Jahre)
[ ] Ausbildungstarif II (ab 15 Jahre)
Geltungsdauer: von 20 bis 31.07.20

Fahrtstrecke*
von Haltestelle: PANNIERSTR.   zu Haltestelle: MORITZPLATZ
Umsteigehaltestelle: HERMANNPLATZ
[ ] S-Bahn:
[ ] U-Bahn:
[ ] Bus:

Berlin 12.7.09 HANNEN AYED
Ort, Datum, Unterschrift   Stempel der Ausbildungsstelle   * Zutreffendes bitte ankreuzen

2 Frau Ayed möchte ihrer Nichte ein *Tierfreund*-Abonnement zum Geburtstag schenken. Füllen Sie das Formular aus.
Geltungsdauer • Auftraggeber • Zahlungsart • Lieferadresse

Werden Sie ein TIERFREUND

[ ] Probe-Abo (3 Monate zum Preis von nur € 14.95)   [ ] Geschenk-Abo (1 Jahr zum Preis von € 85,-)

Name: Ayed   Name: Ayed
Vorname: Hannen   Vorname: Anna
Straße, Hausnummer: Sonnenallee 124   Straße, Hausnummer: Salimenstraße 17
PLZ, Ort: 12047 Berlin   PLZ, Ort: 99094 Erfurt

Geltungsdauer von 01.09 bis 01.12.20
[ ] per Rechnung [ ] per Bankeinzug

→ PROJEKT

FOKUS Alltag 12

Eine Buchungsbestätigung

1 **Herr Torello möchte mit seiner Frau nach Salzburg fahren.**
Lesen Sie den Prospekt und das Buchungsformular.
Was ist richtig? Kreuzen Sie an.

a Herr Torello macht die Reise nach Salzburg mit seiner Frau Silvana. ☐
b Herr und Frau Torello möchten beide in das Mozarthaus gehen. ☐
c Herr Torello muss für sich und seine Frau insgesamt 74.- € zahlen. ☐
d Herr Torello kann die Reise telefonisch buchen. ☐

Salzburger Christkindlmarkt

Genießen Sie einen romantischen Spaziergang durch die Mozartstadt Salzburg. Sie haben auch die Möglichkeit, eine Führung durch das Mozarthaus (6.- €) oder eine Stadtrundfahrt (9.- €) zu buchen. Schriftliche Anmeldung bitte bis spätestens 24.11.

Veranstalter: Brunner - Reisen
Kategorie: Advent & Weihnachten, **Ziel:** _Salzburger Christkindlmarkt_
Termine: ☒ 2.12.   ☐ 3.12.   ☐ 4.12.

Hinweis für Ihre Anmeldung
Mit dem folgenden Formular erstellen Sie eine verbindliche Reiseanmeldung. Geben Sie Ihre Anmeldedaten vollständig an.

Abfahrtsort: München Hbf (nördlicher Ausgang)   **Abfahrtszeit:** 8:00 Uhr   **Rückkehr:** ca. 20:00 Uhr

ANMELDUNG

	Kontakt	Adresse/Telefon
Reisende/r:	_Torello, Giancarlo_	_Baldestr. 6, 80469 München / 089-2015697_
Reisende/r:	_Torello, Silvana_	

Zusatzleistungen*

☒ Stadtrundfahrt (9.- €)   Anzahl Personen: _2_
☒ Führung Mozarthaus (6.- €)   Anzahl Personen: _1_   * bitte ankreuzen

Preis: 22.- € (pro Person, Busfahrt ab München Hbf bis Salzburg Hbf) plus Zusatzleistungen

Alle Preise pro Person. Änderungen und Irrtümer vorbehalten. Bitte beachten Sie die Zusatzleistungen.
Keine Garantie auf Verfügbarkeit. Es gelten die Reisebedingungen des Reiseveranstalters.

2 **Herr Torello hat folgende Bestätigung für seine Buchung erhalten. Aber das Reisebüro hat Fehler gemacht.**

a Vergleichen Sie die Anmeldung mit der Buchungsbestätigung. Was hat das Reisebüro falsch gemacht? Markieren Sie die Fehler und korrigieren Sie.
b Herr Torello ruft im Reisebüro an. Hören Sie und vergleichen Sie mit Ihrer eigenen Lösung.

Herrn
Giancarlo Torello
Baldestr. 6
80469 München   München, 25.11.20..

Buchungsbestätigung   _Torello_

Sehr geehrter Herr Torino,
hiermit bestätigen wir Ihre Buchung vom 21.11. für folgende Leistungen:

1. Busreise „Salzburger Christkindlmarkt" am 4.12. (2 Personen)	44.- €
2. Stadtrundfahrt Salzburg (2 Personen)	18,- €
3. Führung Mozarthaus (2 Personen)	12.- €
Preis insgesamt	74.- €

Wir bedanken uns für die Buchung und wünschen Ihnen
einen wunderschönen Tag auf dem Salzburger Christkindlmarkt.

▶ PROJEKT

13 FOKUS Alltag — Kommunikation mit Versicherungen

1 Was für Versicherungen kennen Sie? Sprechen Sie.

2 Wann braucht man diese Versicherung? Ordnen Sie zu.

Lebensversicherung — a Man spart Geld. Das bekommt eine andere Person, wenn man nicht mehr lebt.

Kfz-Versicherung — b Man hat bei einer anderen Person etwas kaputt gemacht.

Haftpflichtversicherung — c Man hat mit dem Auto einen Unfall.

 A
 B
 C

3 Lesen Sie die Briefe. Kreuzen Sie an.

a Wer hat die Briefe geschrieben?   Brief 1   Brief 2   Brief 3
   Die Versicherung an eine Person / ein Mitglied   ☒   ☒   ☐
   Eine Person / Ein Mitglied an die Versicherung   ☐   ☐   ☒

b Welche Versicherungen sind das?
   Kfz-Versicherung   ☐   ☒   ☐
   Lebensversicherung   ☒   ☐   ☐
   Haftpflichtversicherung   ☐   ☐   ☒

---

1 Beitragsrechnung

Versicherungsschein
Nr. 801 / 283746 –X–14

Sehr geehrter Herr Körner,

hiermit erhalten Sie die Rechnung für Ihren Beitrag in diesem Jahr:

Versicherungsart	Kontostand
Erlebensfall* Versicherungssumme	€ 51.129,19
Todesfall – Versicherungssumme	€ 50.112,92
Jahresbeitrag	€ 45,13

Den Betrag € 45,13 buchen wir Ende März von Ihrem Konto 3456743 ab.

Mit freundlichen Grüßen
Ihre XY Versicherung

* Der Versicherte bekommt das Geld selber.

---

2 Kilometerstandsmeldung

Ihre PAV – die Versicherung für alle Fälle
70/012/4059/181

Sehr geehrte Frau Schmitz,

in Ihrem Versicherungsvertrag heißt es: Sie fahren nicht mehr als 12.000 km pro Jahr.

Leider haben wir für das laufende Jahr noch keine Meldung von Ihnen erhalten. Bitte senden Sie uns das Formular in diesem Brief ausgefüllt zurück.

Oder melden Sie uns Ihren Kilometerstand einfach online – schnell und bequem.

Mit freundlichen Grüßen
Ihre PAV-Versicherung

---

3 Schadensmeldung

Service-Nummer: 495843.2,
Vers.Nr. 32694.8

Sehr geehrte Damen und Herren,

hiermit melden wir einen Schaden für unsere Haftpflichtversicherung.

Unser Sohn, Erwin, hat in der Pause einer Mitschülerin die Brille kaputt gemacht. Von den Eltern des Mädchens haben wir die Rechnung für die neue Brille bekommen. Wir schicken die Originalrechnung mit diesem Brief mit und bitten, dass Sie diese Rechnung bezahlen.

Die Bankverbindung lautet:
Peter Meier, Hypovereinsbank,
BLZ 700 202 70, Kto.Nr. 432 457 222

Mit freundlichen Grüßen
Ihre Hans und Erika Schmelzer

---

4 Was ist richtig? Kreuzen Sie an.

a Die Versicherung soll 45,13 Euro an Herrn Körner bezahlen. ☒
   Die Versicherung kostet 45,13 Euro pro Jahr. ☐

b Frau Schmitz muss in dem Formular schreiben, wie viel Kilometer sie gefahren ist. ☒
   Frau Schmitz darf nicht per E-Mail schreiben, wie viel Kilometer sie gefahren ist. ☐

c Die Versicherung soll die Brille bezahlen. ☒
   Die Versicherung soll eine Rechnung schicken. ☐

▸ PROJEKT

Gespräche zum Thema Versicherung

FOKUS Alltag 13

1 Frau Gül und ihre erste eigene Wohnung

a Hören Sie das Gespräch. Was ist richtig? Kreuzen Sie an.
1 Frau Gül möchte Informationen über eine Mietwohnung. ☐
2 Sie möchte eine Haftpflichtversicherung abschließen. ☐

b Was sagt Frau Gül? Ergänzen Sie.
Hören Sie dann noch einmal und vergleichen Sie.
Ich möchte die Versicherung abschließen. • Und jetzt brauche ich eine Haftpflichtversicherung. •
Ich habe zum ersten Mal eine Wohnung gemietet. • Ja, das Angebot klingt gut.

● Alles-Gut-Versicherungen, Wenisch, was kann ich für Sie tun?
▲ Ja, guten Tag ... Mein Name ist Leila Gül. ....

● Glückwunsch!
▲ Äh, danke. ....

● Also, eine Haftpflichtversicherung müssen Sie unbedingt haben. Das ist sehr wichtig. Es gibt verschiedene Tarife. ...

● So, Frau Gül, das sind also die verschiedenen Möglichkeiten. Ich denke, für Sie ist die Haftpflichtversicherung für Singles das Beste.
▲ ....

● Also machen wir das dann so?
▲ Ja, einverstanden. .... Welche Informationen brauchen Sie da von mir?

● Also, zunächst einmal die Anschrift ...

2 Frau Gül ruft noch einmal bei der Versicherung an. Hören Sie das Gespräch und kreuzen Sie an. Was ist richtig?

Ein Versicherungsnachweis
☐ ist eine Bestätigung, dass man versichert ist.   ☐ ist ein Vertrag per E-Mail.

3 Anrufe bei der Versicherung: Was passt? Ordnen Sie zu.

a Ich brauche einen Versicherungsnachweis. Können Sie mir bitte einen schicken?
b Ich habe meine Versicherungskarte verloren. Wie bekomme ich eine neue?
c Ich interessiere mich für Ihr Versicherungsangebot. Können Sie mir da Informationen senden?
d Ich möchte einen Schaden melden. Bitte senden Sie mir ein Schadensformular.

1 Das ist kein Problem. Wir stellen einfach eine neue aus.
2 Das ist nicht nötig. Wir nehmen das gleich am Telefon auf. Was ist denn passiert und wann?
3 Sehr gern. Wenn Sie mir bitte Ihre Adresse sagen, schicken wir Ihnen unseren Prospekt.
4 Ja, natürlich. Genügt eine Bestätigung per E-Mail?

4 Rollenspiel. Schreiben Sie Kärtchen wie im Beispiel. Tauschen Sie Ihre Situationen mit einer anderen Gruppe.

In Ihrer Wohnung ist die Waschmaschine ausgelaufen. Jetzt brauchen Sie ein Formular von der Versicherung.

> Guten Tag, mein Name ist ... Ich habe ein Problem: Meine Waschmaschine ist ausgelaufen. Ich ...

14 FOKUS Familie — Aufforderungen von Behörden

1 **Ein Brief vom Schulamt**

Ela Akbas hat einen Brief vom Schulamt bekommen. Überfliegen Sie den Brief. Was muss Ela Akbas tun?

☐ Sie muss sich an einer Schule anmelden.
☐ Sie muss ihren Sohn an einer Schule anmelden.

Landeshauptstadt Dresden · Postfa

Frau
Ela Akbas
Räcknitzstraße 67
01069 Dresden

Schulanmeldung für das kommende Schuljahr (Meldebestätigung)

Sehr geehrte Frau Akbas,

Ihr Sohn Latif Akbas wird im kommenden Jahr schulpflichtig.
Bitte melden Sie Ihr Kind an einer von den folgenden Schulen des Schulbezirks an:

Grundschule, Struvestraße 10/11, 01069 Dresden
Grundschule „Josephine", Josephinenstraße 6, 01069 Dresden
Grundschule „Johanna", Pfotenhauerstraße 40, 01307 Dresden
Grundschule „Canaletto", Georg-Nerlich-Straße 1, 01307 Dresden

Die Schulanmeldetage in der Grundschule sind **Donnerstag, der 09.10. und Dienstag, der 14.10., jeweils zwischen 14.00 und 18.00 Uhr**.

Bitte beachten Sie die Hinweise auf der Rückseite dieses Schreibens.

Mit freundlichen Grüßen
im Auftrag
Sophie Wagner

Hinweise
– Bitte bringen Sie für die Schulanmeldung Ihren Personalausweis, diese Meldebestätigung und die Geburtsurkunde Ihres Kindes mit.
– Wenn Sie der Pflicht zur Anmeldung Ihres Kindes in einer Grundschule nicht nachkommen, kann dies mit einem Bußgeld geahndet werden.

2 Lesen Sie den Brief noch einmal. Sind diese Aussagen richtig oder falsch? Kreuzen Sie an.

		richtig	falsch
a	Latif Akbas muss nächstes Jahr in die Grundschule.	☐	☐
b	Er muss die Grundschule „Canaletto" besuchen.	☐	☐
c	Ela muss ihren Sohn am 9. oder 14. Oktober anmelden. Wenn sie das nicht tut, muss sie vielleicht eine Geldstrafe zahlen.	☐	☐
d	Ela muss zur Anmeldung den Personalausweis von Latif mitbringen.	☐	☐

einhundertsechsundsiebzig 176 LEKTION 14

Eine soziale Einrichtung: das Seniorenbüro

FOKUS Alltag 14

1 Was ist das „Seniorenbüro"? Lesen Sie den Prospekt und kreuzen Sie an.
- ☐ Das ist ein Reisebüro für ältere Leute.
- ☐ Das ist eine Einrichtung für ältere Leute.

Seniorenbüro e.V.
**In unserer Stadt leben über 70.000 Bürgerinnen und Bürger im Alter von 60 Jahren und mehr.
Wir beraten und unterstützen sie. Lernen Sie uns kennen!**

Unsere Angebote und Dienste:
1. Seniorenkreise und Begegnungsstätten
2. Bildungsangebote / Kulturelle Veranstaltungen / Seniorenreisen
3. Alten- und Pflegeheime / Betreutes Wohnen / Seniorenwohnungen
4. Ambulante Dienste / Sozialstationen / Nachbarschaftshilfe / Essen auf Rädern

2 Lesen Sie noch einmal den Prospekt aus 1. Ordnen Sie zu.
- ☒ 4 Hilfen im Alltag für ältere Leute, die zu Hause wohnen und sich nicht selbst verpflegen können.
- ☐ Wohnformen nur für ältere Leute.
- ☐ Z. B. Sprachkurse, Theaterveranstaltungen und Ausflüge.
- ☐ Hier treffen sich regelmäßig ältere Leute. Sie unterhalten sich oder unternehmen etwas gemeinsam.

3 Wen können Sie im Seniorenbüro anrufen?

Telefon

a Ihre Großmutter ist sehr einsam und hat wenig Freunde und Bekannte. ....
b Ihr Großvater kann nicht mehr Auto fahren. Aber er möchte gern etwas von der Region sehen. ....
c Ihre Nachbarin wohnt im 4. Stock und kann keine Treppen mehr steigen. ....
d Ihre Großmutter möchte gern Englisch lernen und sucht einen Kurs. ....

Seniorenbüro e.V. – Unsere Mitarbeiterinnen und Mitarbeiter
Telefon 680 –

Sabine Wagenbach
Leitung
Tel.: -34

Miriam Busse
Veranstaltungen, Tagesfahrten, Eintrittskarten
Tel.: -33

Franz Vogel
Ambulante Dienste, Pflegeheime, Betreutes Wohnen und Seniorenwohnungen
Tel.: -42

Anne Grende
Begegnungsstätten und finanzielle Unterstützung der Seniorenkreise
Tel.: -30

Jakob Langwasser
Bildungsangebote, Freizeit- und Hobbygruppen
Tel.: -39

▶ PROJEKT

Wortliste

Die alphabetische Wortliste enthält die Wörter dieses Buches mit Angabe der Seiten, auf denen sie zuerst vorkommen. Wörter, die für die Prüfung „Start Deutsch 1/2" und für den „Deutsch Test für Zuwanderer" (DTZ) nicht verlangt werden, sind kursiv gedruckt. Bei allen Wörtern sind die Wortakzente gekennzeichnet. Ein Punkt (a) heißt kurzer Vokal, ein Unterstrich (o) langer Vokal.

Steht der Artikel in Klammer, gebraucht man die Nomen meistens ohne Artikel. Nomen mit der Angabe „nur Singular" verwendet man nicht oder nur selten im Plural. Nomen mit der Angabe „nur Plural" verwendet man nicht oder nur selten im Singular. Trennbare Verben sind durch einen Punkt nach der Vorsilbe gekennzeichnet (an·fangen).

ab·bestellen F166
ab·biegen 43, 49
ab·buchen 68, F 174
das Abenteuer, - 58
abenteuerlustig 58
der Abenteuerspielplatz, ¨e AB 136
der Abenteuerurlaub, -e AB 137
der Abenteurer, - 58
der Abfahrtsort, -e F 173
die Abfahrtszeit, -en F 173
abgebildet F 166
abgeschlossen 14
ab·heben 62, 63, 64
der Abholschein, -e 32, 37, AB 108
die Abholung, -en F 167
ab·lehnen 15
das Abonnement, -s (franz.) F 166, F 172,
abonnieren F 166
Abschied nehmen 83
das Abschiedslied, -er 82
das Abschiedswort, -e 82
der Abstand, ¨e 51
der Abteilungsleiter, - AB 88
abwechseln (sich) AB 124
ade 82, 83
Adieu! 83
die Adjektivdeklination, -en 27, 37
der Advent (nur Singular) F 173
(das) Ägypten 32
ahnden F 176
aktiv werden 80
aktiv 80

aktuell F 168
akzeptieren 65
die Alpen (nur Plural) AB 103
der Albtraum, ¨e 68
das Altgerät, -e F 167
altmodisch 16
die Altstadt, ¨e AB 120
am ... vorbei 49
die Ameise, -n AB 136
Amnesty International 80
an ... vorbei 43, AB 120
der/die andere, -n 48
ändern 66
die Änderung, -en F 173
an·fahren F 171
der Anfang, ¨e 83
an·geben 68, AB 147, F 173
der/das Angebotsprospekt, -e AB 103
angenehm 35, 37, 78
an·halten AB 126, F 171
an·klicken 34, AB 105
die Anlieferung, -en F 167
das Anmeldedatum, -daten F 173
an·nehmen 15
an·schalten 35
an·schließen 66
ansonsten AB 124
an·sprechen 78, AB 152, 153
anstrengend 54, 80, AB 132
das Antivirenprogramm, -e F 165
die Anweisung, -en 42
die Anzahl (nur Singular) F 173
die Anzahlung, -en F 167
das Anzeigenblatt, ¨er 25
der Anzug, ¨e 20, 66, AB 100
das Apartmenthotel, -s AB 136
der Apfelwein, -e 57
der Arbeitskollege, -n 78
die Artikelbezeichnung, -en 26, F166
die Artikelnummer, -n 26
der Atlantik (nur Singular) 52, 54, 59
die Atmosphäre, -n 55
auf·bauen 53, F 167
auf·brechen AB 137
der Aufenthalt, -e 55, 56, 59
auf·fahren F 171
das Aufgabenblatt, ¨er AB 94
auf·haben 45
auf·hören AB 124, AB 161
der Aufkleber, - 30, 32, 37
die Aufmerksamkeit, -en 79
auf·nehmen 24, F 175
aufregend AB 132
auf·steigen 61
das Aufstellen F 167
der Auftrag, ¨e: im Auftrag F 176

der Auftraggeber, - F 172
auf·wachsen 74, 75, AB 150
der Augenblick, -e 32, 37, AB 109
die Ausbildungsstelle, -n F 172
der Ausbildungstarif, -e F 172
die Ausfahrt, -en 43, AB 125
die Ausflugsmöglichkeit, -en AB 136
das Ausflugsziel, -e AB 136
die Ausgabe, -n 16
aus·geben 24, 25, AB 142
ausgebucht 56
ausgefüllt F 174
aus·kennen (sich) 66
die Auskunft, ¨e 56
Auskunft geben 56
aus·laufen F 175
aus·leihen 62, 65, AB 146
aus·rutschen AB 122
aus·schneiden AB 113
das Aussehen (nur Singular) AB 151
äußern 15
die Äußerung, -en 27
die Aussicht, -en 46
aus·stellen 13, 66, 69
die Ausstellung, -en 13
aus·tauschen AB 153
aus·weichen 46, F 171
die Ausweispapiere (nur Plural) 68
auswendig lernen 63
aus·zahlen 66, AB 144
die Auszahlung, -en AB 160
aus·ziehen (sich) AB 158
aus·ziehen 25
der Autobesitzer, - F 170
der Autofahrer, - 16, 48, 71
der Autohändler, - F 170
der Autokauf, ¨e F 170
das/der Autoradio, -s 51
der Autoreifen, - AB 156, 160
die Badesachen (nur Plural) AB 123
der Badestrand, ¨e 55
die Bahnfahrt, -en AB 136
der Bahnhofsplatz, ¨e AB 162
der Ballon, -s und -e (franz.) 60
die Ballonfahrt, -en 60, 61
der Ballonflug, ¨e 61
die Bank, -en 62, 63, AB 119
der Bankeinzug, ¨e F 172
die Bankkarte, -n AB 140
die Bankleitzahl, -en 65, AB 143, 147
der Bankmitarbeiter, - 68
der Bankschalter, - 63, 64, 67
die Bankverbindung, -en 65, 68, AB 143
der Bär, -en 78
bar AB 143, F 167
bar bezahlen 65
die Barauszahlung, -en 67
das Bärchen, - 78

das Bargeld (nur Singular) 68, 70, AB 142
die Batterie, Batterien 45
die Bauarbeiten (nur Plural) AB 125
der Bauer, -n 17
das Bauernbrot, -e 74
der Bauernschrank, ¨e AB 157
die Baustelle, -n 47, 74, AB 125
beantragen 36, AB 115
befragen 78
die Befragung, -en 78
die Begegnungsstätte, -n F 177
begrüßen AB 137
bei·legen F 166
der Beitrag, ¨e F 174
die Beitragsrechnung, -en F 174
bekommen 74, 75
das Benzin (nur Singular) 40, AB 123
beobachten 53, 55
bequem 26, AB 123, 133
beraten AB 109, F 169, 177
die Beratungspflicht, -en F 169
der Bereich, -e 78
bereits 46
der Bericht, -e 164
berichten (über) 75, F 164
der Berufspilot, -en 61
der Berufsverkehr (nur Singular) 50
beschädigt F166
beschließen AB 123
beschrieben F166
der Beschwerdebrief, -e AB 104
der Besitzer, - F 170
besorgen (sich) 34
die Bestätigung, -en 67, AB 160, F 173
das Besteck, -e 20, AB 100, 101
bestellen 26, 34, AB 104
die Bestellnummer, -n F166
der Bestellschein, -e F 172
betont AB 91
der Betrag, ¨e 65, 68, AB 146
das betreute Wohnen F 177
die Bettwäsche (nur Singular) 55
die Bibel, -n 16
der Biergarten, ¨ 68
bieten AB 133
der Bildschirm, -e 21, 34, AB 100
die Bildschirmgröße, -n AB 103
das Bildungsangebot, -e F 177
der Billigflug, ¨e 56
bis dann 82
das Blasorchester, - AB 95
der Blechschaden, ¨ F 171
der Blick, -e 55, 59
bloß 11

einhundertachtundsiebzig 178

das Blut (nur Singular) 51
der Boden, ⸚ 61
der Bodensee (nur Singular) 54
die Boeing®, -s 61
böig 46
das Boot, -e AB 136
(das) Brasilien AB 90
braten AB 150
die Bremse, -n 44, 45,
bremsen 44, 45, 48
der Bremsweg, -e 44, 45, AB 122
die Briefsendung, -en 33
der Briefträger, - AB 110
die Buchung, -en F 173
die Buchungsbestätigung, -en F 173
das Buchungsformular, -e F 173
bunt 14, 61, AB 112
der Bürger, - F 177
die Bürgerin, -nen F 177
der Bürgermeister, - 46, AB 137
der Bürgersteig, -e 48
die Busreise, -n 56, F 173
das Bußgeld, -er F 176
der Bußgeldkatalog, -e 50, 51
das Butterbrot, -e 68
das Camping (nur Singular, engl.)
der Campingplatz, ⸚e 55
der Campingurlaub, -e AB 150
chatten (engl.) F 165
die Chaussee, Chausseen AB 136
der Christkindlmarkt, ⸚e F 173
cm = der Zentimeter, - AB 103
die Computerabteilung, -en AB 140
DJ (= der Discjockey, -s) AB 95
dabei·haben 37, 45
dagegen sein 41, 76
das Dampfmaschinchen, - 78
(das) Dänemark AB 132
dankbar 78
die Datei, -en F 165
die Daten (nur Plural) 50, F 165
der Daumen, - 68
dazu·schreiben AB 113
der Deckel, - 22, AB 123
der Deckelöffner, - 22
der Deich, -e 57
die Depression, -en 80
deshalb 29, 41, 44
die Deutschlandreise, -n AB 127
dicht 46
der Dienst, -e F 177
die Dienstleistung, -en 66
dieselbe- 74
digital 34, AB 112

die Doppelseite, -n 82
das Doppelzimmer, - 55, AB 134
der Drache, -n 28, 29, 78
draußen 77
dreifach 80
drinnen 77
der Dschungel, - 54, 58, AB 132
das Dunkel AB 122
die EC-Karte, -n (= Eurochequekarte) 62, 67, AB 142
eckig 21, AB 112
die Eigenschaft, -en 78
der Eilbrief, -e AB 110
die Eilsendung, -en 32, 37, AB 108
der Eimer, - AB 157
die Einbahnstraße, -n 48
der Einfall, ⸚e 78
ein·fallen 58, 63
einfallslos 78
einfarbig AB 112
ein·geben 47
einigen (sich) 79
der Einkaufsbummel, - 25
ein·kehren 83
ein·leiten 27
die Einleitung, -en 28
einmalig 26
ein·parken 48
ein·prägen 64
ein·richten 21, 25
1a-Stereoanlage, -n 50
einsam 58, F 177
das Einschreiben, - 32, 37, AB 108
ein·schreiben (sich) 14
ein·tippen 67, AB 160
der Eintritt, -e 13, AB 136
die Eintrittskarte, -n F 177
einverstanden 12, 15, AB 151
ein·weihen 46
ein·werfen 33, AB 110
ein·zahlen 67, 68
ein·zeichnen 56
das Einzelzimmer, - 55, AB 134
die Eisdiele, -n AB 143
eisig 46, 49, AB 124
eiskalt AB 89
das Eisstadion, -stadien 13
der Eistanz, ⸚e 13
die Elektronik (nur Singular) 21, AB 105
empfinden 78
die Endung, -en AB 100
die Energie, Energien 74
der Engel, - 78
das Engelchen, - 78
entlang 43, 49, AB 120
entscheiden (sich) 19, 71, AB 109
entspannen (sich) 55
enttäuscht 63, AB 151
die Erdbeermarmelade, -n 74

erholen (sich) 16, 58
die Erholung (nur Singular) 55, 58
der Erholungsurlaub, -e AB 137
erkennbar 44, 45, 49
erkennen 44, 49, 72
der Erlebensfall, ⸚e F 174
die Ermäßigung, -en 55
eröffnen 64, AB 146
erreichbar 44, 45, 81
erstaunlich 68
das Erste (Fernsehsender) F 164
erziehen 81, AB 152
der Erzieher, - 81
die Erzieherin, -nen 81
die Erziehungsfrage, -n 79
der Esel, - 78
das Essen auf Rädern F 177
exklusiv 26
der Express (= der Expressversand) (nur Singular) 26
extern F 165
das Fachgeschäft, -e 18, 19
die Fahrbahn, -en 47, 51, AB 125
der Fahrradausflug, ⸚e 45
der Fahrradhelm, -e 44
die Fahrradkleidung (nur Singular) AB 123
der Fahrradverleih, -e 55
die Fahrtstrecke, -n F 172
der Fahrzeugbrief, -e F 170
die Fahrzeugpapiere (nur Plural) 68
der Fahrzeugschein, -e F 170
fallen : im Krieg fallen 80
fallen 74
der Falschfahrer, - 47, AB 137
familiär 55
familienfreundlich 55
das Familienmitglied, -er 78
die Fantasie, Fantasien 78
faulenzen 58
die Fee, Feen 78
fehlend 14
fein 22
die Ferien (nur Plural) 47, 52, 75
das Ferienhaus, ⸚er AB 133
die Ferienwohnung, -en 55, AB 133, 136
der Fernsehkanal, ⸚e 26
der Fernsehsender, - F 164
die Festplatte, -n F 165
fest·stellen 41, 68
das Festzelt, -e AB 95
feucht AB 114
die Figur, -en 29
finanziell F 177
der Fingerabdruck, ⸚e 68
das Fitnessgerät, -e 25
flach 21, AB 99, 100
der Flieger, - 46
der Flirt, -s (engl.) 79
flirten AB 151
der Flohmarkt, ⸚e 10, 13, 19

die Fluggesellschaft, -en 60, 61
das Flugticket, -s 68
das Flussufer, - 43
fort 83
fragen (sich) 38, 63
das Fragepronomen, - 69
die Freizeitgruppe, -n F 177
die Freizeitmöglichkeiten (nur Plural) AB 133
das Freizeitprogramm, -e F 164
der Freizeittipp, -s AB 95
die Freude, -n 81
der Fuchs, ⸚e AB 146
die Führung, -en F 173
der Fußballer, - AB 159
der Fußballplatz, ⸚e AB 119, 160
das Fußballstadion, -stadien 23, 57
das Fußballturnier, -e AB 95
der Fußgänger, - 48
gackern AB 146
die Gans, ⸚e 17, AB 146
der Garten, ⸚ AB 91
die Gartenbank, ⸚e AB 144
das Gartenhaus, ⸚er AB 102
Gas geben 50, 51
das Gas, -e 24
der Gasthof, ⸚e 36
das Gebäude, - AB 127
das Gebirge, - 59, AB 130, 131
der Gebrauchtwagenkauf, ⸚e F 170
die Geburtstagsfeier, -n 35, 43
die Geburtsurkunde, -n F 176
der Gedanke, -n 28, 77
gedruckt F 165
geeignet sein 60
das Gefallen (nur Singular) 81
gegenüber 9, 43, 49
die Geheimzahl, -en 62, 63, 67
gehen um 48
gelaunt : gut/schlecht gelaunt sein 58, AB 123, 141
der Geldautomat, -en 62, 63, 67
der Geldbetrag, ⸚e 67, AB 160
der Geldbeutel, - AB 160
die Geldkarte, -n 68
der Geldschein, -e 65, AB 143, 160
die Geldstrafe, -n F 176
geliefert F 166
gelten 67, F 169, 173
die Geltungsdauer (nur Singular) F 172
die Gemüsereibe, -n 22
gemütlich 55, AB 136
genervt 35
genial AB 123
genießen 60, 80, AB 133

die Genießerin, -nen 58
genügen F 175
geschehen 83
das Geschenk-Abo, -s (= Geschenkabonnement) F 172
das Gesicht, -er AB 123
gesperrt 46, 47, AB 125
der Gesprächspartner, - 7
gestalten F 165
gesüßt 81
das Gewitter, - 46, AB 124, 132
gewittrig 46, AB 124
gewünscht 67
giftig 58
das Girokonto, -konten 67, AB 146, F 165
glatt 44
das Glossar, -e 16
das Gold (nur Singular) 17
die Grippe, -n AB 123
die Grippeimpfung, -en 36, AB 115
gründen 60
gründlich 22
das Grüne (nur Singular) AB 161
die grüne Soße, -n 57
gültig 61, 67, F 168
die Gurke, -n 22
der Hafen, ¨ AB 134
die Hafenstadt, ¨e 50
die Haftpflichtversicherung, -en F 174, 175
der Hahn, ¨e AB 146
die Hälfte, -n AB 152
die Halskette, -n AB 98
halten (sich) a,n 48
die Handbremse, -n AB 122
handeln 18
der Händler, - AB 100, 101
die Handtasche, -n 34
das Handtuch, ¨er 55
die Handytasche, -n 34, AB 112, 113
der Handytyp, -en 35
der Harlekin, -s 28, 29
das Häschen, - 78
das Häuschen, - 78, AB 161
der Haushalt, -e: den Haushalt machen AB 153
das Haushaltsgerät, -e 24
die Haushaltswaren (nur Plural) 21
der Heimatabend, -e AB 95
das Heimatmuseum, -museen 13
heiß 54, AB 132
der Heißluftballon, -s und -e 61
die Heizkostenabrechnung, -en AB 147
der Helm, -e 45
heraus·geben AB 160
(der) Herr (im Sinne von Gott) 16
herum·fahren 43, AB 120

herum·laufen AB 89
herum·liegen AB 125
das Herz, -en 83
heutzutage 26
hier·bleiben 83
hinaus·fahren 83
hinaus·müssen 83
hinein·packen AB 123
hinein·werfen 68
das Hinterrad, ¨er F 171
der Hinweis, -e F 173, 176
historisch 14, 55, AB 133
der Hit, -s AB 95
der Hobbyfotograf, -en 13
die Hobbygruppe, -n F 177
das Hochhaus, ¨er AB 102
das Hochzeitsfest, -e AB 113
das Holz, ¨er 21, AB 100, 113
das Holzregal, -e AB 102
das Huhn, ¨er AB 146
husten 10
der Hut, ¨e AB 112
i. A. (= im Auftrag) AB 147
ideal 55
der Imbiss-Stand, ¨e 13
die Impfung, -en AB 123
individuell F 165
die Informationsseite, -n AB 127
der Informationsstand, ¨e 13
die Insel, -n 54, 59, AB 130
insgesamt 61, F 173
installieren 66, AB 140
der Internet-Einkauf, ¨e AB 105
inzwischen 28
irgendwie AB 153
der Irrtum, ¨er F 173
der Jahresbeitrag, ¨e F 174
die Jahreshälfte, -n 60, 61
...jährig AB 113
jährlich 33, 67
der Jahrmarkt, ¨e 22
der Jazz (amerik., nur Singular) 23
der Jazzfrühschoppen, - AB 95
Jh. (= das Jahrhundert, -e) 83
der Joghurtbecher, - 68
der Jugendtraum, ¨e 80
das Kabel, - F 164
das Kaffeehaus, ¨er AB 135
kalt lassen 35
der Kapitän, -e 61
das Karaoke (nur Singular) 82
die Karotte, -n 22
Karten spielen 11, 15,
der Karton, -s (franz.) 30
der Katalog, -e 34, 53, AB 105
die Katalogabbildung, -en F 166
die Kategorie, Kategorien F 173

der Käufer, - F 167
der Kaufgegenstand, ¨e F 167
der Kaufvertrag, ¨e F 167, 170
kaum 11
der Keks, -e 78, AB 102
kennen (sich) AB 144, 153
das Kennzeichen, - F 170
der Kerl, -e AB 146
der Kfz-Markt, ¨e (= Kraftfahrzeugmarkt) F 170
der Kfz-Mechaniker, - (= Kraftfahrzeugmechaniker) AB 150
die Kfz-Versicherung, -en (= Kraftfahrzeugversicherung) F 174
kg (= das Kilogramm, -e) AB 103
der Kilometerstand, ¨e F 174
die Kilometerstandsmeldung, -en F 174
die Kinderhilfe, -n 70
das Kinderkino, -s 14
die Kinderkleider (nur Plural) AB 105
kinderlieb AB 133
das Kinderprogramm, -e F 164
die Kindersachen (nur Plural) 13
der Kinderschuh, -e AB 157
das Kindertheater, - AB 95
die Kindheit (nur Singular) 74, AB 150
die Kindheitserinnerung, -en 75
der Kirchgang, ¨e 16
das Kissen, - 68
das Klavier, -e 15
Klavier spielen 11, AB 109
der Klavierspieler, - 9
das Kleingeld (nur Singular) 71
klettern AB 150
klicken auf 47
die Klingel, -n 44, 45, AB 122
klingeln 35, 44, 45
der Klingelton, ¨e 35
klitschnass AB 132
die Kneipe, -n 35, 57, 68
der Kochkurs, -e 53
die Kollektion, -en 26
kommend- F 176
das Kommunikationsmittel, - 33
der Kompromiss, -e 77
der Konflikt, -e 77
das Konsulat, -e 36, AB 115
die Konsumausgabe, -n 24
der Kontakt, -e: Kontakt *auf*·nehmen mit F 170
in Kontakt bleiben 33
das Konto, Konten 64, 68, AB 140
der Kontoauszug, ¨e 64, 67, AB 140

die Kontoeröffnung, -en 67, AB 146
die Kontonummer, -n 65, AB 143, 147
der Kontostand, ¨e F 174
kontrollieren 66
die Kopie, Kopien 68
der Körper, - 24
der Kosename, -n 78, AB 152
das Kosewort, ¨er und -e 78
die Kosten (nur Plural) AB 136
kostenlos 14, 46, 55
kräftig 46
die Krankenkassenkarte, -n 68
die Krankenversichertenkarte, -n 62
der Kredit, -e 24
die Kreditkarte, -n 26, 65, 67
der Kreisverkehr (nur Singular) 43, 49
die Kreuzung, -en 43, AB 123, F 171
der Krieg, -e 74, 80
der Krimi, -s 10
der/die Kriminelle, -n F 165
die Krise, -n 80
der Kristall, -e 26
der Kuckuck, -e 30
die Kuckucksuhr, -en 30, 31, 34
die Kuh, ¨e 17, 55, 78
kühl 46, 51, 54
die Kultur, -en 24, 57, 58
kulturell F 177
der Kultururlaub, -e AB 137
der Kulturverein, -e 80
die Kundenkarte, -n 62, F 172
die Kundennummer, -n F 166
die Kundentoilette, -n AB 158
der Kunststoff, -e 21, AB 100
das Kunstwerk, -e 28
die Kursstatistik, -en 33
die Kurzmitteilung, -en 33
die Kurznachricht, -en 35
der Kurzurlaub, -e AB 159
die Küste, -n 54, 59, AB 124
die Lage, -n 55, 59, AB 133
lahm legen 46
der Lampion, -s (franz.) 19
das Land, ¨er 54, 75, AB 130
landen 46, AB 126
die Landschaft, -en 55, AB 132, AB 133, AB 157
die Landung, -en 46, 61
die Langeweile (nur Singular) 34
der/das Laptop, -s (engl.) 22
lassen (jemanden lassen: Innsbruck ich muss ...) 83
die Laune, -n 58
lauten F 174

der Lebensabschnitt, -e 80
lebenslang 14
der Lebensmittelladen, ̈ 74
die Lebensstation, -en 72, AB 150
die Lebensversicherung, -en F 174
Lebwohl! 83
leer 45, 58
leeren 33, AB 110
leicht 80, AB 98, 102
das Leihboot, -e 55
die Leistung, -en F 173
die Leitung, -en F 177
der Leser, - AB 88
die Leserumfrage, -n AB 88
die Liebesgeschichte, -n AB 153
der Liebeskummer (nur Singular) 77
liebevoll 78
der Liebling, -e 78, AB 152
der Lieblingsname, -n 73
der Liedausschnitt, -e 82
die Lieferadresse, -n 26, F 167, 172
liefern 26, AB 110, F 167
die Lieferung, -en AB 109, F 166, 167
das Loch, ̈-er 74, AB 150
das Lokalradio, -s F 164
der Lokalsender, - 47
los sein mit 40
der Lösungsvorschlag, ̈-e 81
die Luft, ̈-e 44, 45, 60
die Luftpumpe, -n 44, 45, AB 122
die Mannschaft, -en AB 158
das Märchen, - 17, 78
die Märchenwelt, -en AB 152
der Markt, ̈-e AB 93
der Materialfehler, - F 166
die Matheaufgabe, -n (= Mathematikaufgabe) 9, 10
mechanisch 20, AB 133
die Medien (nur Plural) F 164
medizinisch-psychologisch 50
meinetwegen 77, 81, AB 151
die Meinungsumfrage, -n 79
die Meldebestätigung, -en F 176
die Meldung, -en AB 125, F 174
die Melodie, Melodien 82
der Memorystick®, -s (engl.) F 165
merken (sich) 29, 51, 63
das Metall, -e 19, 21, AB 100
das Metallregal, -e AB 102
die Mietwohnung, -en AB 147, 175
der Milchtopf, ̈-e 21
die Milliarde, -n 33
mindestens 23, AB 132
mischen 77
mit·arbeiten AB 150

der Mitarbeiter, - 55, F 177
die Mitarbeiterin, -nen F 177
das Mitarbeiterteam, -s 61
miteinander AB 153
mit·fahren 53, 60, 61
der Mitmensch, -en 35
der/die Mitreisende, -n 58
mit·schicken F 174
die Mitschülerin, -nen F 174
die Mittagszeit, -en 14, 60, 61
das Mobiltelefon, -e 33, F 167
modern 21, 33, 34
monatlich 24, 65
die Monatskarte, -n 36
die Mühe, -n 81
mühelos 81
multifunktional 34
die Münze, -n 65, AB 143
die Musikanlage, -n 24
das Musikfestival, -s 53
das Musikinstrument, -e AB 105
das Musikstück, -e AB 89
die Mütze, -n 20, AB 101
das Nachbarhaus, ̈-er 9, 12
nach·denken 26
nachdenklich 83
nach·gucken 28
nach·lesen 16
die Nachnahme, -n 26
nach·schauen F 164
nächstmöglich- F 166
die Nachzahlung, -en AB 147
der Nagel, ̈ 45
nah AB 132
nähen 66, AB 144, 145
das Nahrungsmittel, - 24
nass 44
der Nebel, - 46
nebenan 33
neblig 46, AB 124, 137
nerven 48
neugierig 58
der Newsletter, - oder -s (engl.) F 165
nie wieder 83
nördlich F 173
die Nordsee (nur Singular) 53, AB 103, 124
der Nordwesten (nur Singular) 46
der Normalversand (nur Singular) 26
die Notfall-Rufnummer, -n 68
nötig F 175
nützen 33
das öffentliche Verkehrsmittel, - 47
der Ohrring, -e 26, 27
das Öl, -e 66
der Oldie, -s (engl.) AB 95
online (engl.) F 174
das Open Air, -s (= Open-Air-Festival) 14

die Oper, -n 13, 57
die Operation, -en 74, AB 150
das Original, -e 68, AB 136, 146
die Originalrechnung, -en F 174
die Ortschaft, -en 51
das Ortszentrum, -zentren 43
der Päckchenschein, -e AB 111
paddeln 55
das Paket, -e 30, 32, AB 108
der Paketschein, -e 32, AB 108, 109
die Panik, -en 68
der Panoramablick, -e 55
pantomimisch 42
das Papier, -e (= Dokument) 68, F 170
das Paradies, -e 55
die Parkgebühr, -en 71
die Parklücke, -n F 171
das Partizip, -ien 37
die Partnerschaft, -en AB 153
die Partybühne, -n AB 95
die Partymusik (nur Singular) AB 95
der Passagier, -e 60, 61
der Passant, -en 70
das Passbild, -er AB 160
das Passiv, (nur Singular) 37
pausenlos 26, 27
die Pension, -en 55, 80, AB 133
pensioniert 74
per Nachnahme F 167
per 13, 26, 33
die persönliche Identifikationsnummer, -n (PIN-Code) 62
der Pfeffer (nur Singular) AB 123
das Pferd, -e 17, AB 102
die Pflanzenwelt (nur Singular) 13
das Pflegeheim, -e F 177
die Pflicht, -en F 176
der Picknickkorb, ̈-e AB 123
die Platte, -n 21
die Polizeistation, -en F 168
populär 78
das Porzellan, -e 28
die Porzellanpuppe, -n 28
die Position, -en 15
der Positiv, -e 27
positiv AB 114, 151
der/die Postangestellte, -n AB 88
der Postbeamte, -n 32
die Postbeamtin, -nen 32
die Privatsache, -n
das Probe-Abo, -s (= Probeabonnement) F 172
die Probefahrt, -en F 170

die Problemkarte, -n 77
das Promille, - 51
Prost 68
PS (= die Pferdestärke, -n) 50
der Pudding, -e und -s 23
pur 13, 55
putzen 13, AB 110, 144
das Quadrat, -e AB 123
die Qualität, -en 19, 26, AB 105
der Quatsch (nur Singular) F 168
das Quellenverzeichnis, -se AB 136, AB 146
die Quizsendung, -en 51
der Radfahrer, - 45, 48, AB 122
die Radiodurchsage, -n AB 137
der Radiosender, - 14
die Radiostation, -en AB 95
ran·fahren 51
die Rate, -n: in Raten zahlen AB 143
die Rathauswiese, -n AB 95
der Räuber, - 70
der Raucher, - 78
raus·fliegen 39
raus·holen 29
die Reederei, -en 13
der Regenschauer, - 46, AB 124
die Region, -en 55, F 164, 177
regnerisch 46, AB 124, 137
der Reifen, - 44, 45, 50
die Reifenpanne, -n 45
reinigen 22, AB 144, 145
die Reinigung, -en 36, AB 115
rein·passen AB 98
rein·schreiben 32, 33, 37
rein·stecken 29
die Reiseanmeldung, -en F 173
die Reisebedingung, -en F 173
der Reisebegleiter, - 58
der/die Reisende, -n F 173
der Reiseplan, ̈-e 52
die Reiseroute, -n 56
die Reisetasche, -n 22
der Reiseveranstalter, - F 173
der Reiter, - 17
renovieren 25, 66, AB 145
respektlos 78
die Restzahlung, -en F 167
das Risiko, Risiken 26, 58
der Roller, - 22
romantisch 35, AB 153, F 173
das Rot, - (Ampel) 48
die Route, -n (franz.) AB 127
der Routenplaner, - AB 127
die Rückgabe, -n AB 105
das Rücklicht, -er 44, 45, AB 122

das Rücksendeformular, -e F 166
der Rücksendegrund, ¨e F 166
die Rücksendung, -en F 166
rücksichtslos 48
der Rückweg, -e 61
die Ruhe (nur Singular): Ruhe geben 76, 77, AB 151
der Rundblick (nur Singular) 61
die Rundfahrt, -en 13
sämtlich- 68
der Satellit, -en F 164
satt AB 152
der Satzanfang, ¨e AB 153
die Schachtel, -n 10
der Schaden, ¨ F 174, 175
das Schadensformular, -e F 174, 175
der Schal, -s und -e 20, AB 101, 112
schalten auf F 171
der Schatz, ¨e 78, 83, AB 152
das Schätzchen, - 78
der Schauer, - AB 124
das Schaufenster, - 23
die Schauspielschule, -n 80
scheiden 83
der Schein, -e 68
der Schein (nur Singular) 32, AB 108
schieben 45
das Schiff, -e 56, 57, 59
die Schifffahrt, -en 60, AB 94
schildern F 171
der Schloss-Saal, ¨e 13
das Schmuckset, -s 26
der Schnee (nur Singular) 46
das Schokoladeneis, - AB 156
der Schokoriegel, - 41
schrecklich 48, 58
das Schreiben, - 62, F 176
die Schreibtischlampe, -n 19, 20
das Schulamt, ¨er F 176
der Schulanmeldetag, -e F 176
die Schulanmeldung, -en F 176
der Schulbezirk, -e F 176
die Schülermonatskarte, -n F 172
der Schulfreund, -e AB 161
schulpflichtig F 176
der Schuss, ¨e: in Schuss kommen 80
schützen 44, 45
(der) Schwarzwald 54
das Schwein, -e 17, 55
das Schwesterchen, - 78, AB 152
der Schwiegersohn, ¨e 39
der Schwimmer, - AB 156
der Secondhand (engl.)-Laden, ¨ AB 104
die Seife, -n 74
die Selbstmontage, -n F 167
senden 32, 37, AB 109

der Sender, - F 164
die Sendung, -en 37, AB 108, 109
der Senior, -en 13
das Seniorenbüro, -s F 177
der Seniorenkreis, -e F 177
der Seniorennachmittag, -e AB 95
die Seniorenreise, -n F 177
die Seniorenwohnung, -en F 177
servieren 66
die Showband, -s (engl.) AB 95
die Sicherheit (nur Singular) 45, 61, F 165
der Sicherheits-Check, -s (engl.) 44, 45
sicherlich 35
sichern 69, F 165
die Sicht (nur Singular) 61
siehe AB 136, 146
das Silbenrätsel, - AB 126, 146
das Silber (nur Singular) 26
das Silberbesteck, -e 20
silbern 26, AB 112
der Silvesterknaller, - 68
sinken AB 124
der Sinn, -e AB 137
das Skateboard, -s (engl.) 8, AB 94
Skateboard fahren 52, 76
der Skateboardplatz, ¨e 9, 11
die Sohle, -n 21, AB 100, 102
sommerlich AB 124
die Sommerpause, -n 14
das Sommersemester, - 14
die Sondermarke, -n 32, AB 108
der Sonntagsanzug, ¨e 16
der Sonntagsbraten, - 16
der Sonntagsfahrer, - 16
das Sonntagskind, -er 17
das Sonntagskleid, -er 16
der Sonntagsspaziergang, ¨e 16
die Sonntagszeitung, -en 16
die Sorge, -n 61
sich Sorgen machen um 83
sortieren 33, AB 110
sozial F 177
die Sozialstation, -en F 177
spannend 13
das Sparbuch, ¨er AB 146
sparen 25, 27, 35
das Sparkonto, -konten 67, AB 146
der Spaß, ¨e 80
spätestens F 173
der Spätfilm, -e F 164
spenden 70
die Spezialität, -en 57
das Spielauto, -s AB 156
die Spielestraße, -en AB 95
der Spielplatz, ¨e 55, AB 120, 133

die Spielsachen (nur Plural) 25
die Spielwaren (nur Plural) 21
das Spielzeug (nur Singular) 13, AB 100, 105
der Sportsfreund, -e 58
der Sporturlaub, -e AB 137
die Sportzeitschrift, -en F 164
das Sprichwort, ¨er AB 111
springen AB 118
das Stadtfest, -e AB 95
die Stadtmitte, -n F 171
das Stadtmuseum, -museen AB 127
der Stadtpark, -s AB 127
der Stadtstaat, -en AB 127
der Stadtteil, -e 13
das Stadttheater, - AB 127
der Stadtwald, ¨er 13
der Stall, ¨e 74
ständig 35, 44
der Start, -s 46
starten 46, AB 127
die Startvorbereitung, -en 61
die Statistik, -en 24, 79
der Stau, -s 47, 50, AB 126
das Stauende, -n F 171
staunen AB 136
der Steckbrief, -e 80
stehen bleiben 80
die Stereoanlage, -n 50
der Stichpunkt, -e AB 95
das Stichwort, ¨er 36, 72, AB 94
still stehen 80
stinkend 55
der Stoff, -e 21, AB 100, 112
die Störung, -en 47
die Strafe, -n F 168
strahlend 46
der Strand, ¨e 54, 55, 58
der Straßenverkehr (nur Singular) 44, 45, 47
der Strauß, ¨e AB 156
die Streichholzschachtel, -n 11
der Streifen, - 34, AB 112, 113
streifen F 171
der Streit, -e AB 153
streiten (sich) 52, 72, 79
die Strophe, -n 38
die Studentenermäßigung, -en 13
stundenlang 10, 46
der Sturm, ¨e 46, 49
stürmisch 46, 49, AB 124
der Sturz, ¨e 44
stürzen 44
das Suchfeld, ¨er 47
(das) Südafrika 32
südamerikanisch 13
südbayerisch 61
südlich AB 124, 132
der Südwesten (nur Singular) AB 124
der Sunnyboy, -s (engl.) 58
supergefährlich 48
supertoll 50

surfen (engl.) 52, 53, AB 115
der Surfkurs, -e 55, AB 137
die Szene, -n 70, 71
der Tabak, -e 24
der Tachowert, -e 51
der Tag der offenen Tür 13
das Tagebuch, ¨er AB 123
die Tagesbaustelle, -n AB 125
die Tagesfahrt, -en F 177
der Tango-Schuh, -e 12
tanken 40, 41, 51
die Tänzerin, -nen 28
der Tarif, -e F 172, 175
das Taschengeld (nur Singular) AB 142, 143
der Tauchkurs, -e 55, AB 137
das/der Techno (engl., nur Singular) AB 95
die Technologie, Technologien 33
der Teich, -e AB 146
teilweise 35
telefonieren mit 73
die Telefonkarte, -n 62
das Teleshopping (nur Singular) 26, AB 105
der Textteil, -e F 165
die Theatergruppe, -n 80
die Theaterveranstaltung, -en F 177
die Tiefe, -n AB 103
tierlieb 55, AB 133
die Tierwelt (nur Singular) 13, 78
der Tod, (nur Singular) 74
der Todesfall, ¨e F 174
tolerant 35
die Tombola, -s 14
das Topf-Set, -s 21
tot 74
die Totalrenovierung, -en 14
der Tourist, -en 57
transportieren 33, AB 110, 111
traumhaft AB 132
der Traummann, ¨er AB 153
die Traumreise, -n 58, AB 137
die Trennung, -en AB 153
trocken 54, AB 124
trotzdem 10, 15, 16
Tschau 2
das Tuch, ¨er 22
der TÜV® (= Technische Überwachungs-Verein) F 170
übergeben F 170
überholen 44, 45, 47
überlegen (sich) 71, AB 94
übernachten 9, 58
die Übernachtung, -en 55, AB 157
übernehmen 74
überraschen 79, AB 153
die Überraschung, -en AB 95
die Überschrift, -en 26, 28, 48
übersetzen 78

überweisen 65, 67, 69
die Überweisung, -en 26, AB 146, F 167
übrig AB 142
übrigens 43, 78
das Ufer, - 49
Uff AB 123
um ... herum 43, 49, AB 120
die Umgebung, -en 55, AB 136
umgekehrt 42
um·schreiben F 169
die Umsteigehaltestelle, -n F 172
der Umzug, ⸚e 57
unangenehm 35, 37, 78
unappetitlich 38
unaufgeräumt 38
unentschieden 38
unerzogen 39
der Unfallhergang, ⸚e F 171
ungarisch F 164
(das) Ungarn 52, 54
ungemütlich 38
ungesüßt 81
ungeübt 16
ungültig F 169
unhöflich 39, F 168
uninteressant 39
unkompliziert 58
unmodern 39, AB 114
unmöglich 37, 51, AB 114
unnötig 39
unordentlich 39, 79
unpassend 39
unpünktlich 39
unsauber 38
unselbstständig 38
unsicher 16, 38
die Unterkunft, ⸚e 55, AB 133
unternehmen 12, 13, 15
der Unterschied, -e 31
die Unterstützung, -en F 177
unterwegs sein 50, 61
unverstanden 38
unvorsichtig 39
unzufrieden 38
die Unzuverlässigkeit (nur Singular) 79
die Urgroßtante, -n 74
der Urlaub, -e 53
Urlaub machen 53
die Urlaubsbegleitung, -en 58
der Urlaubstipp, -s 54
der Urlaubstyp, -en 58
das Urlaubsziel, -e AB 130
verändern 16
verändert AB 136, 146
der Veranstalter, - F 173
der Veranstaltungskalender, - 13
der Veranstaltungstipp, -s 14, AB 95
verbringen 61, AB 153
die Verfügbarkeit (nur Singular) F 173

vergangen 46
der Vergleich, -e AB 103
der Vergleichspartikel, - 27
verhindern 46
der Verkauf, ⸚e 13
die Verkaufssendung, -en 26, AB 105
der Verkehr (nur Singular) 46, 47, 55
das Verkehrsaufkommen (nur Singular) AB 125
die Verkehrsmeldung, -en AB 125
die Verkehrsnachrichten (nur Plural) 47
die Verkehrsregel, -n 48, 50
der Verkehrsteilnehmer, - 48
das Verkehrszentralregister, - 50
verletzen (sich) 45, 74, 75
verliebt AB 153
vermischt AB 147
das Vermischte 68
vernichten 62, 63
verpacken 30, 37, AB 110
die Verpackung, -en 32, 37, AB 108
verpflegen F 177
verreisen 53, 76
der Versand (nur Singular) 26, AB 104, F 166
die Versandart, -en 26
die Versandkosten (nur Plural) 26
verschieben 36, AB 115
versenden AB 108
der/die Versicherte, -n F 174
das Versicherungsangebot, -e F 175
die Versicherungsart, -en F 174
die Versicherungskarte, -n F 175
der Versicherungsnachweis, -e F 175
der Versicherungsschein, -e F 174
die Versicherungssumme, -n F 174
der Versicherungsvertrag, ⸚e F 174
versöhnen (sich) AB 153
der Vertrag, ⸚e 34, AB 153, F 175
verwenden 16
verzaubern 13
die Verzeihung (nur Singular) 21, 27
verzichten AB 136
die vhs (= die Volkshochschule, -n) AB 145
der Videofilm, -e 10
vielseitig 14
der Vogel, ⸚ 55
das Volkslied, -er 83
vollständig F 173
von ... an AB 134

das Voralpenland (nur Singular) 61
vor·behalten F 173
vorbei·fahren 51, AB 120
vorbei·lassen 51
das Vorderlicht, -er 44, 45, AB 122
der Vordermann, ⸚er 51
das Vorderrad, ⸚er F 171
vor·haben F 164
die Vorhersage, -n AB 124
vor·kommen 83
die Vorschlagskarte, -n 77
vorsichtig 47
der Wagen, - 40, 41, 44
wählen 14, AB 136
wahr werden 80
während 68
der Wald, ⸚er 13, AB 120, 130
wandern 57, AB 132
die Wanderung, -en AB 90, 93, 94
die Ware, -n 26
die Warenwelt (nur Singular) 18, AB 98
der Warenwert, -e F 166
die Wärme (nur Singular) 58
warnen 69
was für ein- 37
der Waschraum, ⸚e 55
der Wecker, - 21, 27, AB 100
Wecker: auf den Wecker gehen AB 101
weder ... noch 46
wegen 47
wehen 46
die Weile (nur Singular) 7, 35
weise AB 136
weiter·fahren 51, F 168
weiter·fragen 64
weitgehend AB 124
die Welle, -n 52
die Weltreise, -n AB 137
weltweit 33, 56, 67
der Werbeprospekt, -e F 170
die Werbung (nur Singular) F 164
werktags 14
wert sein 32
wertvoll 28
der Westwind (nur Singular) AB 124
der Wetterbericht, -e 47, AB 88, 142
wieder·bekommen 64
die Wiedereröffnung, -en 14
wieder·geben 67
wieder·haben 50
wieder·kommen 83, AB 163
wiegen 30, AB 110, 111
die Wiese, -n 45
wild 53, AB 137
das Winterhalbjahr, -e 61
der Winterspaziergang, ⸚e 13

der Winterwald, ⸚er 13
der Witz, -e AB 144
die Wochenendaktivität, -en 13, AB 94
das Wochenendangebot, -e AB 157
wochenlang 74
die Wohnform, -en F 177
das Wohnhaus, ⸚er AB 102
die Wolke, -n 46, AB 124
wolkig 46, AB 124
das Wunderputztuch, ⸚er 22
die Wunschliste, -n 11
das Würstchen, - AB 150
die Wüste, -n 54, 58, AB 130
wütend 48
zäh fließend AB 125
die Zahlungsart, -en F 172
die Zahlungsmodalität, -en F 167
das Zeichen, - F 165
die Zeit, -en: es wird Zeit 83
Zeit verbringen AB 153
der Zeitschriftenladen, ⸚ F 164
das Zelt, -e 53, 55, AB 133
zentral AB 157
zerbrochen F 166
der Ziegenstall, ⸚e 14
der Zins, -en 65, 67, AB 143
Zinsen bekommen 67
die Zollerklärung, -en 32, 37, AB 108
die Zuckerdose, -n 20, AB 99
zuerst 54, 60, AB 110
die Zugfahrt, -en AB 134, 163
zu·greifen 22
die Zulassungsbescheinigung, -en F 170
die Zulassungsstelle, -n F 170
zum Teil 46
zunächst 49, AB 124
zurecht·kommen 44
zurück·fliegen AB 132
zurück·geben AB 159, 160
zurück·kehren AB 137
zurück·schicken AB 104, F 166
zurück·schreiben AB 146
zurück·senden F 174
zusammen·stoßen F 171
die Zusatzleistung, -en F 173
zu·schicken 66, 67
der Zustand, ⸚e AB 157
zuvor 33
der Zwilling, -e 25

Unregelmäßige Verben

abbiegen, er/sie biegt ab, ist abgebogen
abheben, er/sie hebt ab, hat abgehoben
abschließen, er/sie schließt ab, hat abgeschlossen
annehmen, er/sie nimmt an, hat angenommen
anschließen, er/sie schließt an, hat angeschlossen
ansprechen, er/sie spricht an, hat angesprochen
aufnehmen, er/sie nimmt auf, hat aufgenommen
aufwachsen, er/sie wächst auf, ist aufgewachsen
ausgeben, er/sie gibt aus, hat ausgegeben
ausleihen, er/sie leiht aus, hat ausgeliehen
einfallen, ihm/ihr fällt ein, ist eingefallen
einschreiben (sich), er/sie schreibt sich ein,
  hat sich eingeschrieben
einwerfen, er/sie wirft ein, hat eingeworfen
entscheiden, er/sie entscheidet, hat entschieden
erhalten, er/sie erhält, hat erhalten
erkennen, er/sie erkennt, hat erkannt
etwas unternehmen, er/sie unternimmt,
  hat unternommen
fallen, er/sie fällt, ist gefallen
finden, er/sie findet, hat gefunden
genießen, er/sie genießt, hat genossen

groß werden, er/sie wird groß,
  ist groß geworden
mithelfen, er/sie hilft mit, hat mitgeholfen
nachdenken, er/sie denkt nach, hat nachgedacht
reinschreiben, er/sie schreibt rein,
  hat reingeschrieben
sterben, er/sie stirbt, ist gestorben
stinken, er/sie stinkt, hat gestunken
streichen, er/sie streicht, hat gestrichen
streiten, er/sie streitet, hat gestritten
übernehmen, er/sie übernimmt,
  hat übernommen
überweisen, er/sie überweist, hat überwiesen
verbringen, er/sie verbringt, hat verbracht
verleihen, er/sie verleiht, hat verliehen
verschieben, er/sie verschiebt, hat verschoben
vorbei lassen, er/sie lässt vorbei,
  hat vorbei gelassen
vorlesen, er/sie liest vor, hat vorgelesen
wert sein, er/sie ist wert, ist wert gewesen
wiegen, er/sie wiegt, hat gewogen
zugreifen, er/sie greift zu, hat zugegriffen

Quellenverzeichnis

Umschlag: © Hueber Verlag/Alexander Keller
Seite 14: © iStockphoto/absolut_100
Seite 16: A © Interfoto/IFPA; B © TV-yesterday; C © René Maltête/Voller Ernst
  B3: © Hueber Verlag/Franz Specht
Seite 21:
Seite 23: C4: a: © iStockphoto/Tyler Stalman; b: Reiseführer © mit freundlicher Genehmigung von ADAC; Tennisschläger © fotolia/SyB; Tischtennisschläger © iStockphoto/Lobsterclaws; Fußball © iStockphoto/sumnersgraphicsinc; Jazz © iStockphoto/Bayram TUNÇ; Rock © iStock/podgorsek; HipHop © iStockphoto; Eintrittskarten © Hueber Verlag; Pasta © iStockphoto/deliormanli; Pudding © iStock; Salat © iStockphoto/enviromantic
Seite 24: 1 © irisblende.de; 2 © iStockphoto/Jordan Chesbrough; 3 © iStockphoto/azndc; 4 © iStockphoto/keeweeboy
Seite 25: © Hueber Verlag/Franz Specht
Seite 26: E1 © MEV; E3 © PantherMedia/Liona Toussaint
Seite 28/29: © Hueber Verlag/Florian Bachmeier
Seite 30: © DHL
Seite 33: Deutsche Post/Pressefotos 2001: A, C, E © Deutsche Post; B © Ludger Wunsch; D © CDF
Seite 38/39: Hintergrund © Hueber Verlag/Florian Bachmeier
Seite 40: © Archiv Bundesdruckerei GmbH
Seite 46: A © Berlin Picture Gate/picture-alliance; B, C, D © MEV; E © Jupiter Images/Stockbyte; F © fotolia/Dmitri Brodski
Seite 47: A © fotolia/Mihai Musunoi; B © PantherMedia/Elvira Gerecht; C © fotolia/Irina Fischer; D © iStock/jalala; E © actionpress; F © PantherMedia/Martina Berg
Seite 48: von links © irisblende.de; © iStockphoto/Suprijono Suharjoto; © action press
Seite 50: oben: © Hueber Verlag/Florian Bachmeier; unten von links © Stadt Flensburg; © PantherMedia/Gunter Kirsch
Seite 51: © Hueber Verlag/Florian Bachmeier
Seite 55: von links © Ostseebäderverband; © Österreichwerbung/Jezierzanski; © MEV; © Naturpark Nossentiner
Seite 56: © Hueber Verlag/Franz Specht
Seite 57: A © Tourismus + Congress GmbH Frankfurt am Main; B © Ferienhaus Carmen; C © PantherMedia/Meseritsch Herby
Seite 60/61: www.ammersee-ballonfahrten.de/Jürgen Fels
Seite 62: A © DeTeCardService; B © AOK Bayern; D © Karstadt Warenhaus AG
Seite 75: 1–3 © KIDS Images/Monika Taylor
Seite 77: 2 © iStockphoto/ericsphotography
Seite 80: oben © Hueber Verlag/Isabel Krämer-Kienle; unten © Fritz Lesch; „Mit 66 Jahren", Text: Wolfgang Hofer, Musik: Udo Jürgens © Aran Concertial Productions AG, Zürich. Aran Concertial Productions AG, Zürich für Deutschland, Österreich, Schweiz und osteurop. Länder. Musikverlag Johann Michel, Frankfurt/Main, für die übrige Welt. Mit Genehmigung von Aran Concertial Productions AG, Zürich, für Deutschland und Österreich: MELODIE DER WELT, J. Michel KG, Musikverlag, Frankfurt/Main
Seite 82/83: „Junge, komm bald wieder", Musik: Lotar Olias, Text: Walter Rotenburg © Sikorski Musikverlage, Hamburg; „Sag' beim Abschied leise Servus", Musik: Peter Kreuder, Text: Harry Hilm/Hans Lengsfelder © 1936 by Edition Meisel GmbH; „Gute Nacht, Freunde", Text und Musik: Reinhard Mey, mit freundlicher Genehmigung von Edition Reinhard Mey, Maikäfer Musik Verlagsgesellschaft mbH, Berlin
Seite 92: von links © fotolia/Forster Forest; © iStockphoto/Steve Harmon
Seite 105: © Hueber Verlag
Seite 109: © DHL
Seite 127: links © www.stadtplandienst.de; Mitte und rechts © Hueber Verlag
Seite 133: © PantherMedia/Laurent Renault
Seite 134: © Süddeutsche Zeitung Photo/teutopress
Seite 147: © Hueber Verlag
Seite 153: von links © iStockphoto/hidesy; © iStockphoto/Kemter; © PantherMedia/Yuri Arcurs; © iStockphoto/Stockphoto4u
Seite 164: B © iStockphoto/Sjo; D © action press/Christian Langbehn; E © kicker sportmagazin – mit freundlicher Genehmigung durch Olympia-Verlag GmbH
Seite 165: © Hueber Verlag/Florian Bachmeier
Seite 166: © Hueber Verlag/Ernst Luthmann
Seite 170: © iStockphoto/asiseeit
Seite 172: oben © Hueber Verlag/Florian Bachmeier; unten © iStockphoto/Richard McGuirk
Seite 173: action press/Franz Neumayr
Seite 175: © Hueber Verlag/Florian Bachmeier
Seite 176: © Hueber Verlag/Florian Bachmeier
Seite 177: oben links, unten links, unten rechts © MEV; Mitte links, oben rechts © Hueber Verlag

Alle übrigen Fotos: © Hueber Verlag/Alexander Keller

Der Verlag bedankt sich für das freundliche Entgegenkommen bei den Fotoaufnahmen: Damenstift am Luitpoldpark, München; Deutsche Post AG, Filiale Gilching; AGIP Service Station, Ismaning; VR Bank Starnberg-Herrsching-Landsberg eG (Raiffeisenbank Weßling); Weßlinger Reisebüro GmbH